新工科·智能网联汽车卓越工程师培养系列教材

智能网联汽车技术

（含实验指导）

主　编　吴冬升　马海英

副主编　李大成　李亦轩　孙胤胤

参　编　刘　洋　姚会君　程　琳　曾少旭　郑泽彬　闻芳莹

配套资源目录

机械工业出版社

本书系统全面地介绍了智能网联汽车关键技术，包括智能网联汽车环境感知技术、决策与控制技术、专用通信与网络技术、高精度地图和定位技术、智能网联汽车信息和功能安全技术等内容。本书采用重点内容导学和应用场景情景导入的方式，引导读者深入了解智能网联汽车技术。同时，书中融合现代信息技术将智能网联汽车关键技术视频、实验项目指导书和相关技术拓展延伸内容通过二维码呈现，内容新颖、通俗易懂、案例丰富、实用性强。

　　本书可作为高等院校、职业院校汽车类相关专业的教材，还可以为广大汽车行业工程技术人员提供参考。

图书在版编目（CIP）数据

智能网联汽车技术：含实验指导 / 吴冬升，马海英主编 . —北京：机械工业出版社，2022.11（2024.9 重印）
新工科·智能网联汽车卓越工程师培养系列教材
ISBN 978-7-111-72068-3

Ⅰ.①智… Ⅱ.①吴…②马… Ⅲ.①汽车—智能通信网—教材 Ⅳ.①U463.67

中国版本图书馆 CIP 数据核字（2022）第 217340 号

机械工业出版社（北京市百万庄大街 22 号 邮政编码 100037）
策划编辑：王 婕 何士娟 责任编辑：王 婕 何士娟
责任校对：肖 琳 张 征 封面设计：马若濛
责任印制：常天培
固安县铭成印刷有限公司印刷
2024 年 9 月第 1 版第 3 次印刷
184mm×260mm · 18.5 印张 · 449 千字
标准书号：ISBN 978-7-111-72068-3
定价：75.00 元

电话服务　　　　　　　网络服务
客服电话：010-88361066　机 工 官 网：www.cmpbook.com
　　　　　010-88379833　机 工 官 博：weibo.com/cmp1952
　　　　　010-68326294　金 书 网：www.golden-book.com
封底无防伪标均为盗版　机工教育服务网：www.cmpedu.com

随着人工智能、物联网、5G通信等基础设施的迅速发展，智能网联汽车已成为全球汽车产业发展战略方向。2020年国家发展和改革委员会、科学技术部、工业和信息化部等11个部门联合发布了《智能汽车创新发展战略》，旨在加快推进智能汽车的创新发展，展望2035～2050年，中国标准智能汽车体系将全面建成，更加完善。安全、高效、绿色、文明的智能汽车强国愿景逐步实现。

智能汽车作为智能交通系统的重要组成部分，是一个集环境感知、规划决策和控制执行于一体的高新技术综合体，其知识体系将机械工程、电子工程、IT、通信工程多学科交叉融合，与传统汽车有较大差别，因此，必须重新构建知识体系，以满足智能网联汽车快速发展对人才的需求。

本书依据智能网联汽车实现自动驾驶所必须包括的感知系统、决策系统、执行系统、安全保障系统为基础内容构建知识体系，环境感知技术包括超声波传感器、毫米波雷达、激光雷达和视觉传感器的基本原理，道路识别技术、车辆识别技术、行人识别技术、交通标志识别技术和交通信号灯识别技术的实现；决策与控制技术，包括决策技术和运动控制技术的实现；网络与通信技术包括智能网联汽车网络构成，即车载网络技术、V2X通信技术、车路协同控制技术；导航定位技术包括导航定位的定义、方法与精度要求，卫星定位技术，惯性导航与航位推算技术，通信基站定位技术，即时定位与地图构建（SLAM）技术以及电子地图技术、路径规划技术；汽车安全技术包括信息安全技术、功能安全技术和预期功能安全技术。

为了使高等院校汽车相关专业学生和智能汽车行业从业人员能系统、全面地掌握智能网联汽车关键技术，本书具有以下特点：

1. 以立德树人为根本任务，培养高素质工程技术人才。本书通过小贴士、知识链接以及案例等，将我国先进的技术、工程伦理以及奋斗精神、工匠精神等有机融合到教材中，加强对学生社会主义核心价值观、民族自豪感和社会责任感的培养。

2. "校企研"三方合作，产教研深度融合。本书的编写团队由高校、高新技术企业、研究院强强联合组成，在教材的编写中，始终围绕智能网联汽车相关岗位的技术要求，融入先进测试技术和最新行业标准，采用了大量实践案例，展现行业新业态、新水平、新技术。

3. 配套丰富教学资源，体现现代教材的信息化。本书是"互联网＋教育"的新形态教材，除纸质教材，书中还嵌入了较难理解的智能网联汽车技术难点仿真教学视频、实验指导书、关键技术拓展等数字资源，学生可通过扫描二维码观看，构建了理论教材、实验设备、教学资源三位一体的教学载体。

4. 本书内容编排注重融入教学法，围绕实际工作过程和场景需求，理论联系实际。不仅编写了实验工单，还配套了图文并茂、美观实用的教学课件和实验项目指导。

5. 本书编者具有丰富的教材开发经验。主编及参编人员来自企业、研究院及高等院校，并具有多年汽车行业工作经验，具有较强的汽车专业教学与科研能力，曾经主编多本汽车类专业教材。

本书由高新兴科技集团股份有限公司吴冬升、黄河交通学院马海英担任主编；高新兴科技集团股份有限公司李大成、河南凯瑞车辆检测认证中心有限公司李亦轩、中汽院智能网联科技有限公司孙胤胤担任副主编；参加本书编写工作的还有：黄河交通学院刘洋、姚会君，河南凯瑞车辆检测认证中心有限公司程琳，高新兴科技集团股份有限公司曾少旭、郑泽彬，上海霍兰汽车科技有限公司闻芳莹。

由于智能网联汽车技术尚处于快速发展中，限于编者水平有限，书中难免有不足之处，敬请使用本书的师生与读者批评指正，以便后续修订时及时改正。

本书配备教学课件，选用本书作为教材的教师可在机械工业出版社教育服务网（www.cmpedu.com）注册后免费下载。客服人员微信：13070116286。

编　者

“天工讲堂”二维码目录

（续）

素材名称	二维码	页码	素材名称	二维码	页码
三种针对不同融合阶段的融合感知算法原理和方法		63	智能网联汽车运动控制技术		98
交通环境行为预测		66	7 种现代车辆常见的控制理论		108
路径规划技术		76	智能网联汽车的网络构成		109
Frenet 坐标系简介		87	车载以太网与家用以太网的区别		115
路径规划算法		87	V2X 通信技术的发展与应用历程		123
汽车线控技术		88	我国信息通信产业的跨越式发展		132

（续）

目　录

第3章　智能网联汽车决策与控制技术　65

第 1 章　智能网联汽车概述

智能网联汽车可以提供更安全、更节能、更环保、更便捷的出行方式和综合解决方案，是国际公认的未来发展方向和关注焦点。本章首先介绍智能网联汽车的基本知识，即智能网联汽车的基本概念、分类；在此基础上介绍智能网联汽车的发展现状；最后介绍智能网联汽车的关键技术和基础支撑技术。

 **学习目标**

1. 掌握智能网联汽车的概念及分类。
2. 了解智能网联汽车的发展现状。
3. 掌握智能网联汽车的关键技术。
4. 掌握智能网联汽车的基础支撑技术。

1.1　智能网联汽车的相关概念及系统构成

近年来，国内外企业和研究机构从不同侧重点提出了智能汽车、车联网、智能交通系统等与智能网联汽车相关的多种概念。这些具体都是什么含义呢？

1.1.1　智能网联汽车的相关概念

1. 智能汽车

按照 Azim Eskandarian 在《智能汽车手册》中的定义，智能汽车是指能够自主完成部分驾驶任务或辅助驾驶人更有效地完成驾驶任务，实现更安全、更高效和更环保行驶的车辆。

智能汽车作为智能交通系统的重要组成部分，是一个集环境感知、规划决策和控制执行于一体的高新技术综合体。智能汽车利用传感器技术、信号处理技术、通信技术、计算机技术等，根据各传感器所得到的信息做出分析和判断，辨别车辆所处的环境和状态，或者给驾驶人发出提示和警告信息，提醒驾驶人注意规避危险，或者在紧急情况下帮助驾驶人操作车辆（即辅助驾驶系统），防止事故的发生，使车辆回到正常驾驶状态；或者代替驾驶人的操作，实现车辆运行的自动化。

智能汽车主要侧重于汽车的智能化发展层次，即汽车是否具有先进的环境感知、决策规划和一定层级的自动驾驶能力，并将联网与信息交互功能作为考虑的重点。

2. 车联网

车联网（Internet of Vehicle，IOV）是以车内网、车际网和车载移动互联网为基础，按照约定的体系架构及其通信协议和数据交互标准，在 V2X（V 代表汽车，X 代表车、路、行人及应用平台等）之间进行无线通信和信息交换的大系统网络，是能够实现智能化交通管理、智能动态信息服务和车辆智能化控制的一体化网络，是物联网技术在智能交通系统领域的延伸。车内网是指通过应用成熟的总线技术建立一个标准化的整车网络；车际网是指基于特定无线局域网络的动态网络；车载移动互联网是指车载单元通过 4G/5G 等通信技术与互联网进行无线连接。以上三网的融合是车联网的发展趋势。

车联网技术主要面向道路交通，为交通管理者提供决策支持，为车辆与车辆、车辆与道路提供协同控制，为交通参与者提供信息服务。车联网是智能交通系统与互联网技术发展的融合产物，是智能交通系统的重要组成部分，更多表现在汽车基于现实中的场景应用。车联网带来的绿色智能技术的发展和应用，将会进一步降低碳排放，实现零交通事故，远离交通堵塞，构筑新型交通生态系统。

3. 智能交通系统

智能交通系统是将先进的数据传输技术、电子控制技术、计算机技术及智能车辆技术等综合运用于整个交通运输管理体系，通过对交通信息的实时采集、传输和处理，借助各种科技手段和设备，对各种交通情况进行协调和处理，建立起一种实时、准确、高效的综合运输管理体系，从而使交通设施得以充分利用，提高交通效率和安全水平，最终使交通运输服务和管理智能化，实现交通运输的集约式发展。

智能交通系统强调的是交通运输系统的整体构建，包含了路网和通信基站等基础设施建设、道路交通管理，以及相关信息服务等。汽车被看作庞大交通系统中的一个网络节点，其自身产品形态和功能的变化在此被弱化。

4. 智能网联汽车

智能网联汽车是一个跨技术、跨产业领域的新兴体系，从不同角度、不同背景出发，各国对智能网联汽车的定义也不尽相同，但终极目标都是为了实现在各种道路环境中安全行驶的无人驾驶汽车。

根据我国工业和信息化部在《国家车联网产业标准体系建设指南（智能网联汽车）》中的定义，智能网联汽车（Intelligent and Connected Vehicle，ICV）是指搭载先进的车载传感器、控制器、执行器等装置，并融合现代通信与网络技术，实现车与 X（车、路、人、云等）智能信息交换、共享，具备复杂环境感知、智能决策、协同控制等功能，可实现安全、舒适、节能、高效行驶，并最终实现替代人来操作的新一代汽车。

"智能"指搭载先进的车载传感器、控制器、执行器等装置和车载系统模块，具备复杂的环境感知、智能决策和控制等功能。

"网联"主要指信息互联共享功能，即通过多种形式的通信与网络技术，实现车内、车与车、车与路侧设备、车与云之间的信息交互。

"汽车"指智能网联汽车的终端载体，可以是传统的燃油汽车，也可以是多种形式的新能源汽车，未来的智能网联汽车主要以新能源汽车为主。

我国政府长期坚持智能化与网联化协同发展路径，充分发挥我国信息通信产业优势，带动汽车、交通传统产业转型升级，推进智能网联汽车产业发展，并促进形成新的产业集聚，已积极影响到国际社会的技术路径选择。

1.1.2　智能网联汽车相关概念间的关系

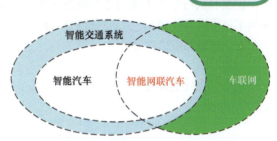

智能网联汽车、车联网、智能交通系统有密切相关性，但没有明显分界线，它们的关系可用图 1-1 表示。

智能网联汽车是智能交通系统中智能汽车与车联网的交集产品，目标是解决安全、节能、环保等制约产业发展的核心问题。车联网聚焦点是建立一个交通体系，通过车载信息终端实现与车、路、行人、业务平台等之间的无线通信和信息交换，发展重点是给汽车提供信息服务。而智能汽车的聚焦点是在车上，其本身具备自主的环境感知能力，发展重点是提高汽车安全性。智能网联汽车是汽车智能化与车联网的完美结合，其终极目标是无人驾驶汽车。

图 1-1　智能网联汽车相关概念关系

智能网联汽车与车联网应该并行推进，协同发展。智能网联汽车的技术进步和产业发展有利于支撑车联网的发展。与此同时，智能网联汽车依托车联网，车联网系统是智能网联汽车、智能汽车的最重要载体，只有充分利用互联技术才能保障智能网联汽车真正拥有充分的智能和互联。

1.1.3　智能网联汽车系统构成

智能网联汽车系统由环境感知层、智能决策层以及控制和执行层组成，如图 1-2 所示。

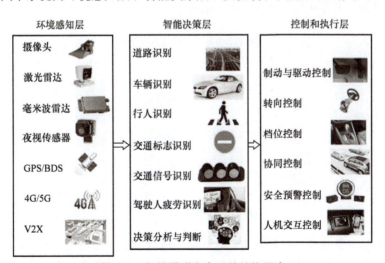

图 1-2　智能网联汽车系统结构层次

（1）环境感知层

环境感知层的主要功能是通过车载环境感知传感技术、定位技术、4G/5G 及 V2X 无线通信技术等，实现对车辆自身属性和车辆外在属性（如道路、车辆和行人等）静、动态信息的提取和收集，并向智能决策层输送信息。

（2）智能决策层

智能决策层的主要功能是接收环境感知层的信息并进行融合，对道路、车辆、行人、交通标志和交通信号等进行识别，决策分析和判断车辆驾驶模式和将要执行的操作，并向控制和执行层输送指令。

（3）控制和执行层

控制和执行层的主要功能是按照智能决策层的指令，对车辆进行操作和协同控制，并为联网汽车提供道路交通信息、安全信息、娱乐信息、救援信息以及商务办公、网上消费等，保障汽车安全行驶和舒适驾驶。

 **知识链接**

智能交通系统的子系统

✎ **小贴士**

1. 为什么要发展智能网联汽车？

目前，我国是世界第一汽车生产大国和第一新车销售市场，汽车保有量快速增长。到2025年，预计总保有量达到3亿辆，千人保有量达到210辆，如图1-3所示。

图1-3　我国汽车保有量

随着汽车保有量的增加，带来了能源短缺、环境污染、交通拥堵和事故频发等社会问题。智能网联汽车是解决这些社会问题的有效方案，代表着汽车行业未来的发展方向。智能网联汽车是新一轮科技革命背景下的新兴产品，可显著改善交通安全、实现节能减排、减缓交通拥堵、提高交通效率，并拉动汽车、电子、通信、服务、社会管理等行业协同发展，对促进汽车产业转型升级具有重大战略意义。因此，我国要发展智能网联汽车。

2. 无人驾驶汽车具有哪些价值?

无人驾驶汽车具有改善交通安全、实现节能减排、消除交通拥堵、移动能力更强、促进产业转型等价值。

1）改善交通安全。驾驶人的过失是造成交通事故的主要因素,无人驾驶汽车不受人的心理和情绪干扰,不会产生驾驶疲劳,保证遵守交通法规,按照规划路线行驶,可以有效地减少人为疏忽所造成的交通事故。

2）实现节能减排。无人驾驶汽车以电动汽车为主,实现节能减排;另外,通过合理调度实现共享出行,可减少汽车数量,使温室气体排放量大幅降低。

3）消除交通拥堵。无人驾驶汽车可以通过提高车速、缩小车距以及选择更有效路线来减少通行所消耗时间,提升社会出行效率。

4）移动能力更强。个人移动能力更加便利,不再需要找停车场。

5）促进产业转型。从政策层面看,我国已将发展车联网作为"互联网＋"和人工智能在实体经济中应用的重要方面,并将智能网联汽车作为汽车产业重点转型方向之一,拉动汽车、电子、通信、服务、社会管理等协调发展。

小贴士

2016 年,我国发布的《智能网联汽车技术路线图》是《节能与新能源汽车技术路线图》研究专题之一,支撑构建了中国智能网联汽车产业技术发展体系,并为中国智能网联汽车产业技术发展指明了方向。近年来,智能网联汽车产业发展较快,智能化网联化相融合的发展路径已得到国际广泛认可,涌现出诸多技术新特征、新趋势。2019 年 5 月,《节能与新能源汽车路线图》编制组在充分研判上述变化的基础上,启动《智能网联汽车技术路线图 2.0》修订工作,制定我国面向 2035 年的智能网联汽车技术发展的总体目标、愿景、里程碑与发展路径,提出创新发展需求,并于 2020 年底正式发布。

智能汽车的初级阶段是具有先进驾驶辅助系统（Advanced Driver Assistance Systems,ADAS）的汽车。例如:前向碰撞预警系统、车道偏离预警系统、盲区监测系统、驾驶人疲劳预警系统、车道保持辅助系统、自动制动系统、自适应巡航系统等。ADAS 在汽车上的配置越多,其智能化程度越高,其终极目标是无人驾驶汽车。

汽车的发展方向是自动化、网联化、智能化和共享化。智能汽车的自动化程度越高越接近自动化汽车,网联化程度越高越接近网联汽车,最终发展成为无人驾驶的智能网联汽车。

1.2 智能网联汽车的分类

智能网联汽车可分为哪几个等级?目前常见的智能网联汽车有哪些?主要应用在哪里?

1.2.1 智能网联汽车的分级

智能网联汽车包括网联化与自动化两个技术层面,其分级也可对应地按照网联化与自动化两个层面区分。

1. 网联化分类

智能网联汽车网联分为 3 个等级，1 级是网联辅助信息交互，2 级是网联协同感知，3 级是网联协同决策与控制，见表 1-1。

表 1-1　网联化分类

网联化等级	等级名称	等级定义	典型信息	传输需求	典型场景	控制
1	网联辅助信息交互	基于车 - 路、车 - 后台通信，实现导航等辅助信息的获取以及车辆行驶数据与驾驶人操作等数据的上传	地图、交通流量、交通标志、油耗、里程等静态信息	传输实时性、可靠性要求较低	交通信息提醒、车载信息娱乐服务、ecall 等	人
2	网联协同感知	基于车 - 车、车 - 路、车 - 人、车 - 云通信，实现获取车辆周边交通环境信息，与车载传感器的感知信息融合，作为自车决策与控制系统的输入	周边车辆 / 行人 / 非机动车位置、信号灯相位、道路预警等动态数字化信息	传输实时性、可靠性要求较高	道路湿滑、紧急制动预警、特殊车辆避让等	人 / 自车
3	网联协同决策与控制	基于车 - 车、车 - 路、车 - 人、车 - 云通信，实时并可靠获取车辆周边交通环境信息及车辆决策信息，车 - 车、车 - 路等各交通参与者之间信息进行交互融合，形成车 - 车、车 - 路等各交通参与者之间的协同决策与控制	车 - 车、车 - 路、车 - 云间的协同控制信息	传输实时性、可靠性要求较高	列队跟驰等	人 / 自车 / 他车 / 云

网联化等级越高，智能网联汽车网联化程度越高。目前，已经量产的汽车产品的网联化水平基本还以 1 级为主，部分实验室阶段的产品能达到 2 级、3 级水平。

2. 自动化分级

自动化分级现在比较有代表性的是两种分级，一种是美国汽车工程师学会（SAE）划分的分类标准，也就是现在常说的 L0 ~ L5 级的分级标准（表 1-2），另一种则是我国在 2021 年正式开始发行的 GB/T 40429—2021《汽车驾驶自动化分级》。我国的标准是按 0 ~ 5 级来划分的，该标准在制定过程中参考了 SAE 的标准，是更符合我们国家实际情况的分级标准。

级别越高，应用的高级驾驶辅助系统越多，车辆系统的集成与融合度越高，软件控制的重要性越大。

（1）美国 SAE 划分的标准

1）在 L0 级时，车辆没有辅助系统，驾驶人需要全神贯注，手眼并用。

2）在 L1 级时，车辆有横向或者纵向辅助系统，但驾驶人仍需要集中注意力，手眼并用。

3）在 L2 级时，车辆有横向和纵向辅助系统，驾驶人仍需要观察环境，但可以临时解放手和眼。

4）在 L3 级时，车辆在紧急情况下会发出请求驾驶人接管，驾驶人全程需要有接管意识，驾驶人解放手和眼。

5）在 L4 级时，车辆即使在紧急情况下（可以自己处理）也不会发出请求驾驶人接管，驾驶人不需要有接管意识，可以解放手和大脑。

6）在 L5 级时，车辆可以实现完全自动驾驶，车辆不需要驾驶人，并且将不再需要转向盘、制动和加速踏板、后视镜。

表 1-2　SAE 汽车驾驶自动化等级

分级	L0	L1	L2	L3	L4	L5
等级名称	无自动化	驾驶支持	部分自动化	有条件自动化	高度自动化	完全自动化
定义	由驾驶人全权驾驶汽车,在行驶过程中可以得到警告	通过驾驶环境对转向盘和加减速中的一项操作提供支持,其余由驾驶人操作	通过驾驶环境对转向盘和加减速中的多项操作提供支持,其余由驾驶人操作	由无人驾驶系统完成所有的驾驶操作,根据系统要求,驾驶人提供适当的应答	由无人驾驶系统完成所有的驾驶操作,根据系统要求,驾驶人不一定提供所有的应答;限定道路和环境条件	由无人驾驶系统完成所有的驾驶操作,可能的情况下,驾驶人接管;不限定道路和环境条件

主体		L0	L1	L2	L3	L4	L5
	驾驶操作	驾驶人	驾驶人 / 系统	系统			
	周边监控	驾驶人			系统		
	支援	驾驶人				系统	
	系统作用域	无	部分				全域

（2）中国关于智能网联汽车的技术分级

根据全国汽车标准化技术委员会智能网联汽车分标委组织制定的推荐性国家标准《汽车驾驶自动化分级》,驾驶自动化也分为 6 级,见表 1-3。

表 1-3　中国汽车驾驶自动化等级

分级	名称	定义	持续的车辆横向和纵向控制	目标和事件探测与响应	动态驾驶任务后援	设计运行范围
0 级	应急辅助	系统不能持续执行动态驾驶任务中的车辆横向或纵向运动控制,但具备持续执行动态任务中的部分目标和事件探测与响应能力	驾驶人	驾驶人及系统	驾驶人	有限制
1 级	部分驾驶辅助	系统在其设计运行条件下持续地执行动态驾驶任务中的车辆横向或纵向控制,且具备与所执行的车辆横向或纵向运动控制相适应的部分目标和事件探测与响应能力	驾驶人及系统	驾驶人及系统	驾驶人	有限制
2 级	组合驾驶辅助	系统在其设计运行条件下持续地执行动态驾驶任务中的车辆横向和纵向控制,且具备与所执行的车辆横向和纵向运动控制相适应的部分目标和事件探测与响应能力	系统	驾驶人及系统	驾驶人	有限制
3 级	有条件自动驾驶	系统在其设计运行条件下持续地执行全部动态驾驶任务	系统	系统	动态驾驶任务后援用户	有限制
4 级	高度自动驾驶	系统在其设计运行条件下持续地执行全部动态驾驶任务并自动执行最小风险策略	系统	系统	系统	有限制
5 级	完全自动驾驶	系统在任何可行驶条件下持续地执行全部动态驾驶任务并自动执行最小风险策略	系统	系统	系统	无限制

1）0 级驾驶自动化系统应满足以下要求:

a）具备持续执行部分目标和事件探测与响应的能力。

b）当驾驶人请求驾驶自动化系统退出时,立即解除系统控制权。

注:当车道偏离抑制系统工作时,驾驶人可以主动控制转向盘使车道偏离抑制系统退出。

2）1级驾驶自动化系统应满足以下要求：

a）持续地执行动态驾驶任务中的车辆横向或纵向运动控制。

b）具备与车辆横向或纵向运动控制相适应的部分目标和事件探测与响应的能力。

c）当驾驶人请求驾驶自动化系统退出时，立即解除系统控制权。

3）2级驾驶自动化系统应满足以下要求：

a）持续地执行动态驾驶任务中的车辆横向和纵向运动控制。

b）具备与车辆横向和纵向运动控制相适应的部分目标和事件探测与响应的能力。

c）当驾驶人请求驾驶自动化系统退出时，立即解除系统控制权。

4）3级驾驶自动化系统应满足以下要求：

a）仅允许在其设计运行条件下激活。

b）激活后在其设计运行条件下执行全部动态驾驶任务。

c）识别是否即将不满足设计运行范围，并在即将不满足设计运行范围时，及时向动态驾驶任务后援用户发出介入请求。

d）识别驾驶自动化系统失效，并在发生驾驶自动化系统失效时，及时向动态驾驶任务后援用户发出介入请求。

e）识别动态驾驶任务后援用户的接管能力，并在用户的接管能力即将不满足要求时，发出介入请求。

f）在发出介入请求后，继续执行动态驾驶任务一定的时间供动态驾驶任务后援用户执行接管操作。

g）在发出介入请求后，如果动态驾驶任务后援用户未响应，适时采取减缓车辆风险的措施。

h）当用户请求驾驶自动化系统退出时，立即解除系统控制权。

5）4级驾驶系统化系统应满足以下要求：

a）仅允许在其设计运行条件下激活。

b）激活后在其设计运行条件下执行全部动态驾驶任务。

c）识别是否即将不满足其设计运行范围。

d）识别驾驶自动化系统失效和车辆其他系统失效。

e）识别驾乘人员状态是否符合其设计运行条件（如有）。

f）在发生下列情况之一且用户未响应介入请求时，自动执行最小风险策略：

——即将不满足其设计运行范围；

——驾驶自动化系统失效或车辆其他系统失效；

——驾乘人员状态不符合其设计运行条件；

——用户要求实现最小风险状态。

g）除下列情形以外，不得解除系统控制权：

——已达到最小风险状态；

——驾驶人在执行动态驾驶任务。

h）当用户请求驾驶自动化系统退出时，解除系统控制权，如果存在安全风险可暂缓解除。

6）5级驾驶系统化系统应满足以下要求：

a）无设计运行范围限制。

b）仅允许在其设计运行条件下激活。

c）激活后在其设计运行条件下执行全部动态驾驶任务。

d）识别驾驶自动化系统失效和车辆其他系统失效。

e）在发生下列情况之一且用户未响应介入请求时，自动执行最小风险策略：

——驾驶自动化系统失效或车辆其他系统失效；

——用户要求实现最小风险状态。

f）除下列情形以外，不得解除系统控制权：

——已达到最小风险状态；

——驾驶人在执行动态驾驶任务。

g）当用户请求驾驶自动化系统退出时，解除系统控制权，如果存在安全风险可暂缓解除。

1.2.2　智能网联汽车的常见形态及应用

目前，我国智能网联汽车发展还处于产业雏形阶段。商用无人驾驶的应用主要分为公共交通道路和特定条件下的受限制区域。随机交通场景的融入目前存在一定的问题，在技术层面尚未完全成熟，可靠性和安全性还有待验证；在法律法规层面，国家在智能网联汽车方面的法律法规尚未完全建立；在运营成本方面，车辆集成费用较高，规模化运营初期投资较大。但是，在一定条件下的场景应用还是存在很大的市场空间，同时目前也具备可行性的技术方案，下面介绍几个不同领域的典型案例。

1. 自动驾驶矿车

内蒙古宝利煤炭有限公司于 2019 年 9 月在宝利煤矿首次使用了 3 辆自动驾驶矿车来运输煤炭。通过智慧矿山无人化运输系统来对车辆进行控制，具体包括矿车自动驾驶系统、机群调度系统、远程管控系统等。矿车通过传感器和雷达收集数据，形成记忆并优化算法，可以自动适应随天气变化的矿区道路。由于不需要车内驾驶人，3 辆无人驾驶的翻斗车，至少可以节省 6 个驾驶人的成本，但需要有后台人员对其安全性进行监控。

2. 自动驾驶公交车

2018 年 12 月 28 日，湖南湘江新区智慧公交示范线首发仪式在长沙市举行。湖南湘江新区智慧公交示范线路全长 7.8km，沿途停靠 11 个站点，双向总计 22 个站点，一期计划投放 4 辆中车电动智能驾驶公交试运行。该项目依托国家智能网联汽车（长沙）测试区，将打造集研发"车 - 路 - 云"应用于一体的智慧公交全国示范线。该自动驾驶功能实现的亮点是 V2X 的应用，这也是该自动驾驶项目的核心和主推技术。湖南湘江新区智慧公交车如图 1-4 所示。

3. 自动驾驶出租车

自动驾驶出租车（Robotaxi）具有市场空间大、盈利模式清晰的特点，是目前高级别自动驾驶在乘用领域商业化落地确定性较强的场景。2017 年，Waymo 在美国凤凰城推出了由人类驾驶人监督的自动驾驶乘车服务，与此同时，国内也开始了 Robotaxi 的探索。2018 年底，文远知行和小马智行先后在广州开始进行

图 1-4　湖南湘江新区智慧公交车

自动驾驶出租车的试运营，之后百度、滴滴等公司也积极跟进，在全国各大城市开展无人驾驶出租车的试乘体验活动，到 2020 年，百度、高德（AutoX、文远知行）等出行平台陆续开放了 Robotaxi 约车服务。随着国内政策的陆续出台，以及安全监管体系、标准建设体系、技术应用体系的不断完善，全国地方层面纷纷出台自动驾驶相关政策及管理办法，北京、上海、广州、深圳、天津、武汉、重庆、杭州、成都、南京、柳州、沧州、长春、青岛、合肥、雄安新区等超过 30 个城市及地区出台了智能网联汽车道路测试管理办法和实施细则，允许企业开展自动驾驶道路测试和示范运营，深圳已率先立法，加速抢占 Robotaxi 落地先机。乘着汽车智能化浪潮，在政府、企业、机构和资本等多方的共同推动下，Robotaxi 已经开始进入收费运营模式，商用车领域已经从封闭测试逐渐走向实际应用。图 1-5 所示为文远知行与如祺出行合作打造的自动驾驶出租车示例。

图 1-5　文远知行与如祺出行合作打造的自动驾驶出租车示例

4. 自动驾驶物流车

物流场景主要包括末端物流、支线物流及干线物流。无人物流一直是各大电商快递企业的必争之地，借助自动驾驶物流车能够有效解决物流安全、成本、环保及效率痛点，促使物流配送领域整个产业链降本增效，革新升级。现阶段我国已具备对自动驾驶物流车的研究基础，部分车型也已进入试运营阶段。一汽、东风、重汽等商用车重型货车物流车企已经启动自动驾驶物流货车测试；阿里、京东、百度、美团、图森未来、主线科技等也开始布局物流领域无人驾驶，推出无人驾驶物流车、配送车。2021 年 5 月，文远知行、小马智行、百度阿波罗、广汽集团等车企通过自动驾驶物流车助力疫情封闭封控区物资运送，实现封闭封控区物资配送供需"最后一公里"和"最后一百米"配送。

此后，苏宁、京东等电商企业陆续宣布完成无人驾驶物流作业测试及商业化试运营部署，百度、美团等互联网公司也推出无人驾驶物流车、配送车。自动驾驶物流车示例如图 1-6 所示。

图 1-6　自动驾驶物流车示例

1.2.3　智能网联汽车使用环境分类

按照智能网联汽车使用环境的不同，可以分为高速公路环境、城市环境和特殊环境。

1. 高速公路环境

这类系统将使用环境限定为具有良好标志的结构化高速公路，主要完成车道保持、车辆识别和跟踪等功能，目标是实现进入高速公路之后的全自动驾驶。尽管这样的应用定位有一定的局限性，但它的确解决了现代社会中最为常见、危险，也是最枯燥的驾驶环节的驾驶任务。

2. 城市环境

与高速公路环境研究相比，城市环境更为复杂，对感知和控制算法提出了更高的要求。城市环境中的自动驾驶将成为下一阶段研究的重点，目前这类环境的应用已经进入到小范围试点阶段，如 Google 的无人驾驶车，但其大范围应用目前仍存在一定的困难，如安全问题、法律问题、可靠性问题、多车调度和协调问题、与其他交通参与者的交互问题、成本问题和商业模式等。

3. 特殊环境

无人驾驶汽车研究走在前列的国家一直都很重视其在军事和其他一些特殊条件下的应用。类似码头、矿区、厂区、短程定线驳车等特殊环境，相比前述高速公路、城市这样的交通环境更简单，成本问题的敏感性也相对较低，高度自动驾驶甚至无人驾驶也更容易实现。因此，特殊环境下的应用也许是当前无人驾驶最快、最可能的使用场景之一。

∞ 知识链接

1. 美国国家公路交通安全管理局（NHTSA）对智能网联汽车的分级

（1）无自动驾驶阶段（0级）

在无自动驾驶阶段，驾驶人拥有车辆的全部控制权。在任何时刻，驾驶人都单独控制汽车的运动，包括制动、转向、加速和减速等。

（2）驾驶人辅助阶段（1级）

在驾驶人辅助阶段，驾驶人拥有车辆的全部控制权。车辆具备一种或多种辅助控制技术，例如倒车影像与倒车雷达、电子稳定控制系统、车道偏离报警系统、正面碰撞预警系统、定速巡航系统以及汽车并线辅助系统等。这些辅助控制系统独立工作，在特定情况下，通过对车辆运行状况及运行环境的监测，提示驾驶人驾驶相关的信息或警告驾驶人驾驶中可能出现的危险，方便驾驶人在接到提示或警告后及时做出反应。相对于其他发展阶段，该阶段的技术发展已很成熟，已经成为一些汽车的标准配置。随着成本的降低，其应用范围将逐步扩大。

（3）部分自动驾驶阶段（2级）

在部分自动驾驶阶段，驾驶人和车辆共享对车辆的控制权。车辆至少有两种高级驾驶辅助系统（ADAS），而且这些系统能同时工作，例如自适应巡航控制系统和车道保持辅助系统的功能结合，在一定程度上协助驾驶人控制车辆。这一阶段也是当前处于快速发展的阶段，未来几年中，将有更多的高级驾驶辅助系统应用在量产车上。

2级和1级的主要区别在于：2级在特殊操纵条件下，自动操纵模式可以让驾驶人脱离对汽车的操纵，而1级在任何条件下都不能离开驾驶人对汽车的操纵。

（4）高度自动驾驶阶段（3级）

在高度自动驾驶阶段，车辆和驾驶人共享对车辆的控制权。在特定的道路环境下（高速公路、城郊或市区），驾驶人完全不用控制车辆，车辆完全自动行驶，而且可以自动检测环境的变化以判断是否返回驾驶人驾驶模式。现阶段已经提出的高度自动驾驶技术有堵车辅助系统、高速公路自动驾驶系统和泊车引导系统等。

3级和2级的主要区别在于：3级在自动驾驶条件下，驾驶人不必时常监视道路，而且以自动驾驶为主，驾驶人驾驶为辅；2级在自动驾驶条件下，驾驶人必须监视道路，而且以驾驶人驾驶为主，自动驾驶为辅。

（5）完全自动驾驶阶段（4级）

在完全自动驾驶阶段，车辆拥有车辆的全部控制权，驾驶人在任何时候都不能获得控制权。驾驶人只需提供目的地信息或者进行导航输入，整个驾驶过程无须驾驶人参与。车辆能在全工况、全天候环境下完全掌控所有与安全有关的驾驶功能，并监视道路环境。完全自动驾驶的实现将意味着自动驾驶汽车真正驶入人们的生活，也将使驾驶人从根本上得到解放。驾驶人可以在车上从事其他活动，如上网、办公、娱乐和休息等。目前，完全自动驾驶汽车受到政策、法律等相关条件的制约，真正量产还任重而道远。

2. 我国《智能网联汽车技术路线图 2.0》对智能网联汽车的分级

我国《智能网联汽车技术路线图 2.0》把智能网联汽车发展划分 5 个阶段，即辅助驾驶阶段（DA）、部分自动驾驶阶段（PA）、有条件自动驾驶阶段（CA）、高度自动驾驶阶段（HA）和完全自动驾驶阶段（FA），见表 1-4。

（1）辅助驾驶阶段（DA）

通过环境信息对行驶方向和加减速中的一项操作提供支援，其他驾驶操作都由驾驶人完成。适用于车道内正常行驶，高速公路无车道干涉路段行驶，无换道操作等。

（2）部分自动驾驶阶段（PA）

通过环境信息对行驶方向和加减速中的多项操作提供支援，其他驾驶操作都由驾驶人完成。适用于变道以及泊车、环岛等市区简单工况；还适用于高速公路及市区无车道干涉路段进行换道、泊车、环岛绕行、拥堵跟车等操作。

（3）有条件自动驾驶阶段（CA）

由无人驾驶系统完成所有驾驶操作，根据系统请求，驾驶人需要提供适当的干预。适用于高速公路正常行驶工况；还适用于高速公路及市区无车道干涉路段进行换道、泊车、环岛绕行、拥堵跟车等操作。

（4）高度自动驾驶阶段（HA）

由无人驾驶系统完成所有驾驶操作，特定环境下系统会向驾驶人提出响应请求，驾驶人可以对系统请求不进行响应。适用于有车道干涉路段（交叉路口、车流汇入、拥堵区域、人车混杂交通流等市区复杂工况）进行的全部操作。

（5）完全自动驾驶阶段（FA）

无人驾驶系统可以完成驾驶人能够完成的所有道路环境下的操作，不需要驾驶人介入。适用于所有行驶工况下进行的全部操作。

表 1-4　《智能网联汽车技术路线图 2.0》对智能网联汽车的技术分级

智能化等级	等级名称	等级定义	控制	监视	失效应对	设计运行范围	典型工况场景
驾驶人监视驾驶环境，执行部分动态驾驶任务							
1	驾驶辅助（Driver Assistance，DA）	在特定的设计运行范围内，自动驾驶系统持续执行横向或者纵向运动控制的动态驾驶任务，其余动态驾驶任务由驾驶人执行	人与系统	人	人	有限制	自适应巡航、车道保持等
2	部分自动驾驶（Partial Automation，PA）	在特定的设计运行范围内，自动驾驶系统持续执行横向和纵向运动控制的动态驾驶任务，驾驶人执行失效应对和监视自动驾驶系统	系统	人	人	有限制	交通拥堵辅助、协同式自适应巡航、自动泊车等
自动驾驶系统监视驾驶环境，执行全部动态驾驶任务							
3	有条件自动驾驶（Conditional Automation，CA）	在特定的设计运行范围内，自动驾驶系统持续执行全部动态驾驶任务，当系统发出接管请求或者系统出现故障时，用户需要接管系统并做出响应	系统	系统	人	有限制	高速公路、交通拥堵、商用车队列有条件自动驾驶等
4	高度自动驾驶（High Automation，HA）	在特定的设计运行范围内，自动驾驶系统持续执行全部动态驾驶任务和负责失效应对接管用户不需要响应系统发出的接管请求	系统	系统	系统	有限制	高速公路、城市、城郊、特定场景（如代客泊车）高度自动驾驶等
5	完全自动驾驶（Full Automation，FA）	在任何可行驶条件下，自动驾驶系统持续执行全部动态驾驶任务和负责失效应对接管，用户不需要响应系统发出的接管请求	系统	系统	系统	无限制	所有行驶场景

1.3　智能网联汽车的发展现状

我国智能网联汽车发展目标是什么？相关技术和产业有哪些进展？未来有哪些发展趋势？我国为推动智能网联汽车发展出台了哪些支持政策？

1.3.1　我国智能网联汽车产业进展

为了打造智能网联汽车中国方案发展路径，充分结合中国优势与产业发展趋势，进一步适应产业变革需求，在推进我国智能网联汽车产业发展过程中，近年来，我国坚持以下的发展方向和路径：

1）充分发挥领先产业与体制优势，坚持智能化与网联化融合技术路线。

2）把握历史机遇窗口，着力推进我国智能汽车计算基础平台、云控基础平台等能力建设。

3）深化贯彻智能网联汽车安全技术研究与应用。

1. 我国智能网联汽车发展愿景及总体目标

（1）发展愿景

实现汽车强国伟大目标，使汽车社会朝着有益于文明进步、可持续轨道发展，满足人民对美好生活无限向往的需要，体现在安全、效率、节能减排、舒适和便捷、人性化等方面。

（2）总体目标

到 2035 年，中国方案智能网联汽车技术和产业体系全面建成、产业生态健全完善，整车智能化水平显著提升，网联式高度自动驾驶智能网联汽车大规模应用。

由于采用智能化和网联化技术，驾乘安全性和舒适性显著提高，交通事故和人员伤亡数量大幅降低，交通出行和物流运输效率显著提升，道路交通能源消耗和污染排放有效降低。

中国方案智能网联汽车关键核心技术处于国际领先水平，有效助推汽车产业转型升级、新兴产业经济重构和安全、高效、绿色的汽车社会文明形成，促进建设世界汽车强国的战略目标实现，我国智能网联汽车发展的总体目标如图 1-7 所示。

图 1-7　我国智能网联汽车发展的总体目标

2. 我国发展现状

我国在全球率先提出网联化的理念和分级，网联化与智能化深度耦合，形成明确的 C-V2X 技术路径和全球领先的 C-V2X 产业体系。

（1）技术标准

我国 C-V2X 基础标准基本完成，华为、中兴、大唐等企业成为 C-V2X 国际标准主导力量，我国 C-V2X 专利占比居全球首位。

（2）产品研发

初步形成覆盖 C-V2X 芯片、终端和系统的完整产业链，全球首发 C-V2X 通信芯片，打通"端 - 边 - 云"生态体系。

（3）整车制造

国内汽车企业大力推动 C-V2X 发展，2019 年 4 月，13 家国内车企共同宣布 2020 下半年到 2021 上半年量产搭载 C-V2X 技术新车型。

（4）测试验证

连续四年的"三跨""四跨""新四跨"示范活动，验证了我国 C-V2X 技术标准及相关产品的有效性，为 C-V2X 规模试验和推广奠定了基础。

3. PA 级辅助驾驶实现大规模应用

乘用车 PA 级自动驾驶实现大规模商业化应用，新能源汽车智能驾驶渗透率远超燃油汽车，电动化与智能化、网联化深度协同发展。

PA 级智能网联乘用车在新能源汽车中渗透率更高。2020 年 1—9 月，智能网联乘用车（PA 级）在新能源汽车渗透率达到 24.8%，燃油汽车渗透率仅为 14.2%，如图 1-8 所示。

	全部销量/万辆	PA级销量/万辆	PA级渗透率
燃油车	1079.7	150.8	14.2%
新能源汽车	49.1	13.6	24.8%

图 1-8 我国 PA 级自动驾驶汽车的销量及渗透率（2020 年 1—9 月）

4. 特定场景自动驾驶应用形成中国特色落地路径

企业与地方联合商业创新，积极探索众多场景的自动驾驶应用服务。

（1）企业积极探索自动驾驶示范应用

1）百度、文远知行、小马智行等公司在多地基于载人测试开展 Robotaxi 测试运行。

2）东风 Sharing-VAN、金龙和百度联合打造的"阿波龙"、宇通 L4 级小巴等已在多地进行示范应用。

（2）港口、矿山、自主泊车等特定场景自动驾驶应用成为热点

1）港口、矿山等限定场景交通情况相对简单，自动驾驶商业模式逻辑清晰，成为落地焦点。

2）团体标准《自主代客泊车系统总体技术要求》的发布，加速 AVP 落地应用，解决繁华商业街道、大型停车场等的停车痛点。

5. 国内环境感知、智能决策等关键技术和产品不断得到应用

多线束激光雷达、自动驾驶计算平台、毫米波雷达及芯片等产品取得突破性进展。

（1）智能决策技术与产品

车载计算平台重要性愈发凸显，华为、地平线等企业纷纷布局并取得重要进展。例如：地平线已经形成由征程处理器、Matrix 自动驾驶计算平台、ADAS、DMS、AR HUD、Face ID、NavNet 高精度地图等构建的智能驾驶产品矩阵，可提供 L2、L3、L4 级别自动驾驶解决方案。

（2）环境感知技术与产品

1）国内激光雷达企业推出多款机械 / 半固态激光雷达产品，产品性能直追欧美产品。

2）毫米波雷达整机得到量产应用，毫米波雷达芯片等核心元器件取得了突破性进展。77GHz 毫米波雷达产品已经搭载于一汽红旗量产车型 HS5、东风 Sharing VAN 1.0 plus 等量产车型中。

6. 各地结合"5G + 车联网"的新基建，积极探索智能汽车 / 智慧交通示范推广与商业化

在路侧，截至 2021 年 10 月底，江苏（无锡）、天津（西青）、湖南（长沙）、重庆（两江新区）4 个车联网国家级先导区在超过 700km 的高速和城市道路上，再加上其他城市，共计部署了 4000 余台 RSU。

在车端，新车前装 C-V2X 在 2020 年开始提速。到 2021 年上半年，已有十多家车企宣布 C-V2X 量产车型计划，包括一汽红旗、上汽通用、上汽奥迪、福特汽车、长城汽车、广汽、北汽、吉利、蔚来等。

建设"5G+C-V2X"新型基础设施，将助力解决车联网车载终端渗透率低、路侧基础设施建设和运营模式不清晰等一系列问题，为中国发展智能驾驶和智慧交通，探索出一条具有中国特色的"聪明的车""智慧的路""协同的云"的发展模式。

1.3.2　智能网联汽车的发展趋势

智能网联汽车的发展趋势有以下几方面：

1. 智能网联汽车从单车智能化逐步向智能化与网联化相融合的路径发展

智能网联汽车不仅是与基础设施的网联通信，而是 V2V、V2I、V2P 等更加深入的网联协同。目前，自适应巡航控制（ACC）、车道保持辅助（LKA）、自动紧急制动（AEB）等驾驶辅助系统已产业化应用，可自动帮助驾驶人跟车、保持车道，同时帮助驾驶人避免危险。随着传感、通信、决策、控制等技术的发展，更多高级别的驾驶辅助系统也将逐步成熟并实现大规模应用。

但仅凭单车智能化方案难以应对复杂程度较高的道路交通场景，无法在量产车上真正实现完全的无人驾驶。通过智能化与网联化相融合，可以有效弥补单车智能化存在的能力盲区和感知不足等问题，并可降低对自身搭载传感器、硬件性能等要求，降低单车成本，有利于快速实现自动驾驶。

2. 自动驾驶推动新型电子电气架构演进，软件定义 / 数据驱动汽车将成为未来发展趋势

传统汽车电子系统缺陷明显，已经难以满足未来汽车软件化的需求。未来基于域控制器、中央计算平台的电子电气架构将成为趋势。采用该电子电气架构可使车辆软硬件分离，充分利用硬件性能，提高软件复用率，降低整体成本；同时，车企可主导核心算法开发，自主软件系统的开发与应用，加强对整车 OTA 升级能力，从而实现车辆性能、功能的持续优化与迭代更新。

3. 在特定场景优先得到实践应用

随着技术不断验证与成熟，逐步向城市郊道路、高速公路等场景拓展。从技术层面来看，限定区域运营场景由于路况简单、线路相对固定、车速相对较低、交通参与者较少等因素，更有利于自动驾驶功能实现。因此，智能网联汽车会按照低速封闭场景→低速开放场景 / 高速封闭场景→高速开放场景的顺序实现商业化落地，不同场景下的自动驾驶应用如图 1-9 所示。

4. 未来路侧基础设施将加速智能化进程

通过路侧基础设施智能化，可以有效提升交互实时性、道路参与者定位精度，并提高信息交互效率，连接云控平台与智能网联汽车，形成多级化智能网联交通体系。

图 1-9 不同场景下的自动驾驶应用

此外，在路侧边缘借助机器智能算法，以交通数据流整合为核心，支持实现智能交通物联网和信息网的融合，构建起全局动态交通管控系统、数据驱动的智能化协同管控系统，保障智能交通体系全面性与动态性。

5. 智能网联汽车推动汽车产业生态重构

智能网联汽车与智慧城市、智能交通实现融合成为主要发展趋势。我国汽车业已进入新的发展阶段，智能网联技术作为未来产业发展的核心突破口之一，将推动我国汽车业迈上新台阶，并将带动相关产业协同发展。

智能网联汽车背后信息安全、产业战略安全问题，决定了我国必须要探索符合中国国情的开放合作与自主可控相结合的产业发展道路。智能网联汽车将成为我国引领世界汽车产业发展的重大历史机遇，探索并践行智能网联汽车创新发展的中国方案至关重要且刻不容缓。

🔗 知识链接

智能网联汽车技术路线

✍️ 小贴士

我国各级政府合力推动智能网联汽车产业的发展

1. 部委协同，明确车联网与车路协同发展路径

我国已将车联网提升到国家战略高度，国务院及相关部委对车联网产业升级和业务创新进行了顶层设计、战略布局和发展规划，并形成系统的组织保障和工作体系，我国车联网相关的重要政策见表 1-5。

表 1-5 我国智能网联汽车相关的重要政策

发布时间	发文机关	政策	主要内容
2018 年 11 月	工信部	《车联网（智能网联汽车）直连通信使用 5905～5925MHz 频段管理规定（暂行）》	规划 5905～5925MHz 频段作为基于 LTE-V2X 技术的车联网（智能网联汽车）直连通信的工作频段
2018 年 12 月	工信部	《车联网（智能网联汽车）产业发展行动计划》	明确形成深度融合、创新活跃、安全可信、竞争力强的车联网产业新生态
2019 年 9 月	中共中央、国务院	《交通强国建设纲要》	加强智能网联汽车（智能汽车、自动驾驶、车路协同）研发，形成自主可控完整的产业链
2020 年 2 月	国家发展和改革委员会、工信部、科技部等 11 个部委	《智能汽车创新发展战略》	提出到 2025 年智能交通系统和智慧城市相关设施建设取得积极进展，车用无线通信网络（LTE-V2X 等）实现区域覆盖。新一代车用无线通信网络（5G-V2X）在部分城市、高速公路逐步开展应用
2020 年 3 月	工信部	《关于推动 5G 加快发展的通知》	提出促进"5G＋联网"协同发展
2020 年 8 月	交通运输部	《关于推动交通运输领域新型基础设施的指导意见》	提出打造融合高效的智慧交通基础设施，完善行业创新基础设施，重点提到了助力 5G 等信息基础设施建设
2020 年 10 月	国务院办公厅	《新能源汽车产业发展规划（2021—2035 年）》	明确将推动新能源汽车与能源、交通、信息通信全面深度融合，以及协调推动智能路网设施建设，包括建设支持车路协同的无线通信网络及推进智能化道路基础设施建设
2021 年 11 月	工信部	《"十四五"信息通信行业发展规划》	推动 C-V2X 网络建设、在主要城市道路的规模化部署、在部分高速公路路段试点应用，加速车联网终端用户渗透

进入 2021 年以来，我国在车联网产业顶层规划、部际协调以及跨行业试点示范方面取得良好进展。2021 年 3 月 11 日，十三届全国人大四次会议表决通过了关于国民经济和社会发展第十四个五年规划和 2035 年远景目标纲要的决议。规划中明确指出，要统筹推进传统基础设施和新型基础设施建设，积极稳妥发展车联网。2021 年 4 月，国家制造强国建设领导小组车联网产业发展专委会第四次全体会议在京召开，强调要加快车联网部署应用。2021 年 9 月 8 日，工信部启动了车联网身份认证和安全信任试点项目，包括新能源和智能网联汽车车联网身份认证、安全信任体系建设等 61 个试点项目，有逾 300 家单位参与到试点项目建设中，涵盖了汽车、通信、密码、互联网等跨领域企业以及地方车联网建设运营主体等。2021 年 11 月，工信部发布了《"十四五"信息通信行业发展规划》，在规划中有 24 处提到车联网，并明确推动 C-V2X 与 5G 网络、智慧交通、智慧城市等统筹建设，加快在主要城市道路的规模化部署，探索在部分高速公路路段试点应用；协同汽车、交通等行业，加速车联网终端用户渗透。

2. 地方政府积极出台车联网发展利好政策

在国家政策指导下，各地结合自身发展需求和产业条件出台了积极推进车联网发展的政策。例如，江苏省编制成江苏省车联网产业发展重点任务分解表（2020—2021 年），明确了推动车联网产业发展的行动指南。天津市发布车联网（智能网联汽车）产业发展行动计划，提出加快 LTE 网络升级改造和 5G 规模化部署，提升 LTE-V2X 网络覆盖水平，建设基于 LTE-V2X 无线通信关键技术的车联网服务平台。北京市发布《北京市智能网联汽车创新发展行动方案（2019—2022 年）》，提出部署智能路网试点改造工程，规划建设卫星地面增强站、LTE-V2X、NR-V2X 路侧单元。另外，长沙市发布智能汽车产业"火炬计划"和"头羊计划"。广州市发布广州市加快推进数字新基建发展三年行动计划。四川省发布《关于推进智能网联汽车产业发展的通知》。河北、上海、湖北武汉、浙江德清、广东深圳等其他省市地区也发布了与车联网相关的推进政策。

1.4　智能网联汽车技术

智能网联汽车要实现无人驾驶，那么智能网联汽车需要哪些关键技术？基础技术的支撑又有哪些呢？

1.4.1　智能网联汽车关键技术

智能网联汽车的最主要目标是将信息技术运用到汽车上，用实时、全面、有效的信息流来驱动汽车系统的运行。根据《智能网联汽车技术路线图 2.0》，智能网联汽车的关键技术包括车辆关键技术和信息交互关键技术。

智能网联汽车的
车辆关键技术

1. 车辆关键技术

智能网联汽车的车辆关键技术包括环境感知技术、智能决策技术、控制执行技术和系统设计技术。

（1）环境感知技术

环境感知是融合车载环境感知技术、卫星定位技术、4G/5G 及 V2X 无线通信技术等，实现对车辆自身属性和车辆外在属性（如道路、车辆和行人等）静态、动态信息的提取和收集，并向智能决策层输送信息。

环境感知涉及的技术主要包括：传感器技术、行驶环境感知技术、车辆姿态感知技术、乘员状态感知技术、态势分析技术等，见表 1-6。

表 1-6　环境感知技术的分支技术

技术	分支技术
环境感知技术	传感器技术，包括加速度传感器、微机械陀螺仪、摄像头、毫米波雷达、激光雷达等
	行驶环境感知技术
	车辆姿态感知技术
	乘员状态感知技术
	态势分析技术

环境感知使用的传感器包括车轮转速传感器、加速度传感器、微机械陀螺仪、转向盘转角传感器、超声波传感器、激光雷达、毫米波雷达、视觉传感器等，通过这些传感器来感知车辆行驶速度、行驶方向、运动姿态、道路交通情况。在复杂路况交通环境下，单一传感器无法完成环境感知的全部，必须整合各种类型的传感器，利用传感器融合技术，使其为智能网联汽车

提供更加真实可靠的路况环境信息。例如融合来自全球定位系统（GPS）、中国北斗卫星导航系统（BDS）、车轮转速传感器、加速度传感器、微机械陀螺仪、转向盘转角传感器等的信息来进行复杂环境下的高精度车辆定位；利用激光雷达、毫米波雷达和超声波传感器来确定环境中目标的位置、速度和方位；利用摄像头来识别车道线、车辆、行人、停车位等对象。

车辆姿态感知包括车辆的行驶速度、行驶方向、行驶状态、车辆位置等。

行驶环境感知包括道路感知、行人感知、交通信号感知、交通标识感知、交通状况感知、周围车辆感知等。其中，道路感知包括道路类型检测、道路标线识别、道路状况判断、是否偏离行驶轨迹等；行人感知主要判断车辆行驶前方是否有行人，包括白天行人识别、夜晚行人识别、被障碍物阻挡的行人识别等；交通信号感知主要是自动识别交叉路口的信号灯、如何高效通过交叉路口等；交通标识感知主要是识别道路两侧的各种交通标志，如限速、转弯等，及时提醒驾驶人注意；交通状况感知主要是检测道路交通拥堵情况、是否发生交通事故等，以便车辆选择通畅的路线行驶；周围车辆感知主要检测车辆前方、后方、侧方的车辆情况，避免发生碰撞，也包括交叉路口被障碍物遮挡的车辆。

乘员状态感知可以识别驾驶人疲劳驾驶、分神驾驶、抽烟、打电话等异常驾驶行为，以及监控其健康状况等。

态势分析技术，可以根据传感器、V2X 通信等直接获得的信息或多传感器信息融合后的信息构建车辆周围的环境模型（World Model），并根据环境模型确定当前的环境特征，比如是否存在危险信息等。

（2）智能决策技术

智能决策主要是对来自环境感知层的信息并进行融合，对道路、车辆、行人、交通标志和交通信号等进行识别，决策分析和判断车辆驾驶模式和将要执行的操作，并向控制执行层输送指令。

智能决策涉及的技术主要包括行为预测与决策技术、轨迹规划技术、基于深度学习的决策算法等，见表 1-7。利用行为预测与决策技术，车辆能够根据当前的环境特征，制定系统的介入策略，比如预警或主动控制。利用轨迹规划技术，车辆能够根据当前环境特征规划行

表 1-7　智能决策技术的分支技术

技术	分支技术
智能决策技术	行为预测与决策技术
	轨迹规划技术
	基于深度学习的决策算法

车路线。利用基于深度学习的决策算法，车辆能够更好地理解驾驶人的意图，预测驾驶人的行为，同时能够从过去的数据中学习以更好地预测当前场景的未来演化。智能网联汽车做决策的智能化程度正在飞速提高。

（3）控制执行技术

控制执行主要是按照智能决策层的指令，对车辆进行操作和协同控制，保障汽车安全行驶和舒适驾驶。

智能网联汽车控制系统是汽车智能化的执行者，是整车电控系统的核心。由于汽车驾驶任务的复杂性，智能化的汽车控制器必须采用综合智能控制策略，以提高汽车的操纵响应能力和紧急躲避障碍能力。

控制执行涉及的技术主要包括关键线控执行机构（驱动、制动、转向、悬架系统等）、车辆运动控制技术（纵向、横向、垂向等）、车辆多目标智能控制技术等，见表 1-8。通过线控转

向、线控制动等实现车辆的纵横向动力学控制，在极限工况下，由于轮胎的非线性导致车辆纵横向运动耦合，还需要多目标协同控制技术的支撑。

表 1-8　控制执行技术的分支技术

技术	分支技术
控制执行技术	关键线控执行机构，包括驱动、制动、转向、悬架系统等
	车辆纵向、横向和垂向运动控制技术
	车辆多目标智能控制技术

由于交通环境的复杂性、交通信息的多边性、交通任务的多样性等原因，研究设计智能网联汽车控制器的任务是十分艰巨的。汽车智能控制器一方面需要具有学习、自适应、自组织等仿人的智能化特点，同时又需要克服人工驾驶汽车固有的缺陷。智能网联汽车控制系统必须以现代微电子技术为核心来设计系统硬件，以智能控制理论为基础来设计软件控制策略，以信息技术为支撑来设计系统框架。

（4）系统设计技术

系统设计涉及的技术主要包括电子电气架构、人机交互技术和智能计算平台技术等，见表 1-9。

汽车电子电气架构（Electrical/Electronic Architecture，EEA）是集合了汽车的电子电气系统原理设计、中央电器盒设计、插接器设计、电子电气分配

表 1-9　系统设计技术的分支技术

技术	分支技术
系统设计技术	电子电气架构
	人机交互技术
	智能计算平台技术

系统等设计为一体的整车电子电气解决方案。如今，汽车电子电气架构正逐渐从分布式架构向域集中式过渡，根据汽车电子部件功能，可将整车划分为动力总成、车辆安全、车身电子、智能座舱和智能驾驶等多个域，再通过对应的域控制器相对集中地去控制每个域，以实现对不同ECU 的控制。汽车电子电气架构后续还将向以计算平台为核心的电子电气架构方向发展，并将进一步建立基于车路云一体化的车辆平台架构。通过减少嵌入式 ECU，使车辆中央控制易于更新和升级，也将与车联网 V2X、IT 应用、智能化更紧密结合。基于电子电气架构不断的进化，SOA、DDS、TSN、OTA 等相关技术取得飞速发展。

人机交互实现驾驶人和智能网联汽车控制系统之间的协调，使得控制系统能够更好地适应驾驶人的习惯和预期。智能网联汽车人机界面应集成车辆控制、功能设定、信息娱乐、导航系统、车载电话等多项功能，方便驾驶人快捷地从中查询、设置、切换车辆系统的各种信息，从而使车辆达到理想的运行和操纵状态。车辆显示系统和智能手机将无缝连接，人机界面提供的输入方式将会有多种选择，通过使用不同的技术允许消费者能够根据不同的操作、不同的功能进行自由切换。人机交互技术，尤其是语音控制、手势识别和触摸屏技术，在全球汽车市场上已被大量采用，目前正在探索虚拟显示、眼球追踪、视线追踪等新兴人机交互方式。

智能计算平台主要借助对周边环境的感知、对障碍物及危险的识别、与大数据云控基础平台的通信以及与其他车辆和路侧设备的互联等获取的信息，通过智能控制、人机交互等方式提高安全性，改善驾驶体验。

2. 信息交互关键技术

智能网联汽车是具有通信协同感知和云端智能控制的系统。智能网联汽车的发展趋势是必须要有通信，以实现自主控制和云端控制的结合。根据《智能网联汽车技术路线图 2.0》，智能

网联汽车的信息交互关键技术包括专用通信与网络技术、大数据云控基础平台技术和车路协同技术。

（1）专用通信与网络技术

在智能网联汽车之间、智能网联汽车与交通监控中心之间、与道路附属设施之间、与其他信息系统之间，都存在着大量的文字、语音、数据、图像等信息的实时交换。专用通信与网络是智能网联汽车系统获取和传递信息的神经中枢，通过研究适合于智能网联汽车信息交换的通信系统结构形式、软件技术、传输介质、编码纠错技术等，保证信息的准确快速传输，并实现车内网、车云网和车际网"三网"融合。

专用通信与网络涉及的技术主要包括C-V2X无线通信技术、专用通信芯片与模块技术、车载信息交互终端技术、直连通信技术、移动自组织组网技术、5G网络切片及应用技术和多接入边缘计算技术等，见表1-10。

表 1-10　专用通信与网络技术的分支技术

技术	分支技术
专用通信与网络技术	C-V2X 无线通信技术
	专用通信芯片与模块技术
	车载信息交互终端技术
	直连通信技术
	移动自组织组网技术
	5G 网络切片及应用技术
	多接入边缘计算技术

（2）大数据云控基础平台技术

大数据云控基础平台是未来智能网联汽车架构的核心，车辆的智能化并不仅仅表现为车辆依赖自身的能力对周围局部环境的理解和反应，而是充分获取全局信息后单体智能与全局智能的协同最优。云服务平台需要具备海量数据的存储和处理能力，通过集群应用、网格技术或者分布式文件系统等功能，将网络中大量各种类型的存储设备通过应用软件集合起来协同工作，共同对外提供数据存储和业务访问功能。大数据云控基础平台一方面能够实时接收记录所有车辆的上报信息，进行定期备份并异地存储所有数据，另一方面能够利用人工智能、机器学习等方法对海量数据进行分析整理，挖掘数据的潜在价值。通过虚拟化和资源共享，大数据云控基础平台大大提升了资源的利用率和资源使用的弹性，从而极大地提升对海量数据的存储能力和处理能力，促进智能网联汽车智能程度的升级。

大数据云控基础平台涉及的技术主要包括边缘计算技术、边云协同技术、协同感知与决策技术等，见表1-11。

表 1-11　大数据云控基础平台技术的分支技术

技术	分支技术
大数据云控基础平台技术	边缘计算技术
	边云协同技术
	协同感知与决策技术

（3）车路协同技术

车路协同是单车智能的功能延展和补充，基于V2X（Vehicle to Everything）技术开展。单车智能自动驾驶容易受到遮挡、恶劣天气等环境条件影响，在全量目标检测、轨迹预测、驾驶意图"博弈"等方面存在困难。而车路协同通过信息交互协同、协同感知与协同决策控制，可以拓展单车的感知范围、提升感知的能力，实现群体智能。

车路协同不但能为智能网联汽车提供超视距感知能力，还能利用路侧感知设备位置固定、能够长时间连续检测等优势提高识别的准确率和精准度，同时使人/车/路/云之间具备位置、速度、驾驶方向和驾驶意图等的交流能力，有效弥补单车智能的不足，推动协同式应用服务发展，为保障交通出行安全、提升交通出行效率、丰富交通信息服务提供支撑，是实现智慧公路和自动驾驶的核心要素之一。

1）车路协同技术赋能智能网联车辆，拓展感知范围，提升感知能力。

车路协同能从时间和空间维度突破自主式系统对于车辆周边环境的感知能力。在时间维度，通过 V2X 通信，系统能够提前获知周边车辆的操作信息、红绿灯等交通控制系统信息，以及气象条件、拥堵预测等更长期的未来状态信息。在空间维度，通过 V2X 通信，系统能够感知交叉路口盲区、弯道盲区、车辆遮挡盲区等位置的环境信息，从而帮助自动驾驶系统更全面地掌握周边交通态势。网联式智能技术与自主式智能技术相辅相成，互为补充，正在加速融合发展。

2）车路协同的应用有望降低单车成本。

车路协同是一种自动驾驶补充方案，能够在一定程度上弱化单车传感器的功能和性能要求。从原理上讲，车端传感器的功能可以通过道路端传感器来补偿实现，道路端通过路侧单元（RSU）将获取到的环境数据传递给车端，通过坐标系变换将路端环境信息转化成车端环境信息，发送至计算平台进行数据融合。这样一来，只要能保证道路端数据的实时性、完整性和可靠性，便可以通过降低单车传感器搭载的数量和性能来实现单车集成成本的降低，而基于 RSU 的路端数据通过类似广播的方式让所有在道路行驶的车辆共享，实现资源集中和高效处理。

3）车路协同降低自动驾驶计算平台算力负荷。

自动驾驶计算平台是智能网联汽车的大脑，各路传感器获取的数据都要在这里融合、决策并输出决策和控制信号。算力是评价计算平台性能的重要指标，也是直接关系到造价成本的核心参数。在单车智能方案中，要增强环境感知能力，往往通过增加传感器性能和数量的方式来实现，这意味着实时处理信息量的增大。由于自动驾驶对于数据传输延时性极为敏感，所以对计算平台的算力也提出更高的要求。基于此背景，多接入边缘计算成为比较实用的网络结构，可以部分缓解计算平台的压力。

车路协同涉及的技术主要包括车路数字化信息共享技术、车路融合感知技术、车路融合辅助定位技术、车路协同决策自动驾驶技术、车路一体化协同控制自动驾驶技术等，见表 1-12。

表 1-12　车路协同技术的分支技术

技术	分支技术
车路协同技术	车路数字化信息共享技术
	车路融合感知技术
	车路融合辅助定位技术
	车路协同决策自动驾驶技术
	车路一体化协同控制自动驾驶技术

1.4.2　智能网联汽车的基础支撑技术

根据《智能网联汽车技术路线图 2.0》，智能网联汽车的基础支撑技术包括人工智能技术、安全技术、高精度地图和定位技术、测试评价技术和标准法规。

1. 人工智能技术

人工智能涉及的技术主要包括：新一代人工智能与深度学习技术、端到端智能控制技术等，见表 1-13。

表 1-13　人工智能技术的分支技术

技术	分支技术
人工智能技术	新一代人工智能与深度学习技术
	端到端智能控制技术

以深度学习方法为代表的人工智能（Artificial Intelligence，AI）技术在智能网联汽车上正在得到快速应用。尤其在环境感知领域，深度学习方法已凸显出巨大的优势，正在以惊人的速度替代传统机器学习方法。深度学习方法需要大量的数据作为学习样本库，对数据采集和存储提出了较高需求。目前，深度学习方法还存

在内在机理不清晰、边界条件不确定等缺点，需要与其他传统方法融合使用以确保可靠性。此外，深度学习方法对车载计算芯片处理能力也提出了较高的要求。

2. 安全技术

智能网联汽车在接入网络的同时，也带来了信息安全的问题。在应用中，每辆车及其车主的信息都将随时随地地传输到网络中被感知，这种暴露在网络中的信息很容易被窃取、干扰甚至修改等，从而直接影响智能网联汽车体系的安全，因此在智能网联汽车中，必须重视信息安全与隐私保护技术的研究。

智能网联车辆安全涉及的技术主要包括：信息安全、功能安全、预期功能安全等，见表1-14。

表 1-14　安全技术

技术	分支技术
安全技术	信息安全
	功能安全
	预期功能安全

3. 高精度地图和定位技术

高精度地图技术将大量的行车辅助信息存储为结构化数据，这些信息可以分为两类：第一类是道路数据，比如车道线的位置、类型、宽度、坡度和曲率等车道信息；第二类是车道周边的固定对象信息，比如交通标志、交通信号灯、道路限高、下水道口、障碍物及其他道路细节，还包括高架、防护栏、道路边缘类型、路边地标等基础设施信息。以上这些信息都有地理编码，导航系统可以准确定位地形、物体和道路轮廓，从而引导车辆行驶。其中，最重要的是对路网精确的三维表征（厘米级精度），比如路面的几何结构、道路标示线的位置、周边道路环境的点云模型等。有了这些高精度的三维表征，自动驾驶系统可以通过比对车载 GPS、惯性测量单元（IMU）、激光雷达（LiDAR）或摄像头的数据精确确认自己当前的位置。另外，高精度地图中包含有丰富的语义信息，比如交通信号灯的位置和类型、道路标示线的类型，以及哪些路面可以行驶等。

所谓定位精度，是指空间实体位置信息（通常为坐标）与其真实位置之间的接近程度。定位精度越高，其接近程度越高。当无人驾驶汽车拥有高精度的位置信息之后，就可以与高精度地图进行匹配，从而形成了良好的导航功能。无线定位技术领域分为广域定位和短距离无线定位，广域定位可分为卫星定位和移动定位，短距离定位主要包括 WLAN、RFID、UWB、蓝牙、超声波等。

高精度地图和定位涉及的技术主要包括基于北斗卫星导航信号的高精度定位技术、通信基站定位技术、惯性导航与航迹推算技术、高精度地图协作定位技术、高精度三维动态数字地图技术、多层高清地图采集及更新技术和高精度地图基础平台技术等，见表1-15。

表 1-15　高精度地图和定位技术

技术	分支技术
高精度地图和定位技术	基于北斗卫星导航信号的高精度定位技术
	通信基站定位技术
	惯性导航与航迹推算技术
	高精度地图协作定位技术
	高精度三维动态数字地图技术
	多层高清地图采集及更新技术
	高精度地图基础平台技术

4. 测试评价技术

为了保证车辆在道路上的安全行驶，车辆在出厂前需要经过多项测试，只有这些测试都达标后，车辆才能够被核准上路。未来的汽车势必会越来越智能化和网联化，但同时也会越来越复杂，传统的汽车测试评价方法和工具已经不能很好地满足智能网联汽车的需要，必须在传统的汽车测评技术基础上提炼创新，为智能网联汽车开发高精度、可靠、综合性的测试系统，为研发人员和生产测试人员带去灵活和便利。

测试评价涉及的技术主要包括测试评价方法与技术标准、自动驾驶训练与仿真测试、测试场地规划与建设、示范应用与推广等，见表1-16。

工信部、公安部、交通运输部在全国各地先后支持建设4个国家级车联网先导区和近20个智能网联汽车测试示范区。除了部委推进的城市级智能网联测试示范区外，据不完全统计，还有超过40个城市级及企业级测试示范点，遍布我国华东、华中、华北、东北、华南、西南、西北地区，初步形成封闭测试

表1-16　测试评价技术

技术	分支技术
测试评价技术	测试评价方法与技术标准
	自动驾驶训练与仿真测试
	测试场地规划与建设
	示范应用与推广

场、半开放道路和开放道路组成的智能网联汽车外场测试验证体系。

国内超过20个省市发布道路测试实施细则，颁发测试牌照超过500张。广州、长沙、上海、武汉、沧州、北京、重庆、深圳、海南、银川等省市已经开放载人测试。其中，广州已经支持测试驾驶人进行远程控制，并为文远知行等公司颁发远程测试许可。长沙也允许无驾驶人测试，但车内非驾驶位仍需配置能够进行车辆制动操作的安全员，并配置可远程接管车辆的安全员。

5. 标准法规

标准法规涵盖标准体系与关键标准的构建、标准技术试验与验证、前瞻标准技术研究、国际标准法规协同等，见表1-17。

在国家制造强国建设领导小组车联网产业发展专委会指导下，工信部、公安部、交通运输部、国家标准化管理委员会联合组织制定并发布《国家车联网产

表1-17　标准法规

技术	分支技术
标准法规	标准体系与关键标准的构建
	标准技术试验与验证
	前瞻标准技术研究
	国际标准法规协同

业标准体系建设指南》及各分册，促进C-V2X技术标准在汽车、交通、公安等跨行业领域的应用推广。相应地，汽车、通信、智能运输系统、道路交通管理等相关各领域的标准化技术委员会正在加快开展重要标准的制订工作。

《国家车联网产业标准体系建设指南》系列文件目前逐渐完善，国家标准正在加速制定，并通过打造团体标准体系建设指南，发挥团体标准的先行先试作用，满足技术与产业发展的迫切需求。

与此同时，IMT-2020（5G）推进组C-V2X工作组等行业组织，近几年持续组织C-V2X互联互通应用实践活动，加快验证中国C-V2X全协议栈标准的有效性，促进C-V2X产业各环节协同研发和测试，为推动国内C-V2X大规模应用部署和产业生态体系构建奠定基础。2018年起，连续举办了"三跨""四跨""新四跨"等C-V2X互联互通应用实践活动。

 知识链接

智能网联汽车涉及整车零部件、信息通信、智能交通、地图定位等多领域技术，根据《智能网联汽车技术路线图2.0》，智能网联汽车关键技术可划分为"三横两纵"，如图1-10所示。

"三横"：指车辆关键技术、信息交互关键技术与基础支撑关键技术。

"两纵"：指支撑智能网联汽车发展的车载平台与基础设施。

其中，基础设施包括交通设施、通信网络、大数据平台、定位基站等，逐步向数字化、智能化、网联化和软件化方向升级，支撑智能网联汽车发展。

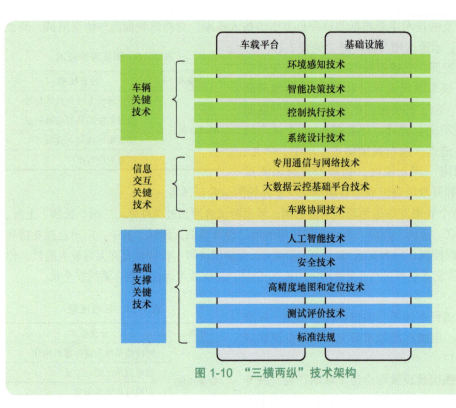

图 1-10 "三横两纵"技术架构

✏️ **小贴士**

2020 年 11 月 11 日，在 2020 世界智能网联汽车大会开幕式上，《智能网联汽车技术路线图 2.0》（以下简称"路线图 2.0"）发布。这是继《新能源汽车产业发展规划（2021—2035）》《节能与新能源汽车技术路线图 2.0》之后，又一份定调未来 15 年技术路线的顶层设计文件。新路线图将时间目标扩展到 2035 年，以 5 年时间为一个节点，分析了城市、城郊、高速和限定场景的智能网联汽车技术产业化、市场化、商业化时间进度。

1. 车辆关键技术发展路线（图 1-11）

1）2025 年，复杂环境感知、计算决策、控制执行等技术满足 CA 级、特定场景的 HA 级自动驾驶系统设计要求。

2）2030 年，车辆关键技术满足广泛设计运行域的 HA 级自动驾驶系统设计要求。

3）2035 年，感知决策、线控执行等技术满足 FA 级系统设计要求，基于车路云一体化的新型电子电气架构实现规模化应用，建立自主可控的计算平台开发与应用生态。

2. 信息交互关键技术发展路线（图 1-12）

1）2025 年，完成 NR-V2X 频谱，建成区域级云控基础平台，车路融合感知技术应用于重点路口路段、封闭园区、高速公路。

2）2030 年，NR-V2X、Sub-6GHz、毫米波等技术成熟，云控基础平台可在多个城市和高速公路提供数据运营，车路云协同决策技术逐步成熟。

3）2035 年，云控基础平台覆盖全国一、二线城市全区域和高速公路全路段，车路云协同控制与决策技术成熟，大幅提升交通效率。

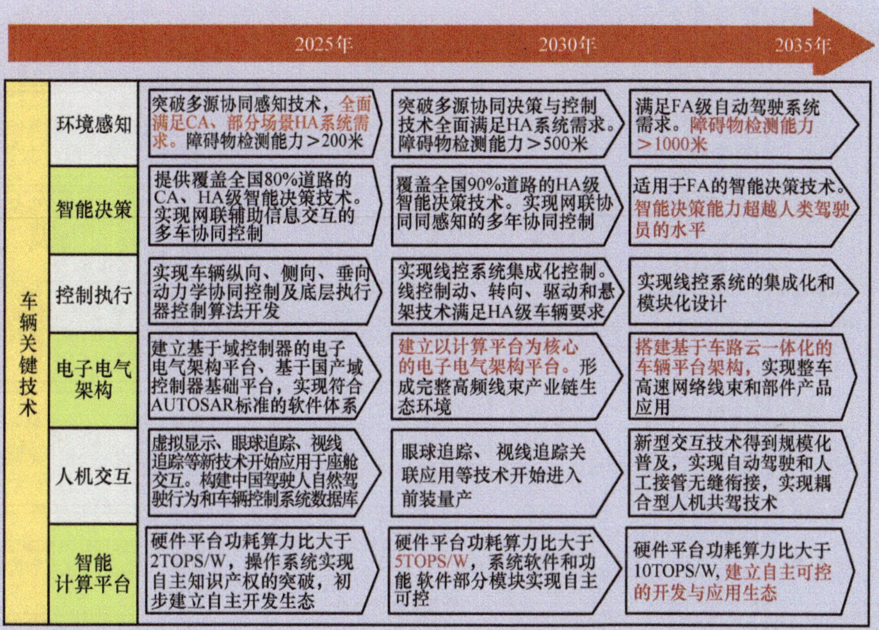

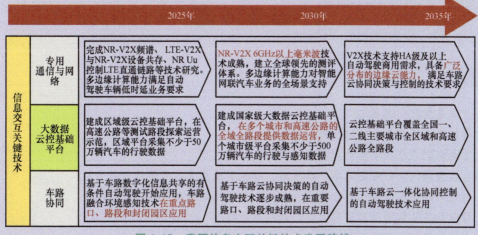

图 1-11 我国车辆关键技术发展路线

图 1-12 我国信息交互关键技术发展路线

3. 基础支撑关键技术发展路线（图 1-13）

1）2025 年，完善人工智能环境感知算法，信息安全、功能安全、预期功能安全设计分析流程形成，高精动态地图数据小时级更新，北斗卫星和多源传感器组合定位精度达厘米级，制定国家标准 100 余项，前瞻技术形成团标。

2）2030 年，自研人工智能芯片市场率超过 50%，安全体系满足 HA 级别系统要求，地图数据精度达到广域分米级、局部厘米级，形成 HA 级测试评价体系。

3）2035 年，全面实现高级别自动驾驶车辆的人工智能控制，全面实施信息安全防护体系、功能安全和预期功能安全标准应用，动态地图数据秒级更新，建成先进、完善的中国标准体系。

基础支撑关键技术	2025年	2030年	2035年
人工智能	使用多源异构信息融合的方式完善人工智能环境感知算法，突破多语种合成、识别、语义理解关键技术	突破多传感器环境感知算法深度融合技术，数据处理芯片、人工智能芯片自主研制，国内市场占用率达到50%以上	全面实现高级别自动驾驶汽车的人工智能控制
信息安全	建立信息安全的整车开发、生产流程管理，实现车车、车路、车人、车云安全通信及专有中心云、边缘云的安全防护	实现HA级别以上信息安全防护体系，健全信息安全应急响应机制及保障与监管体系	实现智能网联汽车信息安全防护体系的全面实施，构建交通安全、信息安全、网络安全融为一体的监管体系
功能安全和预期功能安全	完善智能网联汽车整车、系统和芯片层面的功能安全设计流程；建立预期功能安全设计分析流程	实现功能安全与预期功能安全标准在自动驾驶系统上的示范应用	全面实现功能安全标准和预期功能安全标准在FA级别整车、系统和部件的应用
高精度地图和定位	地图数据精度达到广域亚米级、局域分米级，静态数据周更新、动态数据小时级更新。基于北斗卫星与多源传感器组合定位系统的精度达厘米级	地图数据精度达到广域分米级、局域厘米级，动态数据分钟级更新。高精度定位动态精度稳定在厘米级，系统达到车规级要求	地图数据精度接近厘米级，覆盖全国路网，动态数据秒级更新。全域室内外一体化的高精度定位满足FA级系统需求
测试评价	构建反映中国区域交通环境和气候特征的中国典型驾驶场景数据库，形成CA级智能网联汽车完整的测试评价体系	形成较完整的、行业分级共享的中国典型驾驶场景数据库，构建符合我国交通环境特点的主客观测试评价体系，形成HA级测试评价体系	形成FA级智能网联汽车测试评价体系，产品认证规范和流程成熟完备
标准法规	形成全球领先的中国标准体系，制定100余项国家标准，开展团标前瞻技术研究和补充	形成持续灵活、不断更新迭代的中国标准体系，适用于HA级车辆量产应用需求	全面建成技术先进、结构合理、内容完善的中国标准体系，满足不同技术路线发展

图 1-13　我国基础支撑关键技术发展路线

思考题

1. 什么是智能交通系统？
2. 智能汽车具有哪些特征？
3. 智能网联汽车有哪些特征？
4. 智能网联汽车与智能汽车、车联网、智能交通系统之间是什么关系？
5. 智能网联汽车由哪几部分构成？每部分的功能是什么？
6. 你所知道的车联网应用有哪些？请举例说明。
7. 中美关于智能网联汽车的技术分级有哪些异同？
8. 目前智能网联汽车主要有哪些产品形态？主要应用在哪里？
9. 不同行驶环境对智能网联汽车的要求有什么不同？
10. 智能网联汽车有哪些发展趋势？
11. 我国智能网联汽车发展的总体目标是什么？
12. 我国出台了哪些与智能网联汽车相关的重要政策？
13. 我国发展智能网联汽车产业的发展路径是什么？
14. 智能网联汽车的关键技术分为哪两个大类？每类又细分为哪些关键技术？
15. 环境感知技术涉及哪些具体的技术？
16. 智能网联汽车的发展需要哪些基础技术作为支撑？
17. 车辆关键技术、信息交互关键技术、基础支撑关键技术的发展路线是分别什么？

第2章 智能网联汽车的环境感知技术

本章首先介绍智能网联汽车的环境感知技术的基本知识，包括环境感知技术的目的、对象及方法；同时阐述各种传感器的定义、组成、特点、原理以及应用，其中主要包括当前主流的4类传感器：视觉传感器、超声波传感器、毫米波雷达、激光雷达；最后在此基础上介绍环境感知的目标识别，包括道路识别、车辆识别、行人识别、交通标志识别、交通信号识别等。

学习目标

1. 了解智能网联汽车环境感知技术的组成。
2. 了解视觉传感器的定义、组成、特点、原理以及应用。
3. 了解超声波传感器的定义、组成、特点、原理以及应用。
4. 了解毫米波雷达的定义、组成、特点、原理以及应用。
5. 了解激光雷达的定义、组成、特点、原理以及应用。
6. 掌握智能网联汽车环境感知技术的应用。

2.1  环境感知技术概述

一辆智能网联汽车从学校开往公园，在行驶过程中，可以按车道行驶并避让行人。车道、行人、道路标牌是交通环境中常见的要素，极大程度地影响着智能网联汽车的路径规划及决策，那么智能网联汽车是如何实现环境感知的呢？

2.1.1 环境感知的目的

1. 环境感知技术概念

智能网联汽车关键技术包含环境感知、智能决策和控制执行三大部分，其中包括环境感知技术、无线通信技术、智能互联技术、车载网络技术、先进驾驶辅助技术、信息融合技术、信息安全与隐私保护技术、人机界面（HMI）技术等。环境感知技术主要是利用各种技术获取环境信息，并将获取的信息传输给智能决策中心，为智能决策提供依据。作为智能网联汽车的数据基础，环境感知为智能决策和驾驶提供重要依据，是智能网联汽车实现自动驾驶的必要条件。

环境感知技术是通过安装在智能网联汽车上的传感器或 V2X 通信技术，获取车辆自身状

环境感知技术

态及道路、行人、交通信号、交通标识、交通状况、周围车辆等信息，主要应用于先进驾驶辅助系统，如自适应巡航控制系统、车道偏离报警系统、道路保持辅助系统、汽车并线辅助系统、自动制动辅助系统等，保障智能网联汽车安全、准确到达目的地。智能网联车辆的环境感知设备如图 2-1 所示，主要包括中程毫米波雷达、激光雷达、超声波传感器、视觉传感器（鱼眼摄像头、前视摄像头等）。在复杂的路况交通环境下，单一传感器无法完成环境感知的全部，必须整合各种类型的传感器，充分利用各类传感器的优势互补，再结合传感器融合、时空融合标定等技术，使其为智能网联汽车提供更加真实可靠的路况环境信息，从而帮助智能网联汽车进行更加有效的驾驶决策。

图 2-1　智能网联汽车的环境感知设备

2. 环境感知技术的目的

环境感知相当于智能网联汽车的眼睛和耳朵，它的性能将决定智能网联汽车能否适应复杂多变的交通环境。自动驾驶程度越高，对环境感知要求越高。无人驾驶汽车对环境感知的要求最高，其次是自动驾驶汽车、智能网联汽车和智能汽车。环境感知技术在智能网联汽车中具有明确目的，具体主要包含以下几点。

1）通过性：基于自身行驶性能和共识规则，能实时、可靠、准确识别并规划出可保证规范、安全、迅速到达目的地的行驶路径。

2）安全性：在行驶过程中，能够实时准确地识别出行驶路径周边对行驶安全可能存在安全隐患的物体，为自身采取必要操作以避免发生交通安全事故。

3）经济性：为提高车辆高效、经济地行驶提供参考依据。

4）平顺性：为车辆平顺行驶提供参考依据。

2.1.2　环境感知的对象

智能网联汽车环境感知的对象主要包括传感器检测的对象和 V2X 通信技术传递的信息，总体可以分为以下 4 个方面：行驶路径识别、周边物体感知、驾驶状态检测和驾驶环境检测等。

1. 行车路径识别

结构化道路的行驶路径识别包括道路交通标线、行车路边缘线、路口导向线、导向车道线、人行横道线、道路出入口标线、道路隔离物识别；非结构化道路的行驶路径识别主要是可行驶路径的确认。

2. 周边物体感知

周边物体感知主要包括车辆、行人、地面上可能影响车辆通过和安全行驶的其他各种移动或静止物体的识别；各种交通标志的识别；交通信号灯的识别。

3. 驾驶状态检测

驾驶状态检测主要包括驾驶人自身状态、主车自身行驶状态和周边车辆行驶状态的检测。

4. 驾驶环境检测

驾驶环境检测主要包括路面状况、道路交通拥堵情况、天气状况的检测。

由此可见，智能网联汽车环境感知对象非常多，而且情况复杂，总体又可以分为静态数据与动态数据。静态数据包括道路、静止的障碍物、交通标志和交通信号灯，动态数据包括车辆、行人和移动的障碍物等。如图 2-2 所示，一个完整的城市路口需覆盖以上的感知对象才能给智能网联汽车提供全面多维度的数据基础。

图 2-2　城市路口的环境感知对象

2.1.3　环境感知的方法

智能网联汽车环境感知方法主要有基于单一传感器的环境感知方法、基于自组织网络的环境感知方法和基于传感器信息融合的环境感知方法。基于单一传感器的环境感知方法主要包括惯性元件、超声波传感器、激光雷达、毫米波雷达、视觉传感器等，可单一部署低等级自动驾驶车辆或智能网联道路，实现基础的环境感知；基于自组织网络的环境感知方法主要包括 V2X 通信技术等，一般部署在智能网联道路，实现车路协同应用；基于传感器信息融合的环境感知方法，如采用视觉传感器 + 毫米波雷达、视觉传感器 + 超声波传感器融合等，一般部署在高等级的自动驾驶车辆或智能网联道路，实现更精准更全面的环境感知。

1. 惯性元件

惯性元件主要是指汽车上的车轮转速传感器、加速度传感器、微机械陀螺仪、转向盘转角传感器等，通过它们感知汽车自身的行驶状态。

2. 超声波传感器

超声波传感器主要用于短距离探测物体，不受光照影响，但测量精度受测量物体表面形状、材质影响大。

3. 激光雷达

激光雷达可以获取车辆周边环境二维或三维距离信息，通过距离分析识别技术对行驶环境进行感知。激光雷达能够直接获取物体三维距离信息，测量精度高，对光照环境变化不敏感；但它无法感知无距离差异的平面内目标信息，体积较大，价格较高，不便于车载集成。

4. 毫米波雷达

毫米波雷达与激光雷达一样，也可以获取车辆周边环境二维或三维距离信息，通过距离分析识别技术对行驶环境进行感知。毫米波雷达抗干扰能力强，受天气情况和夜间的影响小，体积小；传播损失比激光雷达少；行人的反射波较弱，难以探测。

5. 视觉传感器

视觉传感器能够获取车辆周边环境二维或三维图像信息，通过图像分析识别技术对行驶环境进行感知。视觉传感器获取的图像信息量大，实时性好，体积小，能耗低，价格低，但易受光照环境影响，三维信息测量精度较低。

6. 自组织网络

通过车载自组织网络（如 V2X 通信技术）可以获取车辆行驶周边环境信息和周边其他车辆行驶信息，也可以把车辆本身的信息传递给周边其他车辆。通过车载自组织网络能够获取其他传感手段难以实现的宏观行驶环境信息，可实现车辆之间信息共享，对环境干扰不敏感。

7. 融合传感

融合传感是指运用多种不同传感手段获取车辆周边环境的多种信息，通过多信息融合技术对行驶环境进行感知的方法，如视觉与毫米波雷达、视觉与激光雷达、视觉与超声波传感器的融合等。其优点是能够获取丰富的车辆周边环境信息，具有优良的环境适应能力，为安全快速辅助驾驶提供可靠保证，缺点是系统复杂，成本高。

本章节主要介绍视觉传感器和雷达传感器。其中，雷达传感器又包括超声波传感器、毫米波雷达和激光雷达。它们在智能网联汽车上的配置与自动驾驶级别有关，自动驾驶级别越高，配置的传感器越多。

 **知识链接**

路侧感知技术

2.2 视觉传感器

人依靠眼睛观察事物，从而体验美好的生活。智能网联汽车的视觉传感器就相当于人的眼睛，极大程度地帮助智能网联汽车获取有效信息，那么视觉传感器是如何实现环境感知的呢？

2.2.1 视觉传感器的定义

视觉传感器是指利用光学元件和成像装置获取外部环境图像信息的仪器，通常用图像分辨率来描述视觉传感器的性能。视觉传感器的精度不仅与分辨率有关，而且和被测物体的检测距离相关。被测物体距离越远，其绝对的位置精度越差。

视觉传感器可以使用激光扫描器、线阵和面阵 CCD 摄像头或者 TV 摄像头，也可以是数字摄像机等，其主要功能是获取足够的机器视觉系统要处理的最原始图像，如图 2-3 所示。把光源、摄像头、图像处理器、标准的控制与通信接口等集成一体的视觉传感器常称为一个智能图像采集与处理单元，内部程序存储器可存储图像处理算法，并能使用计算机，利用专用组态软件编制各种算法并下载到视觉传感器的程序存储器中。视觉传感器将计算机的灵活性、可编程逻辑控制器（PLC）的可靠性、分布式网络技术结

图 2-3　智能图像采集与处理单元

合在一起，用这样的视觉传感器和 PLC 可以更容易地构成机器视觉系统。

2.2.2　视觉传感器的组成

视觉传感器是整个机器视觉系统信息的直接来源，主要由光源、镜头、图像传感器、模数转换器、图像处理器、图像存储器等组成，有时还要配以光投射器及其他辅助设备，如图 2-4 所示。

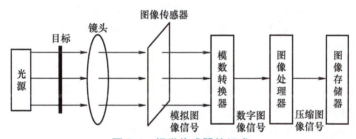

图 2-4　视觉传感器的组成

视觉传感器对于智能机器视觉系统来讲，有着极为关键的作用，它能够获取到要处理的原始图像，随着科学技术水平的飞速发展，视觉传感器的种类也越来越多样化，主要可分为以下 4 类：

（1）单目摄像头

单目摄像头成本低，可以识别出具体障碍物的种类，而且识别技术比较准确，但因其识别原理所限，它并不具备识别没有明显轮廓的障碍物。通常而言，其运行效率和其外部光线条件有关，同时也会受限于数据库、没有自动学习功能。

单目摄像头一般安装在前风窗玻璃上部，用于探测车辆前方环境，识别道路、车辆、行人等。先通过图像匹配进行目标识别（各种车型、行人、物体等），再通过目标在图像中的大小去估算目标距离。这就要求对目标进行准确识别，然后要建立并不断维护一个庞大的样本特征数据库，保证这个数据库包含待识别目标的全部特征数据。如果缺乏待识别目标的特征数据，就无法估算目标的距离。单目摄像头的优点是成本低廉，能够识别具体障碍物的种类，且识别准确；缺点是由于其识别原理导致其无法识别没有明显轮廓的障碍物，工作准确率与外部光线条件有关，并且受限于数据库，没有自学习功能。

（2）双目摄像头

相比于单目摄像头，双目摄像头不存在识别率的限制，不用先识别，就能够直接进行测量，并能够直接利用视差计算距离，有着更高精度计算，不需要维护样本数据库。

双目摄像头是通过对两幅图像视差的计算，直接对前方景物（图像所拍摄到的范围）进行距离测量，而无须判断前方出现的是什么类型的障碍物。依靠两个平行布置的摄像头产生的视差，找到同一个物体所有的点，依赖精确的三角测距，就能够算出摄像头与前方障碍物的距离，实现更高的识别精度和更远的探测范围。使用这种方案，需要两个摄像头有较高的同步率和采样率，因此技术难点在于双目标定及双目定位。相比单目摄像头，双目摄像头没有识别率的限制，无须先识别，可直接进行测量；直接利用视差计算距离精度更高；无须维护样本数据库。但因为检测原理上的差异，双目视觉方案在距离测算上相比于单目，其硬件成本和计算量级都大幅增加。

（3）三目摄像头

三目摄像头主要是通过三个摄像头同时判断、测算前方景物，有着更大的感知范围，但缺点也较为明显。三目摄像头比较常见的分工是：一个窄角摄像头，覆盖范围可达 250m 以上；一个中程摄像头，覆盖范围达 150m，作为主要的摄像头；一个广角摄像头，覆盖范围较短，一般为 60m 左右。

三目摄像头诞生之初，目的是为了解决汽车前向测距的问题。众所周知，汽车行驶的过程中，如果要满足自动驾驶的要求，需要车身感知设备对前方两百米左右的道路环境做到精准测量，以求做出相应的控制决策。三个摄像头在判断、测算障碍物距离的时候，会有一个核心的逻辑问题。由于摄像头的精准度是有一定的误差范围，因此三个不同的摄像头，检测障碍物的精准性都会有一定的误差。

（4）环视摄像头

环视摄像头通常至少会包括 4 个摄像头，并且可以实现 360° 环境感知。环视摄像头常常包括车辆侧视镜边缘的两个超广角摄像头、汽车前格栅中部的一个中程摄像头、车牌上方的一个广角摄像头。通过将各个摄像头的画面拼接起来即可得到一个环视摄像头的视频检测画面。

环视摄像头为汽车驾驶提供更为直观的辅助驾驶图像信息，对于大体积的汽车来说，可以明显减少停车入位时造成的刮蹭事故。此外，它对于拥挤的都市驾驶也能起到辅助的作用，因此在汽车辅助驾驶和汽车安全上有着非常好的应用前景。

2.2.3　视觉传感器的特点

视觉传感器主要具有以下特点：

（1）信息量丰富

视觉图像的信息量极为丰富，尤其是彩色图像，不仅包含视野内物体的距离信息，而且还有物体的颜色、纹理、深度和形状等信息。

（2）信息获取面积大，设备间互不干扰

在视野范围内可同时实现道路检测、车辆检测、行人检测、交通标志检测、交通信号灯检测等，信息获取面积大。当多辆智能网联汽车同时工作时，不会出现相互干扰的现象。

（3）较强的适应环境的能力

视觉信息获取的是实时的场景图像，提供的信息不依赖于先验知识，比如 GPS 导航依赖地图信息，有较强的适应环境能力。

（4）应用广泛

视觉传感器应用广泛，在智能网联汽车中可以前视、后视、侧视、内视、环视等。以前视为例，夜视、车道偏离预警、碰撞预警、交通标志识别等要求视觉系统在各种天气、路况条件下，能够清晰识别车道线、车辆、障碍物、交通标志等。

2.2.4 视觉传感器的原理

视觉传感器是一种电子图像技术，通过视觉传感器把图像抓到，具有从一幅图像中捕获数以千计像素的能力。图像的清晰程度和细腻程度可以用分辨率来衡量，并以像素数量进行表示。视觉传感器将图像传送至处理单元，通过数字化处理，根据像素分布和亮度、颜色等信息，来进行尺寸、形状和颜色的判别。

目前使用比较多的视觉传感器是光接收装置及其各种摄像头，如光电二极管与光电转换器件、位置敏感探测器、CCD 图像传感器、CMOS 图像传感器及其他的摄像元件。通过对拍摄到的图像进行处理，来计算对象物体的特征量，比如面积、重心、长度、位置、颜色等，并输出数据和判断结果。

1. CCD 图像传感器

CCD（Charge-Coupled Device）中文全称为电荷耦合元件。CCD 图像传感器主要是由一个类似马赛克的网格、聚光镜片以及垫于最底下的电子线路矩阵所组成，其外形如图 2-5 所示。

图 2-5 CCD 图像传感器

CCD 是一种特殊的半导体器件，能够把光学影像转化为数字信号。CCD 上植入的微小光敏物质称作像素。一块 CCD 上包含的像素数越多，它提供的画面分辨率也就越高。CCD 上有许多排列整齐的光电二极管，能感应光线，并将光信号转变成电信号，经外部采样放大及模数转换电路转换成数字图像信号。

由于 CCD 的体积小、成本低，所以广泛应用于扫描仪、数码相机及数码摄像机中。

2. CMOS 图像传感器

CMOS（Complementary Metal-Oxide Semiconductor）中文全称为互补性氧化金属半导体。CMOS 图像传感器是利用 CMOS 工艺制造的图像传感器，主要利用了半导体的光电效应，和 CCD 的原理相同，其外形如图 2-6 所示。

CMOS 图像传感器与 CCD 图像传感器一样，可用于自动控制、自动测量、摄影摄像、视觉识别等各个领域。

3. 视觉传感器的环境感知流程

视觉传感器的环境感知流程一般包括图像采集、图像预处理、图像特征提取、图像模式识别、结果传输等，如

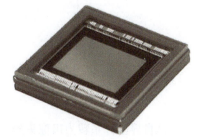

图 2-6 CMOS 图像传感器

图 2-7 所示。根据具体识别对象和采用的识别方法不同，环境感知流程也会略有差异：

图 2-7　视觉传感器的环境感知流程

（1）图像采集

图像采集主要是通过摄像头采集图像，如果是模拟信号，要把模拟信号转换为数字信号，并把数字图像以一定格式表现出来。根据具体研究对象和应用场合，选择性价比高的摄像头。

（2）图像预处理

图像预处理包含的内容较多，有图像压缩、图像增强与复原、图像分割等，要根据具体实际情况进行选择。

（3）图像特征提取

为了完成图像中目标的识别，要在图像分割的基础上，提取需要的特征，并将这些特征计算、测量、分类，以便于计算机根据特征值进行图像分类和识别。

（4）图像模式识别

图像模式识别的方法很多，从图像模式识别提取的特征对象来看，图像识别方法可分为基于形状特征的识别技术、基于色彩特征的识别技术以及基于纹理特征的识别技术等。

（5）结果传输

通过环境感知系统识别出的信息，传输到车辆其他控制系统或者传输到车辆周围的其他车辆，完成相应的控制功能。

利用视觉传感器进行道路识别的流程如图 2-8 所示。

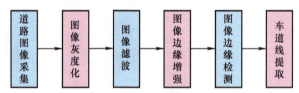

图 2-8　利用视觉传感器进行道路识别的流程

4. 视觉传感器的标定

视觉传感器的标定主要在于确定摄像头的内参，包含摄像头的焦距和畸变系数等数据，如图 2-9 为视频图像坐标系的示意图。

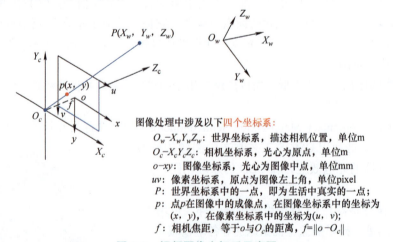

图像处理中涉及以下四个坐标系：

$O_w\text{-}X_wY_wZ_w$：世界坐标系，描述相机位置，单位m

$O_c\text{-}X_cY_cZ_c$：相机坐标系，光心为原点，单位m

$o\text{-}xy$：图像坐标系，光心为图像中点，单位mm

uv：像素坐标系，原点为图像左上角，单位pixel

P：世界坐标系中的一点，即为生活中真实的一点

p：点p在图像中的成像点，在图像坐标系中的坐标为(x, y)，在像素坐标系中的坐标为(u, v)；

f：相机焦距，等于o与O_c的距离，$f=\|o-O_c\|$

图 2-9　视频图像坐标系示意图

从世界坐标系转为摄像头坐标系，这一步是三维点到三维点的转换。世界坐标系描述物体空间位置，可自由确定，摄像头坐标系原点位于镜头光心处，x、y 轴分别与像平面平行，z 轴为镜头光轴。

从摄像头坐标系转为成像平面坐标系（像素坐标系），这一步是三维点到二维点的转换。像素坐标系是一个二维直角坐标系，反映像素点的排列情况，原点位于图像左上角，其坐标轴的单位是像素（整数），由于像素坐标系不方便坐标变换，引入了图像坐标系，原点为摄像头光轴与像平面交点，图像坐标系与像素坐标系为平移关系。

四个坐标系之间的转化关系为

$$Z\begin{bmatrix} u \\ v \\ 1 \end{bmatrix} = \underbrace{\begin{bmatrix} \dfrac{1}{dX} & -\dfrac{\cot\theta}{dX} & u_0 \\ 0 & \dfrac{1}{dY\sin\theta} & v_0 \\ 0 & 0 & 1 \end{bmatrix}}_{\text{仿射变换}} \underbrace{\begin{bmatrix} f & 0 & 0 & 0 \\ 0 & f & 0 & 0 \\ 0 & 0 & 1 & 0 \end{bmatrix}}_{\text{透视投影}} \underbrace{\begin{bmatrix} R & T \\ 0 & 1 \end{bmatrix}}_{\text{刚体变换}} \begin{bmatrix} U \\ V \\ W \\ 1 \end{bmatrix}$$

内参矩阵　　　　　　　　　　外参矩阵

式中，(U, V, W) 为在世界坐标系下一点的物理坐标；(u, v) 为该点对应的在像素坐标系下的像素坐标；Z 为尺度因子。

下列矩阵称为内参矩阵，称为 $\boldsymbol{K}$，内参矩阵取决于摄像头的内部参数，是标定最终得到的数值。

$$\begin{bmatrix} \dfrac{1}{dX} & -\dfrac{\cot\theta}{dX} & u_0 \\ 0 & \dfrac{1}{dY\sin\theta} & v_0 \\ 0 & 0 & 1 \end{bmatrix} \begin{bmatrix} f & 0 & 0 & 0 \\ 0 & f & 0 & 0 \\ 0 & 0 & 1 & 0 \end{bmatrix} = \begin{bmatrix} \dfrac{f}{dX} & -\dfrac{f\cot\theta}{dX} & u_0 & 0 \\ 0 & \dfrac{f}{dY\sin\theta} & v_0 & 0 \\ 0 & 0 & 1 & 0 \end{bmatrix}$$

摄像头畸变原理：

一般而言，摄像头拍摄的图片都存在一定的畸变，畸变模型包括径向畸变和切向畸变。

对某些透镜，光线在远离透镜中心的地方比靠近中心的地方更加弯曲，产生"筒形"或"鱼眼"现象，称为径向畸变。成像仪中心的径向畸变为 0，越向边缘移动，畸变越严重。

径向畸变公式（3 阶）如下：

$$\hat{x} = x(1 + k_1 r^2 + k_2 r^4 + k_3 r^6)$$

$$\hat{y} = y(1 + k_1 r^2 + k_2 r^4 + k_3 r^6)$$

当成像仪被粘贴在摄像头的时候，会存在一定的误差，使得图像平面和透镜不完全平行，从而产生切向畸变。

切向畸变公式如下：

$$\hat{x} = x + [2p_1 y + p_2(r^2 + 2x^2)]$$

$$\hat{y} = y + [p_1(r^2 + 2y^2) + 2p_2 x]$$

其中，(x, y)，$(\hat{x}, \hat{y})$ 分别为理想的无畸变归一化图像坐标、畸变后的归一化图像坐标，r 为图像像素点到图像中心点的距离。

操作步骤：

① 制作高精度标定板，选择雷达接收强度较高的材料；

② 采集多个位置，多角度的数据；

③ 通过理论公式计算内参。

2.2.5 视觉传感器的应用

视觉传感器

　　视觉传感器是智能网联汽车实现众多预警、识别类 ADAS 功能的基础，以摄像头的方式出现，根据不同 ADAS 功能的需要，摄像头的安装位置也有不同，主要分为前视、后视、侧视以及内置，可用于自适应巡航控制系统、车道偏离预警系统、车道保持辅助系统、汽车并线辅助系统、自动制动辅助系统中的障碍物检测和道路检测等多个系统，详见表 2-1。

表 2-1　视觉传感器在智能网联汽车上的应用

ADAS	使用摄像头	具体功能介绍
车道偏离预警系统	前视	当前视摄像头检测到车辆即将偏离车道线时发出警报
盲区监测系统	侧视	利用侧视摄像头将后视镜盲区的影像显示在后视镜或驾驶舱内
自动泊车辅助系统	后视	利用后视摄像头将车尾影像显示在驾驶舱内
全景泊车系统	前视、侧视、后视	利用图像拼接技术将摄像头采集的影像组成周边全景图
驾驶人疲劳预警系统	内置	利用内置摄像头检测驾驶人是否疲劳、闭眼等
行人碰撞预警系统	前视	当前视摄像头检测到车辆与前方行人可能发生碰撞时发出警报
车道保持辅助系统	前视	当前视摄像头检测到车辆即将偏离车道线时通知控制中心发出指示，纠正行驶方向
交通标志识别系统	前视、侧视	利用前视、侧视摄像头识别前方和两侧的交通标志
前向碰撞预警系统	前视	当前视摄像头检测到与前车距离小于安全车距时发出警报

 知识链接

视觉传感器的主要参数

2.3　超声波传感器

　　超声波传感器常常安装在智能网联汽车的两侧，支持获取有效的短距离数据。它可以帮助智能网联汽车在倒车入库的行驶过程中精准停靠到车位，不与墙壁发生碰撞。为什么智能网联车辆需要安装超声波传感器，它又是如何实现环境感知的呢？

2.3.1　超声波传感器的定义

　　超声波传感器是利用超声波的特性研制而成的传感器，是在超声频率范围内将交变的电信号转换成声信号或者将外界声场中的声信号转换为电信号的能量转换器件。

超声波传感器有一个发射头和一个接收头，安装在同一面上。在有效的检测距离内，发射头发射特定频率的超声波，遇到检测面反射部分超声波；接收头接收返回的超声波，由芯片记录声波的往返时间，并计算出距离值。超声波测距传感器可以通过模拟接口和 IIC 接口两种方式将数据传输给控制单元，如图 2-10 所示。

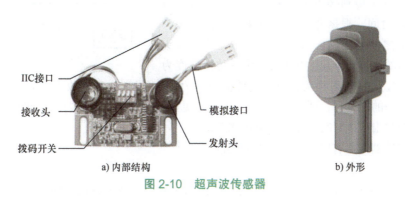

a) 内部结构　　　　　　　　　　　　　　　b) 外形

图 2-10　超声波传感器

2.3.2　超声波传感器的组成

超声波传感器典型结构如图 2-11 所示，它采用双晶振子（压电晶片），即把双压电陶瓷片以相反极化方向粘在一起，在长度方向上，一片伸长另一片就缩短。在双晶振子的两面涂覆薄膜电极，上面用引线通过金属板（振动板）接到一个电极端，下面用引线直接接到另一个电极端。双晶振子为正方形，正方形的左右两边由圆弧形凸起部分支撑着。这两处的支点就成为振子振动的节点。金属振动板的中心有圆锥形振子，发送超声波时，圆锥形振子有较强的方向性，因而能高效地发送超声波；接收超声波时，超声波的振动集中于振子的中心，

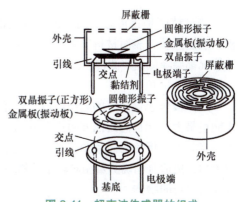

图 2-11　超声波传感器的组成

所以能产生高效率的高频电压。超声波传感器采用金属或塑料外壳，其顶部有屏蔽栅。

2.3.3　超声波传感器的特点

超声波传感器具有以下特点：

1）超声波的传播速度仅为光波的百万分之一，并且指向性强，能量消耗缓慢，因此可以直接测量较近目标的距离，一般测量距离小于 10m。

2）超声波对色彩、光照度不敏感，可适用于识别透明、半透明及漫反射差的物体。

3）超声波对外界光线和电磁场不敏感，可用于黑暗、有灰尘或烟雾、电磁干扰强、有毒等恶劣环境中。

4）超声波传感器结构简单，体积小，成本低，信息处理简单可靠，易于小型化与集成化，并且可以进行实时控制。

超声波方法作为非接触检测和识别的手段，已引起人们越来越多的重视。

2.3.4 超声波传感器的原理

超声波传感器测距原理是超声波发射头发出的超声波脉冲，经介质（空气）传到障碍物表面，反射后通过介质（空气）传到接收头，测出超声脉冲从发射到接收所需的时间，根据介质中的声速，求得从探头到障碍物表面之间的距离。如图 2-12 所示，假设探头到障碍物表面的距离为 L，超声在空气中的传播速度为

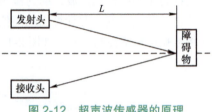

图 2-12　超声波传感器的原理

v（约为 340m/s），从发射到接收所需的传播时间为 t，当发射头和接收头之间的距离远小于探头到障碍物之间的距离时，则有 $L = vt/2$。由此可见，被测距离与传播时间之间具有确定的函数关系，只要能测出传播时间，即可求出被测距离。

超声波传感器主要有以下特性参数和性能。

（1）测量范围

超声波传感器的测量范围取决于其使用的波长和频率。波长越长，频率越小，检测距离越大，如具有毫米级波长的紧凑型传感器的测量范围为 300 ~ 500mm，波长大于 5mm 的传感器测量范围可达 10m。

（2）测量精度

测量精度是指传感器测量值与真实值的偏差。超声波传感器测量精度主要受被测物体体积、表面形状、表面材料等影响。被测物体体积过小、表面形状凹凸不平、物体材料吸收声波等情况都会降低超声波传感器测量精度。测量精度越高，感知信息越可靠。

（3）波束角

超声波传感器产生的超声波以一定角度向外发出，超声波沿传感器中轴线方向上的超声射线能量最大，能量向其他方向逐渐减弱。以传感器中轴线的延长线为轴线，到一侧能量强度减小一半处的角度称为波束角。波束角越小，指向性越好。一些超声波传感器具有较窄（6°）的波束角，更适合精确测量相对较小的物体。一些波束角在 12° ~ 15° 的超声波传感器能够检测具有较大倾角的物体。

（4）工作频率

工作频率直接影响超声波的扩散和吸收损失、障碍物反射损失、背景噪声，并直接决定传感器的尺寸。一般选择在 40kHz 左右，这样传感器方向性尖锐，且避开噪声，提高信噪比；虽然传播损失相对低频有所增加，但不会给发射和接收带来困难。

（5）抗干扰性能

超声波为机械波，使用环境中的噪声会干扰超声波传感器接收物体反射回来的超声波，因此要求超声波传感器具有一定的抗干扰能力。

2.3.5 超声波传感器的应用

超声波传感器可实现 360° 探测，主要用于近距离测距。

超声波传感器在智能网联汽车中最常见的应用是自动泊车辅助系统，系统利用超声波传感器帮助汽车停车入位，如图 2-13 所示。超声波传感器可监控汽车前面或后面 10m 范围的情况。它可以辨认障碍物并通过光或声的形式报警。

超声波传感器安装在汽车前、后保险杠上，一般前部安装 4 个超声波传感器，后部安装 4~6 个超声波传感器。当挂上倒挡或汽车前进速度低于阈值（一般为 15km/h）时，超声波传感器被激活，泊车系统开始工作。在系统工作时，自检功能保证一直监控系统所有的部件。传感器发射频率约为 40kHz 的超声波并探测声波遇到障碍物后反射回来的声脉冲时间间隔。由接收反射回来的声脉冲时间间隔和声波进行中的声速，可得到汽车距最近一个障碍物的距离。

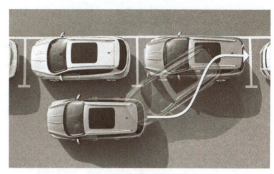

图 2-13　基于超声波传感器的泊车系统

安装超声波传感器使得车辆具备更多更灵活的泊车方式，包括远程遥控泊车、自动代客泊车等。远程遥控泊车是指车主可通过类似滑盖式手机的遥控器在距离车辆 10m 左右的范围内，进行远程启动和遥控车辆前后行驶以及左右转动转向盘。不过，出于安全方面的考虑，遥控驾驶时的车速最高只有 2km/h。自主代客泊车，分为召唤和泊车两个场景。用户可通过车主 App 实现一键泊车与召唤，启动一键泊车功能后，无人驾驶的车辆全程自主寻径，可完成自动寻找车位和泊车入库；启动一键召唤功能后，用户可提前召唤车辆自动驶出，前往指定位置等待。

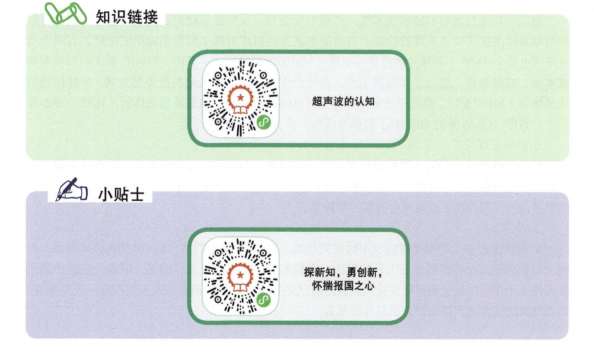

知识链接

超声波的认知

小贴士

探新知，勇创新，
怀揣报国之心

2.4　毫米波雷达

苏大强开车在高速行驶时，启用了自适应巡航系统，设定车速内自动调整和保持行车距离，从而减轻了长距离驾驶的负担。那么自适应巡航系统如何工作，涉及哪些传感设备，有哪些局限性呢？

2.4.1 毫米波雷达的定义

毫米波雷达（图 2-14），是工作在毫米波波段（Millimeter Wave）探测的雷达。通常毫米波是指 30～300GHz 频域（波长为 1～10mm）的。毫米波的波长介于微波和厘米波之间，因此毫米波雷达兼有微波雷达和光电雷达的一些优点。毫米波导引头的抗干扰、反隐身能力也优于其他微波导引头。毫米波雷达能分辨识别多个很小的目标，具有成像能力，而且体积小，机动性和隐蔽性好。

图 2-14　毫米波雷达的产品样式

2.4.2 毫米波雷达的组成

完整的毫米波雷达包括射频前端、信号处理系统和后端算法等。

1. 射频前端

射频前端通过发射和接收毫米波，得到中频信号，从中提取距离、速度等信息。因此，射频前端直接决定了雷达系统的性能。当前毫米波雷达射频前端主要为平面集成电路，有混合微波集成电路（HMIC）和单片微波集成电路（MMIC）两种形式。其中，MMIC 形式的射频前端成本低，成品率高，适合于大规模生产。在生产工艺上，一般采用的是外延金属 - 半导体场效应晶体管（MESFET）、高电子迁移率晶体管（HEMT）和异质结双极型晶体管（HBT）等器件工艺。其中，GaAs 基的 HEMT 工艺最为成熟，具有优秀的噪声性能。

2. 信号处理系统

信号处理系统也是雷达重要的组成部分，通过嵌入不同的信号处理算法，提取从射频前端采集得到的中频信号，获得特定类型的目标信息。信号处理系统一般以 DSP 为核心，实现复杂的数字信号处理算法，满足雷达的实时性需求。

3. 后端算法

后端算法占整个毫米波雷达成本的比例最高。针对毫米波雷达，国内研究人员从频域、时域、时频分析多个角度提出了大量的算法，离线实验的精度也较高。但是，国内的雷达产品主要采用基于频域的快速傅里叶变换及其改进算法进行分析，测量精度和适用范围有一定局限性。而国外算法受专利严格保护，价格非常昂贵。

2.4.3 毫米波雷达的特点

毫米波雷达具有波长短、频带宽、穿透能力强的特点，这些特点形成了毫米波雷达的优势：

1）穿透能力强。与传统光学检测器相比，毫米波雷达穿透雾、烟、灰尘的能力强，具有全天候、全天时、全照度的特点。

2）抗干扰性好。同微波雷达相比，具有更高的发射频率和更低的发射功率，更强的抗电子干扰、杂波干扰和多径反射干扰能力，精度更高。

3）探测距离远。实时性高，可覆盖双向 6 车道以上 300 ~ 1000m 的范围，分辨识别很小的目标，并且能同时识别多个目标。

4）识别目标数多参数多。实时连续对道路多个目标进行坐标、尺寸测量，跟踪目标速度及运动轨迹，可直接获取各类交通参数，直接判别多种交通事件。

同时，毫米波雷达也有其明显的劣势如无法成像无法进行图像颜色的识别、对横向目标敏感度低等，存在对横穿车辆检测效果不佳、行人反射波较弱、行人分辨率不高和探测距离近等问题。

2.4.4　毫米波雷达的原理

毫米波雷达的工作原理如图 2-15 所示，首先通过振荡器产生线性调频连续波或三角波，经由发射机发射，再由发射天线定向辐射出去，在空间以电磁波形式传播，当遇到目标时反射回来。接收天线接收目标反射信号，再经过信号处理、数据处理，既可得到单个目标的距离、方位、相对

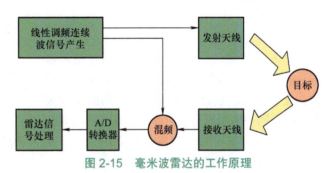

图 2-15　毫米波雷达的工作原理

速度信息，又可以检测车流平均速度、车流量、车道占用率、排队长度和时间分析。

根据辐射电磁波方式不同，毫米波雷达主要有脉冲和连续波两种工作机制。其中连续波又可以分为 FSK（频移键控）、PSK（相移键控）、CW（恒频连续波）和 FMCW（调频连续波）等方式。由于 FWCW 雷达可测量多个目标，分辨率较高，信号处理复杂度低，成本低廉，技术成熟，因此成为最常用的毫米波雷达。

1. 距离测量

如图 2-16 所示，毫米波雷达的测距原理就是把无线电波（毫米波）发出去，然后接收回波，根据收发的时间差测得目标的位置数据和相对距离。根据电磁波的传播速度，可以确定目标的距离公式为

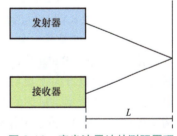

图 2-16　毫米波雷达的测距原理

$$L = ct/2$$

式中，L 为目标距离；t 为电磁波从雷达发射出去到接收到目标回波的时间差；c 为光速。

2. 速度测量

毫米波雷达测速是基于多普勒效应（Doppler Effect）原理。如图 2-17 所示，多普勒效应是当声音、光和无线电波等振动源与观测者以相对速度 V 运动时，观测者所收到的振动频率与振动源所发出的频

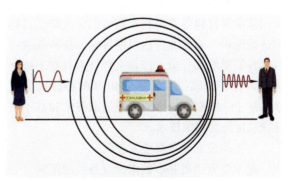

图 2-17　多普勒效应

率有不同。当发射的电磁波和被探测目标有相对移动时，回波的频率会和发射波的频率不同。当目标向雷达天线靠近时，反射信号频率将高于发射信号频率；反之，当目标远离天线而去时，反射信号频率将低于发射信号频率。由多普勒效应所形成的频率变化被称为多普勒频移，它与相对速度 v 成正比，与振动的频率成反比。通过检测这个频率，可以测得目标与雷达的相对速度

$$v = \frac{1 - \dfrac{f'}{f}}{1 + \dfrac{f'}{f}} c$$

式中，c 为光速；f 为多普勒测速仪所发射的声波频率；f' 为所接收到的由于多普勒效应而频移的声波频率。

3. 角度测量

毫米雷达测量角度的原理是：通过毫米波雷达的发射天线发射出毫米波后，遇到被监测物体，反射回来，通过毫米波雷达并列的接收天线，收到同一监测目标反射回来的毫米波的相位差，就可以计算出被监测目标的方位角了。如图 2-18 所示，方位角

$$\alpha_{AZ} = \arcsin\left(\frac{\lambda b}{2\pi d}\right)$$

式中，λ 为波长；b 为两根毫米波雷达天线所收到反射回波的相位差；d 为毫米波雷达接收天线 RX1 和接收天线 RX2 之间的几何距离。

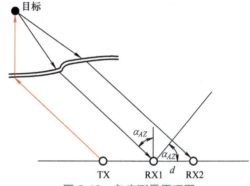

图 2-18 角度测量原理图

4. 目标特征提取和分类

雷达截面积（Radar Cross Section，RCS）是目标在雷达接收方向上反射雷达信号能力的度量。如图 2-19 所示，目标的 RCS 取决于目标结构（形状和材料）、雷达工作频率、雷达极化方式和雷达观测角。通常情况下，平面目标具有较强的镜反射回波，而赋形、涂覆雷达吸波材料和采用非金属材料等隐身技术则可以大大降低目标雷达截面积。毫米波雷达根据目标回波特征进行目标特征提取和分类。涉及主要技术有基于极化信息的特征提取技术、基于 RCS 的特征提取技术、基于一维高分辨率的特征提取技术和基于目标微动特征的提取技术。

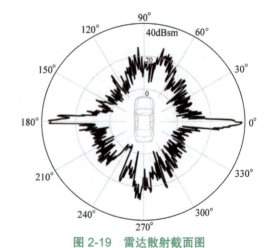

图 2-19 雷达散射截面图

5. 毫米波雷达主要技术参数

毫米波雷达最基本的指标就是检测距离、分辨率和精度，分别代表雷达在距离、速度和角度三个方面区分目标物的能力和测量的准确程度。梳理毫米波雷达主要技术参数见表 2-2。

表 2-2　毫米波雷达主要技术参数

指标	说　明
工作频段	用于表示毫米波雷达的类别
最大有效识别距离	毫米波雷达能稳定识别的最大距离，与目标 RCS 有关，对应不同物体，此指标差异大
最小有效识别距离	毫米波雷达能稳定识别的最小距离，与毫米波雷达区分飞行时间能力有关
纵向分辨率	两个物体在纵向存在距离差异时，毫米波雷达能将其正确区分的能力
横向分辨率	两个物体在横向存在距离差异时，毫米波雷达能将其正确区分的能力
水平角度范围	毫米波雷达在水平方向上的有效探测范围，一般与纵向距离有关
纵向距离误差	毫米波雷达识别目标相对纵向距离结果与真值的差异
横向距离误差	毫米波雷达识别目标相对横向距离结果与真值的差异
测速范围	毫米波雷达能有效探测的相对速度的范围
测速误差	毫米波雷达探测相对速度结果与真值的差异
测速精度	毫米波雷达能够分辨的最小目标速度变化量
探测灵敏度	一般用指定距离处能稳定探测物体的最小雷达散射截面积（Radar Cross Section，RCS）来评判
可探测目标类型	毫米波雷达可探测的目标类型范围，如移动车辆、静止车辆、移动骑行者、静止骑行者、移动行人、静止行人等
探测功能	毫米波雷达具备的探测功能，如目标检测、目标类型识别、车流量统计、车速检测、逆行检测、目标状态跟踪、车队长度检测等
识别目标数量	毫米波雷达能够同时识别的最大目标数量
数据更新周期	毫米波雷达处理单帧数据的时间
工作电压	毫米波雷达能够稳定正常工作的电压范围区间
功耗	额定功率
过压保护机制	是否具备过压保护及有效保护机制条件
工作温度	毫米波雷达能够稳定正常工作的温度范围区间
防振性	抗振性能
寿命	一般用累计工作时长或等效参数表示
防护等级	防水、防尘能力
通讯	数据传输方式、数据传输能力
故障监测	对毫米波雷达部件故障、机身被覆盖等导致不能正常工作环境的监测能力

2.4.5　毫米波雷达的应用

下面介绍毫米波雷达在不同领域的典型应用。

1. 毫米波雷达在军事领域上的应用

毫米波雷达的主要用途之一是战术导弹的末段制导。毫米波导引头具有体积小、电压低和全固态等特点，能满足弹载环境要求。当工作频率选在 35GHz 或 94GHz 时，天线口径一般为 10 ~ 20cm。此外，毫米波雷达还用于波束制导系统、低空目标的炮火控制和跟踪、电子对抗等场景。

2. 毫米波雷达在无人机领域的应用

毫米波雷达在无人机领域的应用体现在定高和避障两个方面。其中，定高指无人机在作物上保持固定高度飞行，多应用于仿地飞行、植保无人机、自动起降与定焦摄影。此外，因无人机对毫米波雷达的探测精度、探测距离要求低于汽车，24GHz 毫米波雷达成为无人机行业最常采用的雷达传感器。

3. 毫米波雷达在车载领域上的应用

目前车载领域常用的毫米波雷达频段为 24GHz、77GHz 和 79GHz，分别对应短、中、长距离雷达。

1）24GHz 频段，这个频段的毫米波雷达目前大量应用于汽车的盲区检测、编导辅助等，主要用作侧向雷达，用于监测车辆后方及两侧车道是否有障碍物，是否可以变道。这个频段的毫米波雷达的主要优点是探测范围广；缺点是频率低，带宽窄，只有 250MHz，探测距离近。

2）77GHz 频段，这个频段的频率比较高，带宽也比较高，可以达到 800MHz。这个频段的雷达性能要优于 24GHz 频段的雷达，主要用作前向雷达，装在保险杠的位置，探测本车与前车的相对距离和相对速度，目前比较典型的应用有自适应巡航、主动防撞等。

3）79GHz 频段，这个频段最大的特点是带宽非常高，所以具备非常高的距离分辨率。对于在无人驾驶应用中区分行人等诸多精细物体比较有价值。

4. 毫米波雷达在智能交通管理领域的应用

毫米波雷达主要应用于高速公路、城市道路、普通公路交通流量等交通参数采集和监测，为交通管理提供准确、可靠、实时的交通信息，为交通管理和运行于车路协同中的自动驾驶车辆提供准确、可靠、实时的交通信息，为实现交通智能化、高级自动驾驶提供技术支持。典型产品包括测速雷达、电子卡口雷达、电子警察雷达、流量监测雷达等。

1）测速雷达是一款专门为测速设计的多车道多目标跟踪雷达，可以正装或者斜装，提供精确的车辆速度及定位信息，确保捕获检测路段的每一辆超速汽车。一台雷达加上一台高清摄像头，即可实现多车道多目标测速，同时实现每辆汽车的车牌识别和测速区分，并直接叠加在车辆上，准确可靠，捕获率高，降低成本，安装简便，避免了单车道测速雷达的干扰和一张图片上有多辆车汽车不能使用的问题。

2）电子卡口雷达是一款专门为电子卡口设计的多车道多目标跟踪雷达，可自动检测跟踪区域内的车辆。当车辆满足设定的触发条件时，输出信号触发高清摄像头抓拍取证，构成卡口系统前端采集单元。具有多目标识别跟踪能力，在卡口系统中按车道提供指定位置的触发信号和精确的车辆速度，还可以按周期提供车流量、平均速度、占有率等交通信息。雷达对采集完成的数据进行统计后，直接输出给用户，不需要另外配电脑进行计算与统计。安装调试简单方便，触发位置由参数设定，无须反复调节安装角度来寻找触发位置。

3）电子警察雷达是一款专门为电子警察设计的多车道多目标跟踪雷达，可提供精确的车辆信息及视频监控，确保捕获检测路段的每一辆违章车辆，它无须破坏道路，不受光线和天气变化影响，可取代线圈、地磁和视频检测，同时检测 4～12 个车道 128 个车辆目标的超速、逆行、变道、违停、事故等情况。

4）流量检测雷达是一款专门为电子警察设计的多车道多目标跟踪雷达，可提供精确的180m 范围内车流量、平均速度、车道占有率等统计信息，提供实时路况照片或视频，用以掌握和验证现场情况。

知识链接

由于传统的毫米波雷达缺乏测高能力、角度分辨率低、点云稀疏，且忽略静态物体，因此在自动驾驶系统中仅起到支持性的安全冗余之用。

近年来，4D 成像雷达在普通毫米波雷达的基础上，增加了对目标高度维度数据的探测和解析，也就是在传统毫米波雷达 X 轴、Y 轴数据的基础上，增加了 Z 轴的数据，从而能够实现距离、方位、高度以及速度四个维度的信息感知。

与此同时，4D 成像雷达还增加了天线的数量与密度，使得角度、速度分辨率均得到了优化，且输出的点云图像更加致密，能够刻画更为真实的环境图像。

4D 成像雷达有针对性地解决了传统毫米波雷达的性能短板，但是 4D 毫米波雷达想要落地，还需要充分考虑工程化难度以及成本问题。短期来看，4D 毫米波雷达落地更趋向于示范性的测试验证，大规模落地还需要一定时间。

2.5　激光雷达

特斯拉公司 CEO 埃隆·马斯克表示，反对特斯拉自动驾驶汽车使用激光雷达。他的这一观点在行业专家之间引起了广泛的争论。这几年，这个话题一直争论不休，时至今日依然没有答案。

2.5.1　激光雷达的定义

激光的发明要追溯到爱因斯坦在 1917 年创立的受激辐射基础理论。激光是原子（分子）系统受激辐射的光放大，是利用物质受激辐射原理和光放大过程产生出来的一种具有高亮度、高方向性、高度单色性和高相干性的光。不同雷达频段如图 2-20 所示。

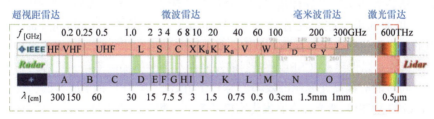

图 2-20　不同雷达频段

雷达是利用电磁波探测目标的电子设备。雷达发射电磁波对目标进行照射并接收其回波，由此获得目标至电磁波发射点的距离、距离变化率（径向速度）、方位、高度等信息。

激光雷达（Light Detection and Ranging，LiDAR）是以发射激光束探测目标的位置、速度等特征量的雷达系统。通过激光发射和接收装置，基于测距原理获得目标物体位置和速度等特征数据。激光雷达产品样式如图 2-21 所示。

图 2-21　激光雷达的产品样式

2.5.2 激光雷达的组成

激光雷达是由激光发射系统、激光接收系统、信号处理系统和扫描系统四部分组成。如图 2-22 所示，发射系统负责发射激光束即探测信号，主要由激励源、激光器和光束控制器、发射光学系统和激光调制器等组成。激光接收系统负责接收反射的激光信号即回波信号，主要由接收光学系统和光学探测器等组成。信号处理系统负责数据获取、光电转换、信号分析处理。扫描系统主要由旋转电机、扫描镜、准直镜头和窄带滤光片等组成，通过操纵光束，实现对所探测目标的扫描，并产生实时的平面图信息。

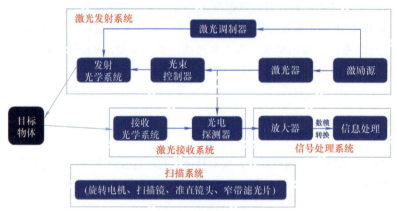

图 2-22　激光雷达的组成

1. 激光发射系统

激光的产生来自激光发射器。激励源周期性地驱动激光器，发射激光脉冲，激光调制器通过光束控制器控制发射激光的方向和线数，最后通过发射光学系统，将激光发射至目标物体。

目前激光雷达大多采用半导体激光器，具体分为激光由边缘发出的边发射激光器（EEL）和激光垂直于顶面的垂直腔面发射激光器（Vertical Cavity Surface Emitting Laser，VCSEL）。EEL 激光器的发光面位于半导体晶圆的侧面，具备高光输出功率、散热性好等优势，但往往生产成本高且一致性难以保障；VCSEL 激光器的发光面与半导体晶圆平行，更容易与平面化的电路芯片键合，同时能够提高光调制的效率。与 EEL 相比，VCSEL 具备成本低、效率高、寿命长的优势，传统的 VCSEL 激光器存在发光密度功率低、测距距离不足 50m 的缺陷。

激光雷达发射光主要有 905nm 和 1550nm 两种波长。其中，905nm 激光接收器可以直接选用价格较低的硅材质，成本更加可控，因此成为当下主流的激光雷达所选用的波长，同时为了避免对人眼造成伤害，其发射功率和探测距离会受到限制；1550nm 的激光不会对视网膜产生伤害，因此可以发射更大的功率，探测距离也更远；同时其光线远离可见光谱，不容易受到日光干扰。

发射光学系统由扩散片、准直镜、分束器组成，由激光器发射的原始激光本身为不均匀的点状光，其存在的"热点"会烧毁被照射的器件和物体，同时存在光斑形状不规则、发散角不同等缺点，并不能直接发射，而发射光学系统通过扩散片、准直镜、分束器的相互配合，可以将原始激光转化为均匀的光束。

2. 激光接收系统

激光接收系统由接收光学系统和光电探测器两部分组成。激光器发射的激光照射到障碍物以后，通过障碍物的反射，反射光线会经由镜头组汇聚到接收器上，这里的镜头组即激光雷达接收光学系统，涉及的结构包括透镜、窄带滤光片、分束器等。

1）透镜：接收光学系统利用凸透镜改变入射光的光路，使之汇聚到探测器以降低光的损耗。

2）窄带滤光片：可以控制接收光束的波长，从而剔除和过滤掉散杂光，确保传感器接收到的光信号准确无误。

3）分束镜：分光器利用光的衍射原理，实现光波能量的分路与合路，将接收的探测光分为多束光纤射入光电探测器阵列。

光电探测器是一种利用光电效应将光信号转化为电信号，实现对光信号进行探测的装置，最常用的探测器有 PIN 光电二极管、雪崩光电二极管（APD）、单光子雪崩二极管（SPAD）和硅光电倍增（SiPM）。

3. 信号处理系统

目前激光雷达信号处理主控芯片主流方案为现场可编程的门阵列（Field Programmable Gate Array，FPGA），负责波形算法处理、激光雷达探测器等功能模块的控制。随着主流厂商对于性能及整体系统需求的提升，信息处理系统发展逐步向企业自研专用单光子接收端片上集成芯片（SoC）迁移，通过片内集成探测器、前端电路、算法处理电路、激光脉冲控制等模块，能够直接输出距离、反射率信息。

4. 扫描系统

激光雷达的扫描系统通过对光束的操纵，实现对所探测目标的扫描，并产生实时的平面图信息。扫描系统分为包括机械式、半固态、固态。

1）机械式激光雷达。通过机械旋转实现激光扫描，在电机驱动下持续旋转，竖直面内的激光光束由"线"变成"面"再形成多个激光"面"，从而实现探测区域内 360°3D 扫描。

2）半固态激光雷达。包括 MEMS、转镜式、棱镜式三种，其特点是收发单元与扫描部件解耦，收发单元不再进行机械运动，体积小、成本低，是目前主流选用方案。

3）固态激光雷达。主要包括光学相控阵（OPA）和闪光（Flash）型两种实现方式，其完全取消了机械扫描结构，内部没有任何运动部件，水平和垂直方向的激光扫描均通过电子方式实现，大幅减少了激光收发器件，从而降低了成本，微型化的结构也提升了性能稳定性，未来有望凭借更优的性价比占据主导地位。

不同扫描技术方案对比见表 2-3。

表 2-3　激光雷达不同扫描技术方案对比

方式	方案	原理	优点	缺点	技术难度	成本
机械式	旋转式	通过电机带动光机结构整体旋转	技术成熟，信噪比高，可以实现 360° 扫描	成本高，体积大，可靠性低，生产周期长	工艺产品的标准化和收发光路的校准	高，成本很难下降
半固态	转镜	通过旋转光镜或棱镜实现特定轨迹的扫描	成本低、技术成熟	成熟电机驱动造成不稳定性、光源功耗大	光学系统的控制机制，转轴精密度	较低
	MEMS	通过微振镜代替旋转光镜装置，由微振镜反射激光形成较广的扫描角度和较大的扫描范围	成本低，体积小，技术成熟	视野有限，无法实现 360° 扫描	MEMS 振镜的小型化，控制机制	较低

（续）

方式	方案	原理	优点	缺点	技术难度	成本
半固态	棱镜	通过两个楔形棱镜使得激光发生两次偏转，控制两面棱镜的相对转速便可以控制激光束的扫描形态	中心点云密度更高	机械结构相对复杂，存在轴承或衬套的磨损等风险	轴承控制	较低
固态	OPA	利用波的干涉效应，通过光线的相位差控制主光束的角度从而判断被测物体的距离和速度	扫描速度快、精度高、可靠性高	易形成旁瓣，影响光束作用距离和角分辨率、生产难度高、产业链不完善	阵列单元的生产和相位光束控制器	目前高，未来可能很低
	Flash	短时间发射一大片覆盖探测区域的面阵光，再以接收器绘制周围环境的图像	扫描速度最快	功耗大、探测距离近、抗干扰能力差	面阵探测器的分辨率提升	低

2.5.3 激光雷达的特点

激光雷达的作用是为道路大量运动物体，包括车辆、行人、自行车、摩托车等，提供高精度的速度、位置、方向等，以及运动状态、姿态、形状等丰富信息，这些道路参与者的上述信息，对自动驾驶、智能交通和智慧城市至关重要。激光雷达是通过发射激光束来探测目标位置、速度等特征量的雷达系统，具有测量精度高、方向性好等特点。

（1）具有极高的分辨率

激光雷达工作于光学波段，频率比微波高 2～3 个数量级以上，因此，与微波雷达相比，激光雷达具有极高的距离分辨率、角分辨率和速度分辨率。比如激光雷达的探测精度在厘米级以内，使得激光雷达能够准确地识别出障碍物具体轮廓、距离，且不会漏判、误判前方出现的障碍物。

（2）抗干扰能力强

自然界中存在诸多干扰电磁波的信号和物质，但是很少有能对激光产生干扰的信号，因此激光雷达具有较强的抗干扰能力。

（3）获取的信息量丰富

可直接获取目标的距离、角度、反射强度、速度等信息，生成目标多维度图像。还原三维特征，高频激光可在 1s 内获取大量（约 150 万个）的位置点信息（称为点云），利用这些有距离信息的点云，可以精确地还原周围环境的三维特征。

（4）可全天时工作

激光主动探测，不依赖于外界光照条件或目标本身的辐射特性。只需发射自己的激光束，通过探测发射激光束的回波信号来获取目标信息。但是激光雷达最大的缺点是容易受到大气条件（如雨雾、风沙）的影响，要实现全天候的工作环境是非常困难的事情。

2.5.4 激光雷达的原理

激光雷达工作原理是向目标发射探测信号（激光束），然后将接收到的从目标反射回来的信号（目标回波）与发射信号进行比较，作适当处理后，就可获得目标的有关信息，如目标距离、方位、高度、速度、姿态、甚至形状等参数，从而对目标进行探测、跟踪和识别。按照激光雷达的测距原理，可分为飞行时间法（Time of Flight，ToF）、调频连续波（Frequency Modulated Continuous Wave，FMCW）、相位法和三角法。其中 ToF 与 FMCW 可实现室外阳光下较远的测距，是目前市场车载中长距激光雷达的主流方案。

1. ToF

ToF 通过测量激光脉冲的发射、返回时间差来测量物体与传感器的相对距离。激光发射器发出调制脉冲激光，内部定时器开始计算时间 t_1，当激光照射到目标物体后，部分能量返回，当激光接收到返回的激光信号时，停止内部定时器 t_2，如图 2-23 所示。

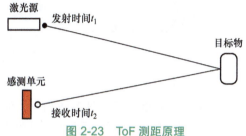

其距离为

$$d = c\,(t_2 - t_1)/2$$

式中，c 为光速。

2. FMCW

FMCW 要通过发送和接收连续激光束，把回光和本地光做干涉，并利用混频探测技术来测量发送和接收的频率差异，再通过频率差换算出目标物的距离。这里以三角波调频连续波为例来简单介绍雷达的测距 / 测速原理，如图 2-24 所示。红色为发射信号频率，绿色为接收信号频率，扫频周期为 T，扫频带宽为 B，发射信号经过目标发射，回波信号会有延时，在三角形的频率变化中，可以在上升沿和下降沿两者上进行距离测量。

如果没有多普勒频率，那么上升沿期间的频率差值等于下降沿期间的测量值。对于运动目标，则上升 / 下降沿期间的频率差不同，可以通过这两个频率差来测距和测速。

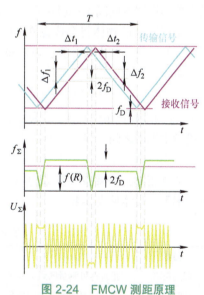

图 2-24　FMCW 测距原理

$$R = \frac{c\,|\Delta t|}{2} = \frac{c\,|\Delta f|}{2K_r} = \frac{c\,|\Delta f_1 + \Delta f_2|}{4K_r}$$

$$v = \frac{\lambda}{2}f_d = \frac{\lambda}{4}|\Delta f_1 - \Delta f_2|$$

式中，Δf_1、Δf_2 为要测量的频差；K_r 为已知调频斜率；R 为距离；v 为速度；c 为光速。

3. 相位法

相位法的测距原理如图 2-25 所示，即对发射光波的光强进行调制，使光波在投射到物体后返回探测器的过程中在光强波形上形成一个相位差，通过测量相位差来测量时间。相位式激光测距也是一种 ToF 方法，只不过其通过求解发射波和接收波的相位差来反推 ToF。而且这个相位并非光的原始相位，而是被调制的光强的相位。具体来讲，就是对发射光波的光强进行调制，通过测量相位差来间接测量时间，较直接测量往返时间的处理难度降低了许多。测量距离可表示为

$$L = \frac{cT}{2} = \frac{c\phi}{4\pi f}$$

式中，L 为测量距离；c 为光速；T 为调制信号在被测距离往返所需的时间；ϕ 为发射与接收波形的相位差；f 为波长。

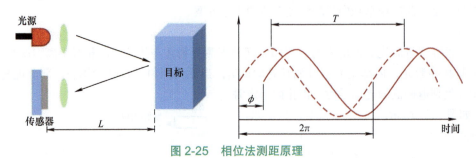

图 2-25　相位法测距原理

4. 三角法

三角法的测距原理如图 2-26 所示，激光器发射激光，在照射到物体后，反射光由线性电荷耦合器件（Charge Coupled Device，CCD）接收。由于激光器和探测器间隔了一段距离，所以依照光学路径，不同距离的物体将会成像在 CCD 上不同的位置。按照三角公式进行计算，就能推导出被测物体的距离。距离为

$$D = f(L+d)/d$$

式中，f 为接收透镜的焦距；L 为发射光路光轴与接收透镜主光轴之间的偏移（即基线距离）；d 为在接收 CCD 上的位置偏移量。

图 2-26　三角法测距原理

5. 激光雷达的主要技术参数

激光雷达的主要技术参数包括探测距离、角度分辨率、视场角、测量精度、扫描频率、测量频率等，具体见表 2-4。

表 2-4　激光雷达主要技术参数

指标	说　　明
探测距离	指雷达可测量的最大距离，该值通常需要标注基于某一个反射率下的测得值
角度分辨率	两个相邻测量点之间的角度间隔
视场角	雷达可实现探测的角度范围（包括水平和垂直两个方向）
测量精度	对同一个目标进行重复测量得到的距离值之间的误差范围
扫描频率	1s 内雷达完成的扫描次数
测量频率	1s 内雷达完成的点云测量数据输出量
车规要求	对激光雷达本身有着环境温度、振动、冲击、可靠性、一致性、制造工艺、生命周期的要求，主要是对激光雷达采用的电子元器件的车规要求

2.5.5　激光雷达的应用

激光雷达以其优良的技术性能，已经发展成既可"上九天"拍摄月球三维图像，又可"下五洋"进行水下探测和建模的探测雷达。

1. 城市三维建筑模型

"数字城市"是数字地球技术系统的重要组成部分，而表达城市主要物体的三维模型包括三维地形、三维建筑模型、三维管线模型。这些三维模型是数字城市重要的基础信息之一。激光雷达技术可以快速完成三维空间数据采集，经过处理便可得到具有坐标信息的影像数据。

2. 大气环境监测

激光雷达由于探测波长短、波束定向性强、能量密度高，因此具有高空间分辨率、高的探测灵敏度、能分辨被探测物种和不存在探测盲区等优点，已经成为目前对大气进行高精度遥感探测的有效手段。利用激光雷达可以探测气溶胶、云粒子的分布、大气成分和风场的垂直廓线，可以对主要污染源进行有效监控。

3. 水域监测和水下探测

激光雷达已被用于海水深度测量和海浪波高观测，以及对水中所含浮游生物、透明度、盐度、水温和油污染等数据进行测量。同时，激光雷达对于河流、湖泊的水量监控和水患治理也有极其重要的作用，利用激光雷达产生的三角网高程三维模型，可直观显示洪水的覆盖范围，测算出水位淹没区域面积和水体体积，预测危害程度，采取有效措施进行救援。通过对比激光点云数据还可以监测海岸侵蚀情况。水下激光雷达是激光雷达的一种，它主要利用蓝、绿激光在海水中衰减小、穿透性好的特性，利用激光对淹没在水中的目标进行搜索、跟踪、控制、通信、定位、识别和分类。与陆地应用相同，将水下激光雷达、GPS 定位系统和惯性导航系统（INS）综合运用，可以测量水下目标的三维信息，构建目标的三维模型。激光雷达不仅可以对海底地貌、岛礁周边海域绘制建模，在水下工程设计、施工、维护中也发挥着十分重要的作用。

4. 航天工程中的应用

激光雷达以其质量轻、体积小、精度高的特点，为各国航天部门所关注，大力进行研发，在人类探索地外空间的进程中发挥了巨大作用。中国的嫦娥探月工程中就使用激光雷达对月球表面进行三维"扫描"，得到了月面的三维立体信息，为进一步探索月球做好了前期数据准备工作。

5. 自动驾驶领域的应用

对于自动驾驶来说，激光雷达的作用主要展现在两个方面。

其一是加载在车辆上，让车辆达到 L2/L3/L4 级别，具备高级别自动辅助驾驶能力。通过激光雷达加持，一方面车辆能弥补摄像头的盲点感知，获得紧急制动和盲区监测能力，进一步保障安全；另一方面，车辆也能拥有在高速路上运行的保障。

其二是加载在道路上，让车路协同成为现实。激光雷达加载在路侧，可以精确探测和跟踪道路、车辆、行人、环境的数据，并通过分析实现智慧交通的车路协同。对于自动驾驶来说，激光雷达的上"路"与上"车"相结合，进一步保障商用安全。

 知识链接

深度学习在激光雷达点云算法中的应用

2.6 目标识别

苏大强乘坐无人驾驶出租车 Robotaxi 去往公司路上，驾驶位的安全员没有对转向盘、加速踏板和制动踏板进行控制，发现前方车辆或者行人后，Robotaxi 会进行自动避障。无人驾驶出租车如何对前方道路出现行人和车辆进行识别和自动避障？

2.6.1 道路识别

道路识别主要又分为结构化的道路识别和非结构化的道路识别，结构化道路是指高速公路、城市干道等结构化较好的公路，这类道路具有清晰的道路标志线，道路的背景环境比较单一，道路的几何特征也比较明显，检测识别难度低。因此，针对该类道路的识别方法已趋于完善。相比于结构化道路，非结构化道路则具有边缘线退化、道路表面有其他覆盖物和路与非路界限不明显等特性，加上受到阴影和水迹等的影响，导致道路区域和非道路区域难以区分，对该类道路的检测识别变得更加困难，非结构化道路识别也是当前道路识别技术的主要研究方向。道路识别技术的完善对自动驾驶技术的发展起着至关重要的作用，可帮助智能网联车辆以及自动驾驶车辆应对复杂的路况和突发事件，保证行车安全。

1. 传统非结构道路识别方法

道路模型法：部分非结构化道路依然具有一定程度的固定结构，通过合理构造相对规则的边缘，近似得到特征明显的道路模型。该种方法的优势在于对阴影等干扰不敏感，但只适用于部分非结构化道路，无法适用于边缘不明显的完全非结构化道路。

1）光流法。图像特征匹配时产生的对相对位移会形成光流，光流法通过对光流的计算实现道路的辨别，其难点在于图像之间的特征匹配。

2）消失点检测法。非结构化道路特征不明显，从而不易被系统识别。因此，以容易识别的道路消失点作为道路约束条件的方法应运而生。通过消失点检测和道路模型假设，从环境中分割出非结构化道路区域。

3）图像分割法。图像分割法根据人工设定的特征对图像进行分割，并进行处理，从而实现道路识别。

2. 机器学习

虽然非结构化道路特征不明显，但周围环境中植物特征相对明显。根据非结构化道路的特点，提出了一种基于高斯核支持向量机的非结构化道路环境植被检测方法，具体流程如图 2-27 所示。通过检测植被，完成可通行区域和不可通行区域的甄别。考虑到植被几何形状、边缘线等特征不明显，该方法采用六角锥体模型（Hue Saturation Value，HSV）颜色特征提取。运用支持向量机（Support Vector Machine，SVM）进行学习，使用学习得到的模型对图像进行分类。最后，将分类结果中置信度高于设定值的栅格窗标记为植被区。

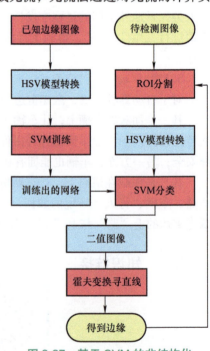

图 2-27　基于 SVM 的非结构化道路检测算法流程

3. 深度学习

深度学习是含有多层隐藏层的人工神经网络。深度学习在图像识别方面的应用，相比较传统方法的优点在于不需要人为设定特征。卷积神经网（ConvNet）能够对图像进行语义层面的分割，结合的神经网能够发挥各个神经网各自的优点，弥补不足，具有较高的识别率。

4. 基于激光雷达的道路识别方法

激光雷达传感器因具有可以向系统反馈三维坐标、深度等信息的特点，被广泛应用于识别领域。通过激光雷达的非结构化道路感知方法，依据对栅格化后的点云数据完成距地高度、高度差、梯度差等特征数据的统计和聚类分析、跟踪，实现了可通行区域、静态障碍物的识别与车辆的跟踪监测（图 2-28）。

图 2-28　激光雷达道路识别点云效果

5. 多传感器融合

视觉传感器能够采集纹理信息，同时激光雷达传感器能够收集深度信息。结合两种传感器各自的特点，通过深度学习训练图片，用完成训练的模型对图片语意进行分割；同时，利用雷达获取与图片逐帧对应的点云数据，将点云数据和语意分割图相匹配、融合，得到 2.5D 分割地图。根据地图计算不同候选路径的损失，最终选择损失最小的路径作为当前路径。该方法能综合考虑图像纹理和深度信息，时效性、鲁棒性较好。

非结构化道路识别的研究从利用单一传感器发展到多传感器融合，将图像横向纹理特征和雷达的纵向深度信息相结合，提高了鲁棒性；由人为设定特征发展到利用机器学习的方法来训练，获得道路特征的抽象表示，提高了识别结果的准确性。非结构化道路识别的准确性和实时性的提升对智能网联汽车以及自动驾驶车辆的普及具有重大意义。

2.6.2　车辆识别

对于智能网联汽车而言，识别障碍车辆是智能网联汽车环境感知系统中的关键技术。准确地检测前方车辆，对于智能网联汽车避障具有重要的意义。目前有许多车辆识别的算法，如基于视频、基于激光雷达、基于视频 + 激光雷达融合、基于视频 + 毫米波融合等方法。但单一的感知算法，如激光雷达、毫米波雷达、摄像头等均存在各自的短板，难以适用于所有场景。而将多传感器进行融合计算，可实现优势互补，使数据的维度更丰富、数据的置信度更高。因此，多传感器融合进行车辆识别以及行人识别是目前的主流方式。图 2-29 所示为车辆识别的输出结果，即能够检测车辆周围的障碍物。绿颜色的块状代表一辆乘用车，橙色代表一辆摩托车，黄色代表一位行人，灰色则是检测到的环境信息，如植被。

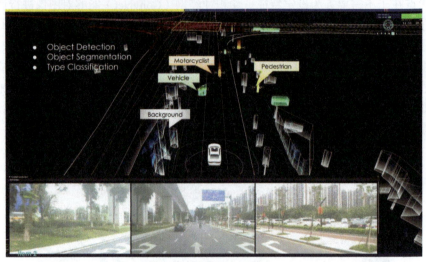

图 2-29　车辆识别效果

1. 基于视频的车辆目标检测与识别

目前，基于视频的车辆目标检测与识别从浅层学习发展深度学习。基于浅层学习的车辆识别一般包括数据获取、预处理、特征提取、图像表示和分类器等环节，如图 2-30 所示。浅层学习可分为基于全局特征的车辆识别方法、基于局部特征的车辆识别方法以及基于三维特征的识别方法。

图 2-30　基于浅层学习的车辆识别流程

基于浅层学习方法的车辆识别技术多侧重学习一种理想的特征表达来描述车辆的局部信息，往往在实际应用中会碰到普适性和鲁棒性问题。而基于深度学习的车辆目标检测与识别，通过卷积神经网络（Convolutional Neural Networks，CNN）、深度置信（Deep Belief Net，DBN）、受限玻尔兹曼机（Restricted Boltzmann Machine，RBM）和自编码器（Auto Encoder，AE）等深度学习模型，来提升分类精度和预测准确性。接下来介绍基于深度学习车辆识别，如图 2-31 所示，该系统由图像采集、图像预处理和图像识别三个模块组成。

1）图像采集模块，一般由摄像头提供图像数据。

2）图像预处理模块，主要涉及图像增强、图像去噪和图像运动复原三部分的内容。在对图像拍摄、传输以及显示的过程中，由于成像设备、传输系统或显示系统的原因以及周围环

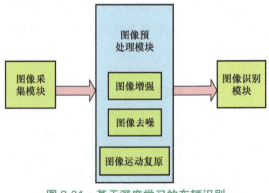

图 2-31　基于深度学习的车辆识别

境的影响，最终会造成图像退化和质量下降。采用基于直方图均匀化等算法对图像进行了增强，使图片达到更加清晰的效果从而提高车辆识别的准确率。图像中噪声的来源有许多种，这些噪声来源于图像采集、传输、压缩等各个方面。图像去噪处理尽可能保持原始信息完整性的同时，又能够去除信号中无用的信息。目标在摄像头的曝光时间内产生相对运动引起成像模糊，使得图像中原本锐利的边缘退化成拖影运动模糊的图像会直接影响图像关键信息的获取，可以通过傅里叶变换、Radon 变换等方式进行运动图像复原处理，提高识别物体的准确率。

3）图像识别模块。如图 2-32 所示，通过卷积神经网络进行模型训练，并将车辆识别问题看成一个二分类问题，通过分类模块进行是车和非车判断。

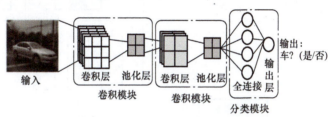

图 2-32　卷积神经网络结构示意图

2. 基于激光雷达的车辆目标检测与识别

通过激光雷达的车辆目标检测与识别一般分为数据预处理、提取特征、目标跟踪和车辆识别等步骤，如图 2-33 所示。

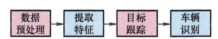

图 2-33　基于激光雷达的车辆目标检测与识别流程

（1）数据预处理

激光雷达获取的是一个个的数据点，通过数据分割处理将数据点分组，每组表示一个物体，分类后的组称为聚类。为了减少计算量，可以根据具体的应用场合设定兴趣区域，仅对兴趣区域内的聚类进行处理。

（2）提取特征

激光雷达扫描的数据中有几个重要的特征：撕裂点、角点、直线、圆弧等。通过特征提取算法对车辆特征进行提取，获取物体长度、宽度和高度等信息，方便下一步操作。

（3）目标跟踪

为了获取目标的运动信息必须进行目标跟踪，在目标跟踪过程中广泛采用卡尔曼（Kalman）滤波，通过跟踪中心以及相关算法获取目标状态、预测下一帧的位置以及速度等信息。

（4）车辆识别

根据物体长度、宽度和高度信息和目标跟踪获取相关信息（如速度）判断是否为车辆。

3. 基于视频 + 激光雷达的车辆目标检测与识别

基于摄像头与激光雷达的车辆识别方法：首先建立一个感兴趣的区域（ROI）。对该区域内的雷达数据进行滤波及聚类处理；聚类后通过计算类的宽度排除一部分不可能是车辆的障碍物，再通过坐标转换得到可能是车辆的障碍物在图像中的位置，然后通过图像处理的方法进行识别；对于图像中可能是车辆的区域首先进行边缘检测，确定了车辆边缘后通过计算车辆区域的信息熵对障碍物进行车辆验证，如图 2-34 所示。

4. 基于视频＋毫米波雷达的车辆目标检测与识别

利用毫米波雷达获取候选目标的距离、角度、速度等信息，进而得到目标物的世界坐标，利用摄像头标定原理得到世界坐标与图像像素坐标的转换关系，初步确定候选目标在图像上的区域，即感兴趣区域（ROI）；通过自适应阈值确定方法进行图像分割处理，进而利用图像处理方法对感兴趣区域检测是否存在车辆特征，如图 2-35 所示。

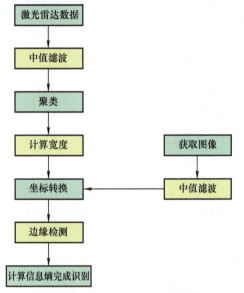

图 2-34　基于视频＋激光雷达的
车辆目标检测与识别流程

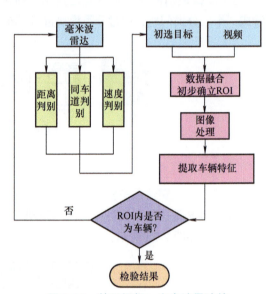

图 2-35　基于视频＋毫米波雷达的
车辆目标检测与识别流程

2.6.3　行人识别

行人安全是驾驶安全中的重要环节，而确保行人安全的前提在于能够对行人进行准确的检测和识别（图 2-36）。下面主要介绍三种行人目标检测与识别方法。

图 2-36　行人识别

1. 基于视频的行人目标检测与识别

行人检测是把视频序列中出现的行人从背景中分割出来并精确定位，目前有背景差法、帧间差分法、光流法和基于统计学习的人体检测等几种方法。在实际的交通环境中，通常采用背景差法检测行人，即首先通过自适应背景提取方法快速提取背景图像，在差分图像的基础上，结合直方图自动阈值分割和数学形态学运算，采用一定的行人分割算法，填充分割图像中运动行人图像的断裂部分，提取出行人完整的轮廓；根据提取的目标特征信息，结合多种特征初步判断行人的存在信息，进行行人检测。

行人识别的目的是从道路上交通监控摄像头所捕捉的序列图像中将行人的运动区域提取出来，主要涉及两方面的内容：一是特征提取的方法；二是模式分类方法。在行人识别中，通常将行人模型简化为矩形，通过得到的二值图中目标的轮廓，综合考虑运动目标的位置特征、形状特征以及统计特征等为检测到的行人目标建立特征模板进行匹配，判断检测的目标是否为行人。

2. 基于激光雷达的行人目标检测与识别

如图 2-37 所示，基于三维激光雷达的障碍物检测和行人识别主要分为地面点云去除、目标物体分割和行人目标识别三个部分。地面点云去除主要包括建立深度图和去除地面点云数据，将点云数据转化为深度图然后去除地面点云。目标物体分割是从非地面点云数据中提取出不同的物体。行人目标识别是将分割后的物体使用分类器进行分类识别，输出目标物是否为行人。

图 2-37　基于激光雷达的行人目标检测与识别过程

3. 基于视频 + 激光雷达的行人目标检测与识别

大多数行人目标检测与识别算法都是基于单传感器。而单一传感器本身具有一定的局限性，例如摄像头只能获得图像平面上的数据信息，无法获得深度信息，受到光照影响，而激光雷达虽能获得深度信息，但是分辨率低，这就使得多传感器系统成为智能网联汽车环境感知系统研究中的一个热点。基于视频 + 激光雷达的车辆目标检测与识别检测方案类似，如图 2-38 所示。

图 2-38　基于视频 + 激光雷达的行人目标检测与识别过程

（1）数据聚类

对采集激光雷达数据进行聚类，聚类分析方法主要有划分法、层次法、基于密度的方法、基于网格的方法、基于模型的方法等，通过聚类分析划分为若干聚类。

（2）多传感器时空匹配

摄像头和激光雷达各自获取的数据信息类型和空间维度不同，要综合运用这两种传感器就需要数据维度上的转换，使雷达数据映射到图像上，这就涉及多传感器的时空配准。

（3）获取感兴趣区域

主要是利用激光雷达采集数据，并对数据进行聚类，将聚类结果利用雷达摄像头坐标转换模型，转换到图像坐标空间，从而获得感兴趣区域。

（4）感兴趣区域预处理

由于室外场景下的图像受天气、光照等因素的影响，图像质量不高，对其进行预处理可以消除图像中的噪声和增强图像的边缘，使得图像变成较清晰的图像，便于后续的处理和分析。

（5）目标分类识别

在感兴趣区域获取阶段，只是对图像中可能存在行人的区域进行了初步检测，其目的是希望在不发生行人漏检的前提下，尽量减少虚检。但在实际应用中往往无法避免虚检，因此有必要对感兴趣区域做进一步的确认识别，来确定所分割出来的目标是否为行人，这就需要一个目标分类识别的过程。目标分类识别主要是通过分类器对行人进行识别。先是通过训练样本离线训练分类器，再通过训练好的分类器对行人进行在线识别。

2.6.4 交通标志识别

道路交通标志是用文字和图形符号对车辆、行人传递指示、指路、警告、禁令等信号的标志（图2-39）。道路交通标志引导道路使用者有秩序使用道路，以促进道路行车安全，而在驾驶辅助系统中对

图2-39 交通标志形状示例

交通标志的识别则可以不间断地为整车控制提供相应的帮助。例如：禁止类标志可以帮助系统提前进行危险预判；警告类标志可以帮助系统在某些情况下提前进行避障处理；指示类标志可以帮助系统进行控制预处理，以确保行车遵循道路指示。因此，对于交通标示的正确识别及精准应用可以为驾驶辅助系统甚至自动驾驶提供更加完美的帮助。

交通标志识别是指能够在车辆行驶过程中对出现的道路交通标志信息进行采集和识别，及时向驾驶人做出指示或警告，或者直接控制车辆进行操作，以保证交通通畅并预防事故的发生。交通标志识别分为交通标志检测和交通标志识别，而交通标志检测常见的方法有基于颜色的方法、基于形状的方法、基于多特征融合的方法和基于深度学习的方法。基于深度学习的方法具有较明显的优势。交通标志识别常用的方法有基于模板匹配的方法、基于机器学习的方法、基于深度学习的方法。从准确率方面来说，基于深度学习的交通标志的识别率更高一些（图2-40）。

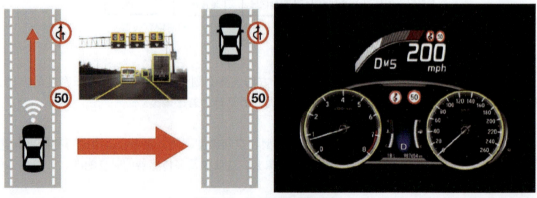

图2-40 交通标志识别效果

1. 交通标志检测常用方法简介

（1）基于颜色的交通标志检测

目前主流有 RGB（三原色）颜色模型方法和 HIS（色调、饱和度和强度）颜色模型方法。基于 RGB 模型的交通标志颜色分割算法主要涉及去除噪声、灰度直方图均值化、光照控制和切割标志四个步骤。优点是计算量较小和速度快等，缺点是没能很好模拟人类对颜色的视觉感知。HSI 颜色空间，用色调、饱和度和强度三分量来描述图像，从而使图像表示更接近于人类的视觉感知。将 RGB 转换到 HSI 颜色空间具有一定的计算量，需要借助硬件处理来提高实时性。

（2）基于形状的交通标志检测

中国的交通标志形状主要有三角形、圆形和矩形，形状检测最常见的方法是使用某种形式的霍夫变换，方向梯度直方图（Histogram of Oriented Gridients，HOG）是检测形状的可接受选择之一。其基本思想是将图像划分为单元格并在该单元格内累积边缘方向的直方图。最后，生成特征以通过组合直方图条目来描述对象。

（3）基于多特征融合的交通标志检测

交通标志颜色和形状都有特殊的规定，易受到环境的影响，仅仅依靠单种特征可能导致交通标志检测失败。因此将颜色和形状等多特征融合的方法更有利于交通标志检测，从而提高交通标志检测算法的准确率。

（4）基于深度学习的交通标志检测方法

通过训练大数据来学习特征，具有很强的特征表达能力，不容易受到光照、遮挡等与交通标志无关的外界因素的影响，比传统的交通标志检测方法泛化能力更强，准确率更高。

2. 交通标志识别常用方法简介

（1）基于模板匹配的交通标志识别

模板匹配广泛应用于模式识别领域中，它的算法较为简单。将预先已知的小模板在大图像中平移来搜索子图像，通过一定的算法在大图像中找到与模板最匹配（相似）的目标，确定其坐标位置。

（2）基于机器学习的交通标志识别

基于模板匹配方法的识别结果易受到图像扭曲、遮挡、损坏等影响，难以兼顾计算量和鲁棒性的要求，因此基于机器学习的交通标志识别是一种比较流行的方法。目前的算法主要是采用"人工提取特征 + 机器学习"，即提取一些能够表示或描述交通标志信息的特征，再结合机器学习算法进行识别。常用的人工提取特征有尺度不变特征变换（Scale Invariant Feature Transform，SIFT）、ORB（Oriented Fast and Rotated BRIEF）特征、Gabor 小波特征和方向梯度直方图（HOG）特征。

（3）基于深度学习的交通标志识别

基于深度学习的交通标志识别方法通过训练大数据来学习特征，比采用人工设计特征的传统方法更有优势，准确率明显提升。该算法有助于解决光照变化、部分遮挡等情况下的交通标志识别难点问题。

2.6.5　交通信号识别

交通信号的检测与识别是无人驾驶与辅助驾驶必不可少的一部分，其识别精度直接关乎智能驾驶的安全。不同国家和地区采用的交通信号灯式样各不相同，在我国，交通信号灯的设置都必须遵循 GB 14887—2011《道路交通信号灯》和 GB 14886—2006《道路交通信号灯设置与安装规范》。

从颜色来看，交通信号灯的颜色有红色、黄色、绿色这三种颜色，而且三种颜色在交通信号灯中出现的位置都有一定的顺序关系（图 2-41）。

从功能来看，交通信号灯有机动车信号灯、方向指示信号灯、闪光警告信号灯、道口信号灯、掉头信号灯等，其中机动车信号灯、闪光警告信号灯、道口信号灯的光信号无图案；非机动车信号灯、左转非机动车信号灯、人行横道信号灯、车道信号灯、方向指示信号灯的光信号有各种图案。

图 2-41 交通信号灯

从安装方式来看，交通信号灯的安装方式有横放安装和竖放安装两种，一般安装在道路上方。

交通信号识别包括检测和识别两个基本环节。首先是定位交通信号灯，通过摄像头，从复杂的城市道路交通环境中获取图像，根据交通信号灯的颜色、几何特征等信息，准确定位其位置，获取候选区域；然后是识别交通信号灯，在检测算法中已经获取交通信号灯的候选区域，通过对其进行分析及特征提取，运用分类算法对其分类识别。交通信号识别原理如图 2-42 所示。

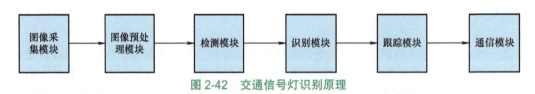

图 2-42 交通信号灯识别原理

（1）图像采集模块

摄像头成像质量好坏影响后续识别和跟踪的效果，一般采用彩色摄像头，其中摄像头的镜头焦距、曝光时间、增益、白水平等参数的选择都对摄像头成像效果和后续处理有重要影响。

（2）图像预处理模块

图像预处理模块包括彩色空间选择和转换，彩色空间各分量的统计分析基于彩色分析的彩色图像分割、噪声去除、基于区域生长聚类的区域标记，通过图像预处理后得到交通信号灯的候选区域。

（3）检测模块

检测模块包括离线训练和在线监测两部分。离线训练通过交通信号灯的样本和背景样本的统计学习得到分类器，在线监测是利用得到的分类器完成交通信号灯的检测。

（4）识别模块

通过检测模块在图像中的检测定位，结合图像预处理得出信号灯色彩结果、交通信号灯发光单元面积大小和位置先验知识完成交通信号灯识别功能。交通信号灯的识别方法主要有基于颜色特征的识别算法和基于形状特征的识别方法。

基于颜色特征的交通信号灯识别算法主要是选取某个色彩空间对交通信号灯的红、黄、绿3 种颜色进行描述。在这些算法中，通常依据色彩空间的不同，主要有以下三类：

1）基于 RGB 颜色空间的识别算法。通常采集到的交通信号灯图像都是 RGB 格式的。因此，如果直接在 RGB 色彩空间中进行交通信号灯的识别，由于不需要色彩空间的转换，算法的实时性会很好，缺点是 R、G、B 三个通道之间相互依赖性较高，对光学变化很敏感。

2）基于 HIS 颜色空间的识别算法。HIS 色彩模型比较符合人类对色彩的视觉感知，而且HIS 模型的三个分量之间的相互依赖性比较低，更加适合交通信号灯的识别。

3）基于 HSV 颜色空间的识别算法。在 HSV 颜色空间中，H 和 S 两个分量是用来描述色彩信息的，V 则是表征对非色彩的感知。虽然在 HSV 颜色空间中进行交通信号灯的识别对光学变化不敏感，但是相关参数的确定比较复杂，必须视具体环境而定。

基于形状特征的识别算法主要是利用交通信号灯和它的相关支撑物之间的几何信息。这一识别算法的主要优势在于交通信号灯的形状信息一般不会受到光学变化和天气变化的影响。也可以将交通信号灯的颜色特征和形状特征结合起来，以减少单独利用某一特征所带来的影响。

（5）跟踪模块

通过识别模块的结果可以得到红绿灯目标，利用基于彩色的跟踪算法可以对目标进行跟踪，有效提高目标识别的实时性和稳定性。运动目标跟踪办法可分为四类：基于区域的跟踪办法、基于特征的跟踪办法、基于主动轮廓线的跟踪办法和基于模型的跟踪办法。

（6）通信模块

该模块是联系环境感知模块、规划决策模块与车辆底层控制模块的桥梁，通过制订的通信协议完成各系统的通信，实现信息共享。

 知识链接

三种针对不同融合阶段的融合感知算法原理和方法

思考题

1. 为什么要搭建环境感知技术？

2. 环境感知技术主要面向的对象有哪些？

3. 你所知道的环境感知传感器有哪些？请举例说明。

4. 视觉传感器的定义是什么？

5. 视觉传感器主要由哪些部分组成？

6. 视觉传感器主要有哪些应用？请举例说明。

7. 超声波传感器的定义是什么？

8. 超声波传感器主要由哪些部分组成？

9. 超声波传感器主要有哪些应用？请举例说明。

10. 毫米波雷达的定义是什么？

11. 毫米波雷达主要由哪些部分组成？

12. 毫米波雷达主要有哪些应用？请举例说明。

13. 激光雷达的定义是什么？

14. 激光雷达主要由哪些部分组成？

15. 激光雷达主要有哪些应用？请举例说明。

16. 激光雷达、毫米波雷达、超声波传感器、视觉传感器在智能网联汽车应用中各自有什么优缺点？

17. 视觉传感器在不同目标识别场景（道路、车辆、行人、交通标志、交通信号识别）中如何应用？有什么限制条件？

第3章 智能网联汽车决策与控制技术

本章首先从交通环境预测、汽车行为决策、全局路径规划、汽车运动规划四方面内容介绍智能网联汽车的决策技术，然后介绍了智能网联汽车线控转向技术、线控制动技术、线控节气门技术和汽车运动控制技术。

 学习目标

1. 了解智能网联汽车决策技术的内涵。
2. 掌握与智能网联汽车相关的交通环境预测、汽车行为决策技术。
3. 掌握智能网联汽车全局路径规划、汽车运动规划技术。
4. 了解线控转向技术、线控制动技术、线控节气门技术。
5. 掌握车辆动力学模型和运动模型。
6. 掌握车辆横向、纵向控制以及横纵向协同控制技术。

3.1 智能网联汽车决策技术

智能网联汽车行为决策的内涵：行为决策层在整个智能网联汽车规划控制软件系统中扮演着"大脑"的角色。这个层面汇集了所有汽车感知到的重要周边信息，不仅包括了智能网联汽车本身的当前位置、速度、朝向，以及到达目的地的导航信息和当前所处车道，还收集了智能网联汽车一定距离以内的障碍物信息。行为决策层需要解决的问题就是在知晓这些信息的基础上，决定智能网联汽车的行驶策略，使得智能网联汽车可以安全地到达目的地。这些信息具体包括以下几点。

1）可以到达目的地的全局路径规划结果：如智能网联汽车为了到达目的地，需要进入什么道路，在哪一个路口左/右转，在哪段路上直行。

2）汽车的当前自身状态：车的位置、速度、朝向，以及当前主车所在的车道、需要进入的下一个车道等。

3）汽车的历史决策信息：在上一个计算周期，行为决策模块所做出的决策是什么？是跟车、停车、转弯还是换道？

4）汽车周边的障碍物信息：智能网联汽车周边一定距离的所有障碍物信息。例如，周边汽车所在的车道，邻近的路口有哪些汽车，它们的速度、位置如何，以及在一个较短的时间内它们的意图和预测的轨迹；周边是否有骑车人或者行人，以及他们的位置、速度、轨迹等。

5）汽车周边的地理信息：一定范围内车道的结构变化情况，如前方 50m 处有车道变窄或新增车道，前方 30m 处车道边线由虚线变成实线，前方是否有人行横道、红绿灯、前方道路限速，哪条车道可以在前方路口左转、右转和直行等。

智能网联汽车的行为决策模块就是要在上述所有信息的基础上做出如何行驶的决策。

3.1.1　交通环境预测

智能网联汽车的系统架构如图 3-1 所示。一般来说，行为预测模块属于自动驾驶系统的决策规划层。智能网联汽车在进行决策规划时，首先会从环境感知模块中获取道路拓扑结构信息、实时交通信息、障碍物（交通参与者）信息和主车自身的状态信息，然后根据这些信息对其他动态障碍物（交通参与者）未来的运动轨迹做预测。

交通环境行为预测

运动预测根据预测时间的长短可以分为长期预测与短期预测，涉及意图识别、行为预测和轨迹预测（运动状态预测）三个层面的内容。一般来说，如果能充分考虑汽车的行驶意图，那么长期运动预测的结果将更加准确。一般认为意图、行为和汽车运动状态三者的抽象程度依次降低，意图是驾驶人做出某种行为的目的，行为是一段连续的运动状态的抽象，而运动状态则是汽车所体现出来的一些运动变量（位置、姿态、速度、加速度等）的集合。

动态交通环境所带来的不确定性是智能网联汽车运动规划所面临的巨大挑战之一，对交通环境中其他交通参与者的运动进行合理的概率预测是轨迹规划结果安全、可行的必要保证，它反映了智能网联汽车对于环境未来变化的理解。

在室外复杂环境下，障碍物的运动存在着高度不确定性，怎样对其行为和轨迹进行合理的预测是一个难题。

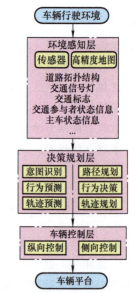

图 3-1　智能网联汽车系统架构

对于行驶的汽车而言，根据驾驶场景、道路拓扑以及其行驶方向，可以大致分析出其驾驶意图和预计轨迹；而对于交通环境中的其他参与者，其运动的不确定性则更高。在对所有的运动障碍物运行轨迹进行预测之后，还需要分析无人驾驶汽车与它们之间的碰撞关系，为无人驾驶汽车的避障过程提供决策依据。

行为预测一般分为短期预测和长期预测，短期和长期并没有一个明确界限。通常短期预测时长在 1s 以内，而长期预测时长在数秒乃至数十秒内。短期预测时，目标体行为意图未变化或者意图变化，但目标体动力学行为来不及及时变更，此时，短程行为往往可根据运动学或动力学推出。长期预测时，目标体的行为意图可能发生变化且动力学行为能够随之改变，此时，目标体行为受目标意图和周围环境信息影响极大，故长期预测需要综合考虑这两方面因素。

1. 汽车行为预测

大多数相关研究使用汽车历史轨迹来模拟其行为，基于该行为预测未来轨迹。然而这些研究并未关注可能影响汽车在未来行驶轨迹对应场景中的道路拓扑结构、交通信息等特征。汽车的行驶轨迹是两个因素共同作用的结果：首先是汽车驾驶人的行为，例如反映意图的换道过程；其次是外部环境因素，例如在行驶期间影响汽车轨迹的交通信息（如红绿灯）等。

由此衍生出多种不同的轨迹预测思路：基于物理模型的轨迹预测、基于行为模型的轨迹预测、基于神经网络的轨迹预测、基于交互的轨迹预测、基于仿生学的轨迹预测以及多种途径相结合的轨迹预测等。

（1）基于物理模型的轨迹预测

基于物理模型的轨迹预测是基于物理的运动模型将汽车表示为受物理定律支配的动态实体。使用动力学和运动学模型预测未来运动，将一些控制输入（例如转向、加速度）、汽车属性（例如重量）和外部条件（例如路面的摩擦系数）与汽车状态的演变（例如位置）联系起来。有大量的工作基于物理的汽车运动模型进行轨迹预测，这种方法仍然是道路安全背景下最常用的轨迹预测和碰撞风险评估的方法。

这些汽车模型的复杂程度不一，它们的区别在于模型的动力学和运动学表现、如何处理不确定性、是否考虑道路的几何形状等。

1）动力学模型。

一般来说，汽车动力学模型基于拉格朗日方程，考虑影响汽车运动不同力的作用，例如纵向和横向轮胎力或道路倾斜角。汽车受到复杂物理学（驾驶人对发动机、变速器、车轮等作用的影响）的控制，因此动力学模型可能非常复杂并且涉及汽车的许多内部参数。建立这种复杂的模型在涉及与汽车控制相关的计算时可能是有必要的，但在轨迹预测中，为了简化计算，一般会使用更简单的模型。因此在轨迹预测中，常常采用"二轮车"模型代替复杂的汽车动力学模型，这意味着将四轮汽车简化为二轮车，并在二维平面上移动。

2）运动学模型。

运动学模型基于运动参数（例如位置、速度、加速度）之间的数学关系来描述汽车的运动，而不考虑影响运动的力。在运动学模型中，摩擦力被忽略，并假设每个车轮的速度都与车轮方向相同。在轨迹预测方面，运动学模型比动力学模型的应用更加广泛。此外，由于动力学模型所需的汽车内部参数不能被外部传感器观察到，因此使得动力学模型在很多场景中无法应用。运动学模型中最简单的是恒速度（CV）和恒定加速（CA）模型，它们都假定汽车是直线运动的。恒转速和速度（CTRV）模型以及恒转加速度和加速度（CTRA）模型通过在汽车状态向量中引入偏航角和偏航率变量来考虑绕 z 轴的变化。由于速度和偏航率是分离的，因此模型的复杂度很低。通过考虑转向角而不是状态变量中的横摆率，可以用二轮车模型来表示汽车模型。这种模型考虑了速度和横摆率之间的相关性，从中可以导出恒定转向角和速度（CSAV）以及恒定加速度和加速度（CSAA）。

上述提到的汽车模型可以以各种方式用于轨迹预测，它们之间的主要区别在于如何处理预测的不确定性。单轨迹模拟预测汽车未来轨迹的直接方式是将汽车模型应用于汽车的当前状态，假设当前状态是完全已知的并且汽车模型能完美预测汽车的运动。这种方法可以基于动力学模型或运动学模型，如图 3-2 所示。这种正向仿真方法的优势在于其计算复杂度低，可以很好地满足实时性的要求。然而，预测没有考虑当前状态的不确定性和汽车模型的缺点，因此计算出的长期预测（超过 1s）轨迹是不可靠的。

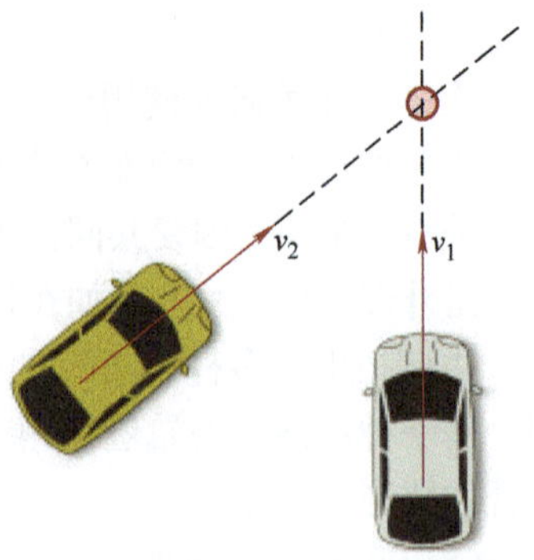

当前汽车状态及其预测的不确定性可以通过正态分布来建模。用"高斯噪声"来表达不确定性的方法最早来自卡尔曼滤波器（KF）中。卡尔曼滤波可以从噪声传感器的测量结果中递归地估计汽车状态，是贝叶斯滤波的一种特例。在卡尔曼滤波中，一般假设汽车模型和传感器模型是线性的，并且使用正态分布表示不确定性。在第一步骤（预测步骤）中，将时间 t 处的估计状态反馈发送到汽车模型，得到 $t+1$ 时刻的预测状态，其采用高斯分布的形式。

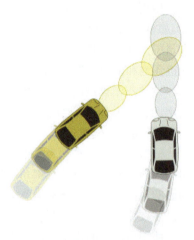

图 3-2　持续速度模型下的轨迹预测

在第二步骤（更新步骤）中，将 $t+1$ 时刻处的传感器测量值与预测状态组合成 $t+1$ 时刻的估计状态，其也是高斯分布。每次新测量可用时，循环预测和更新步骤称为滤波。通过循环预测步骤，可以获得每个未来时间步长的汽车状态的均值和协方差矩阵，并将其转换为具有不确定性的预测轨迹（每个时间点的不确定性正态分布），如图 3-3 所示。与"单轨迹模拟"方法相比，这种方法可以计算预测轨迹的不确定性。然而，使用单峰正态分布建模的不确定性并不能准确地建模现实世界中的不确定性，因此有的方法使用高斯混合来建模不确定性。开关卡尔曼滤波器（SKF）依靠一组卡尔曼滤波器来建模汽车的可能变化模型并在它们之间切换，也可以使用启发式方法根据实际情况在不同的运动模型之间切换。

图 3-3　高斯分布下的轨迹预测

扩展卡尔曼滤波（EKF）理论可以利用系统最新状态估计结合系统动力学模型对系统将来状态进行进一步估计。这种方法主要基于运动汽车的运动学方程导出其非线性模型，进而对汽车的将来位置与方向进行预测。其中，协方差矩阵经过分析和转换可以用作卡尔曼滤波过程中不确定性的置信度度量，作为衡量预测质量的指标。

在一般情况下，尽管计算预测轨迹时都假设模型是线性的或考虑不确定性的高斯分布，但一般来说预测状态上分布的解析表达式并不一定符合假设。蒙特卡洛方法提供了近似表达这种分布的工具，其可以从汽车模型的输入变量中随机抽样，生成可能的未来轨迹。为了考虑道路拓扑，可以对抽样过程应用权重，使所生成的轨迹遵守道路布局的约束。对于汽车模型，在蒙特卡洛方法中可以直接在输入空间中进行采样，要采样的典型输入是加速度和转向角或横向偏差。为了考虑预测轨迹的可行性，一般通过对汽车的现实物理特征进行约束，以便汽车模型的输入以更加真实的方式分布。蒙特卡洛方法计算的预测轨迹如图 3-4 所示。蒙特卡洛方法可用于从完全已知的当前状态或通过滤波算法估计的不确定当前状态来预测汽车的轨迹。

还有的方法通过建立代价函数来反映驾驶人的驾驶意图。当代价函数取得最小

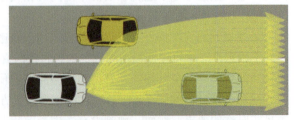

图 3-4　蒙特卡洛方法下的轨迹预测

值时，驾驶人最有可能采取的控制信号也就被计算出来。代价函数中考虑了不确定性参数，通过这一系列对不确定性的考量，所建立的模型不仅包含典型驾驶人行为特征，还能捕捉并且适应不同驾驶人驾驶过程的差异。

建模过程通过以下假设纳入对驾驶人驾驶行为的考虑。

假设一：驾驶人通过控制转向和调整加、减速来实现对汽车的控制。

假设二：在一般的交通场景中，驾驶人的行为可以被划分成一系列类别，每一类都与驾驶人的意图挂钩，除了包含换道、跟车、转弯这一类普通类别外，还包括类似于驾驶人注意力是否分散等特殊情况。

假设三：驾驶人一直保持的目标是乘坐安全性与舒适性，同时保持理想的车速。

假设四：驾驶人在寻找未来一定时间以内的最优路径。

（2）基于行为模型的轨迹预测

基于行为的模型解决了基于物理机理的模型不考虑汽车行为的问题，在这种模型中每辆交通车被看作一个正在进行某种交通行为（如左转、换道）的客观运动目标，基于行为先验信息可以帮助推测未来一段时间内符合某种行为的运动特征。因此可以较为准确地实现较长时间的运动预测。

基于行为模型的轨迹预测方法通常有直接通过原型轨迹来进行预测和先识别驾驶意图再进行预测两种方式。在结构化道路环境下，汽车的运动轨迹通常可以根据道路拓扑分类为有限个轨迹簇，这些轨迹簇通常都对应着典型的汽车行为。基于原型轨迹的方法就是将感知到的他车轨迹与先验的运动模式进行匹配，然后根据匹配结果结合原型轨迹来进行运动预测。通常通过学习的方法，对样本轨迹进行分类学习，从而获得原型轨迹。可以通过谱聚类（Spectral Clustering）方法对采集的轨迹进行分类，也可以通过简单求解样本的均值和标准差来进行分类。在轨迹分类过程中，高斯混合模型（Gaussian Mixture Model，GMM）有很好的表现，其基本思想是在高维空间中投影轨迹，然后使用 GMM 方法，针对轨迹长度进行分类。如果将采集到的轨迹看作离散时间上的多维高斯分布，则首先使用 K 均值（K-Means）方法对汽车的侧向加速度进行分类，然后基于 GMM 来对样本轨迹进行分类，可以求解原型轨迹。

在对运动模式进行建模时，常常利用基于高斯过程（Gaussian Processes，GP）的方法。高斯过程可以看作多维高斯分布在无限维的扩展，可以用均值函数和协方差函数唯一确定。对于运动模式而言，高斯过程的均值函数可以很好地表征轨迹的动态变化趋势，而协方差函数则可以表示任意两维之间的关系，因此可以用于根据观察到的历史轨迹来预测交通目标未来的行驶轨迹。高斯过程在表达交通目标的运动模式时对于观测噪声具有较好的鲁棒性。另外，虽然样本轨迹一般为离散的数据，但是基于高斯过程可以对运动轨迹实现完整、连续的概率表达，因此可以根据历史轨迹得到模型范围内任何时间上运动预测的概率分布。

基于原型轨迹的预测方法中，感知到的目标历史轨迹和计算得到的运动模式之间的匹配方法是影响预测准确度的关键。在这个过程中，需要定义一个度量来表征一段轨迹与原型轨迹之间的契合程度，有的方法通过两条轨迹中轨迹点之间的欧几里得距离来表示这个度量，有的方法则通过最长共同序列（LCSS）来计算两个轨迹序列之间的相似程度。如果基于高斯过程进行运动模式的建模，那么运动模式的判断通常通过计算感知到的历史轨迹属于某个高斯过程模型的概率来实现。通过卡方统计的方法也可以用于预测高斯过程模型，如将高斯过程和快速搜索随机树（Rapidly-exploring Random Tree，RRT）算法结合，通过搜索树扩张时的特性来对运动模式进行筛选，从而求解最终的高斯过程模型。通过使用快速搜索随机树方法，可以实现更高的计算效率。快速搜索随机树本身的特性也帮助克服了传统高斯过程方法未考虑汽车动力学约束的问题。

上述使用原型轨迹的方法用于轨迹预测时主要的问题在于对路面拓扑结构信息的严重依赖。样本轨迹的采集与运动模式的训练都依赖于已知的道路拓扑结构。已训练好的模型只能用于具备相似的道路结构的场景中，方法的可扩展性较差。另外，这一类方法的准确性很大程度上取决于匹配度量的选择，在速度变化较大的场景下（例如十字路口中汽车存在停车、起步等现象）制定准确的度量往往是比较困难的。图3-5所示为路口的原始轨迹。

另外一些基于行为模型的轨迹预测方法首先是对道路中其他汽车的行驶意图进行估计，基于这些汽车的行驶意图进行运动预测。这一类方法是基于机器学习的方法来识别汽车的行驶意图，并不依赖于原型轨迹，因此可以用于任意的道路结构。在利用这一类方法进行行驶

图3-5　路口的原始轨迹

意图的估计时，需要先定义一个有限的行为集合（包括车道保持、换道、超车、路口转向等），然后根据感知到的道路汽车运动特征对汽车未来的行为进行分类。这些特征包括可以通过传感器观测的交通车状态变量（车速、加速度、位置、驶向、转向灯等）、道路结构（如十字路口、匝道、高速公路）、交通信息（交通信号灯、标识牌、交通规则等）。

（3）基于神经网络的轨迹预测

基于物理特征的运动模型易于剖析和进行决策，机器学习方法是对未来趋势的行为猜测，可以更好地进行长期预测。相比通过建立汽车物理模型来分析道路结构、交通规则、驾驶人意图等一系列因素对轨迹预测的影响，用基于大数据学习的方式来对涵盖了上述所有复杂因素的汽车运动轨迹数据进行深度神经网络模型学习，会有更强的表达性，会得到更好的效果。

进行轨迹预测之前通常需要对采集到的轨迹数据进行预处理，剔除异常噪声轨迹点，从而提高精度。预处理步骤可以基于轨迹高斯混合模型（GMM）聚类算法。轨迹高斯混合模型首先采用 K-Means 聚类算法对历史轨迹数据聚类，并初步计算模型参数。根据模型参数种类个数可以初步确定聚类簇数量 K，然后利用最大似然估计算法迭代优化 K-Means 初步聚类结果，最终得到 K 个聚类簇。同时引入虚拟参考点（Virtual Reference Point，VRP）用于提高模型预测的可靠性。与历史轨迹点结合可以提高预测模型对环境的适应性。VRP 信息值可以通过训练得到，而不是通过实体参考点推算得到，避免了因无线信道模型的估计或者推送过程引入的误差。

一些方法基于长短期记忆（Long Short Term Memory，LSTM）的神经网络对周围汽车的短期驾驶行为进行学习并进行轨迹预测（图3-6）。该网络接收坐标系下针对周围汽车排好序的传感器测量数据，训练后产生占用栅格地图，地图上包含周围汽车未来时刻可能到达的位置及相应的概率。

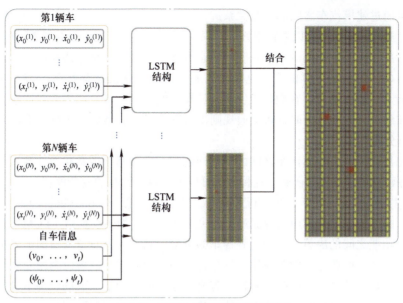

图 3-6　利用 LSTM 进行轨迹预测

由于周围汽车信息通过智能网联汽车所携带的传感器获取，而智能网联汽车自身在不断地运动，因而需要将通过车载惯性测量单元（IMU）获取的速度与航向角输入到搭建好的 LSTM 网络中以补偿汽车运动带来的坐标变化，从而进行轨迹预测。训练的数据来源于汽车高速公路长时间的行驶过程。

LSTM 是 RNN 的一种形式，通过一个存储器单元来代替网络的每一个结点，解决了稳度弥散的问题。通过"门"（Gate）来控制丢弃或者增加信息，从而实现遗忘或记忆的功能。"门"是一种使信息选择性通过的结构，由一个 Sigmoid（）函数和一个点乘操作组成 Sigmoid（）函数的输出值在 [0，1] 区间，0 代表完全丢弃，1 代表完全通过。一个 LSTM 单元（图 3-7）有三个这样的门，分别是遗忘门（Forget Gate）、输入门（Input Gate）和输出门（Output Gate）。

存储器单元：决定和积累单元要记忆的内容。

输入门限：决定输入信息是否被允许进入模组。

输出门限：决定输出是否要被模组向外传送。

上述架构使得 LSTM 模组能够存储和检索任意时长的信息。不同于一般的 RNN，LSTM 中的反向传播误差不会随着时间指数下降，而且模型很容易训练。因此研究 LSTM 在周围汽车轨迹分类中的应用十分有必要。

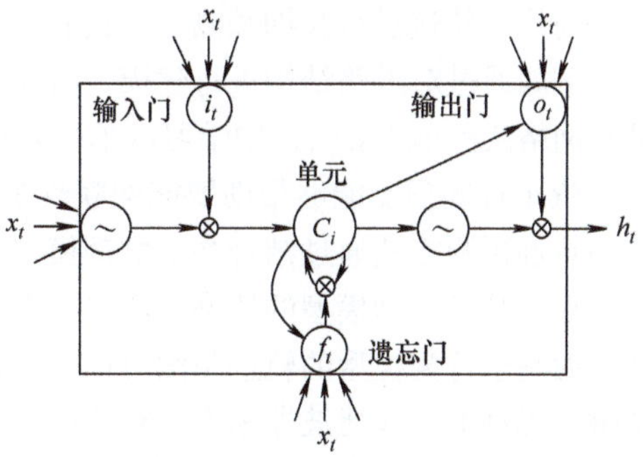

图 3-7　一个 LSTM 存储单元

（4）基于交互的轨迹预测

基于交互的轨迹预测在对他车环境进行运动预测时，将自车和周围的其他汽车看作是相互影响的，考虑了它们之间的行为依赖关系。因此，比起基于行为模型的轨迹预测，它能够提供更加准确可靠的预测结果。考虑交通参与者之间的交互时，其中一种方法是假设所有驾驶人都尽量避免碰撞，并选择风险最小的驾驶行为。这种方法首先计算每辆汽车行驶意图的先验概率分布，然后再通过建模汽车之间的交互关系进行风险评估，进而对先验分布进行修正。这种方法在大多数正常驾驶场景下可以取得很好的效果，但是在一些真正危险的场景下可能会出错。

另一种考虑汽车交互影响的方法是利用动态贝叶斯网络。这种方法在进行行为推理时将汽车之间 [$Agent(i)$、$Agent(j)$] 的交互也考虑进来，$Agent(j)$ 的运动状态 $z-(j)$ 将对 $Agent(i)$ 的场景状态 $ct(i)$ 产生影响。在数学上实现时汽车之间的交互被分解为成对依赖性的对数线性组合。同时在建模汽车的行为时，将交通规则也考虑了进去，然后使用统计推理来计算运动状态的后验概率分布。

使用动态贝叶斯网络建模汽车之间的交互问题时，常常基于因素状态计算汽车之间的因果依赖关系，并建立局部场景的函数，这种方法可以大大减少计算的复杂度。

为了处理交通场景中汽车之间的行为交互，基于博弈论（Game Theory）的方法也是一种不错的选择。博弈论最早被应用在智能汽车的决策环节中，如主动换道（LCM）和自适应巡航控制（ACC）功能之间的决策、自动驾驶赛车的决策、高速公路匝道入口的汇入决策等。在汽车的运动预测方面，博弈论一般被应用于汽车行为的建模和预测。可以利用非合作博弈来对汽车的运动进行分析，计算汽车的收益时首先需要考虑不同行为下生成的轨迹本身的成本，然后利用碰撞检测来计算最终的收益。博弈论的优势之一是可以对有车联网功能（可以获取其他汽车的决策结果）和没有车联网功能两种情况下汽车的换道行为进行建模，这两种情况可以被看作完整信息博弈和非完整信息博弈。同时，博弈论还可以建立反映多个驾驶人之间相互交互的交通模型。

相比于基于物理模型和基于行为模型的轨迹预测，基于交互的轨迹预测充分考虑了汽车之间的相互影响，因此可以更加准确可靠地预测结果。但是现阶段在这方面的研究还很少，主要原因是处理汽车之间的交互关系十分困难。同时，在复杂的交通场景下，基于交互的轨迹预测需要的计算量也较大。另外，目前在汽车交互方面的研究一般都在抽象出来的行为层面进行，而对于轨迹规划而言，通常需要知道交通车未来运动状态的具体概率分布，但这方面的研究还鲜有涉及。

（5）多种途径相结合的轨迹预测

对汽车轨迹进行长期预测，不仅利用了汽车的历史轨迹信息，还利用了驾驶场景的特征信息，例如通过对道路结构进行建模，帮助对弯道路段进行轨迹预测。在这一过程中，利用回归神经网络从汽车历史轨迹中学习汽车行为并结合道路结构特征，对汽车未来轨迹进行预测。

汽车轨迹预测能够帮助智能网联汽车更好地了解交通环境、提前执行危险性评估等任务。有的轨迹预测方法通过结合基于物理模型与行为模型的轨迹预测来实现。这两种方法相结合的优势在于基于物理模型的轨迹预测可以在考虑汽车动力学参数的情况下确保短期内预测的准确性，而基于行为模型的轨迹预测可以实现长期的预测。此外，可以在基于物理模型的轨迹预测中融合无迹卡尔曼滤波器来实现对不确定性信息的预测。基于行为模型的轨迹预测则将不确定性随机元素引入到动态贝叶斯网络中，用以推断每个行为过程对应的轨迹。

2. 行人轨迹预测

行人轨迹预测是指根据行人过去一段时间的轨迹，预测其未来的轨迹。该技术在自动驾驶和服务机器人导航中都有广泛的应用。与汽车不同，行人在决策的过程中有较大的随机性，在完全相同的场景下，不同的人可能会采取完全不同的决策，这使得行人的行为预测有很大的难度，其难点可以概括为以下几个方面。

1）如何使得预测出的行人轨迹既符合物理约束，又符合社会规范。符合物理约束指预测出的轨迹应该是满足物理要求的，例如一个人不能穿过另一个人等；社会规范则指行人的一些社会学行为，例如结伴而行、相互礼让等。

2）如何对不同行人之间的相互影响进行建模。在行人密集的地方，每个行人在做决策时需要考虑其他行人的行为，包括躲避、追赶、跟随、超过等交互性的行为。

3）如何预测出多个合理的轨迹。在实际场景中，往往不只有一种轨迹符合条件，通常有多个轨迹都是合理的。

目前行人轨迹预测方法主要包括四类：基于社会力模型、基于马尔可夫模型、基于循环神经网络的方法和基于生成对抗网络的方法。

① 基于社会力模型的方法是基于引力与斥力的方式对行人进行建模，在社会力模型中人为行人的最终目标，会对行人产生引力，进而吸引他们向目标行走，不同目标的行人之间产生斥力进而防止碰撞。这一类模型简单直观，复杂性低，但对模型参数过于敏感，泛化能力差，无法对于行人的一些复杂社会性行为进行建模。

将基于社会力模型思想的方法与交互式高斯过程结合，可以实现预测轨迹概率性的表达。在这种情况下，首先利用高斯过程对每一个行人的轨迹进行预测，然后基于社会力模型的势函数计算该预测的准确概率，从而通过融合社会力模型在预测的过程中考虑了行人之间的相互影响，并概率性地预测未来的轨迹。

② 除了高斯过程之外，也可以使用基于隐含马尔可夫模型的方法对不同类别行人的轨迹进行时空的概率性建模。在使用基于隐含马尔可夫过程的方式对行人进行建模时，可以使用反向强化学习的方式训练模型参数，进而学习外界静态的物理环境对行人的影响。

③ 近年来，随着深度学习的发展，基于数据驱动的行人建模方式成为研究热点，由于行人轨迹预测本质上是一个时序序列，因此可以使用循环神经网络对这个过程进行建模，但循环神经网络无法进行高层次的空间关系建模。为了对行人在空间上的交互进行建模，可以使用 S-LSTM（长短期记忆网络）方法，首先对空间进行网格化，并根据网格直接对每个个体附近网格中的其他个体的隐含特征池化，利用该池化结果对行人实现符合物理特征和社会规范的轨迹预测。

基于社会力模型的方法假设其他行人对该行人的影响是由与该行人的位置远近决定的，而在实际中，一个行人的行为决策不仅与空间位置有关，还与其他行人的运动方向、运动速度有关，例如一个行人可能会提前行动躲避前面一位比较远的与他相对而行的行人，而并不会考虑他后面距离比较近的行人。使用结构化循环神经网络对各个行人建模可以部分地解决这个问题。利用时空关系图来描述各个行人随时间和空间的轨迹变化规律，时空关系图的每个结点代表每一个行人个体，每个结点与其他结点用空间边相连，与自己用时间边相连，空间边和时间边都用循环神经网络来描述其随时间的变化，最后在每个结点更新时使用注意力机制来融合与其相邻边的信息，该方法可以很好地对时空关系进行建模，但其计算复杂度相对较高。

④ 利用生成对抗网络也可以进行行人轨迹预测，S-GAN（生成对抗网络）模型提出了一种新的池化策略来描述行人之间的影响，并利用生成对抗网络的思想进一步强迫轨迹预测模块预测出符合社会规范的轨迹。

3.1.2　汽车行为决策

汽车行为决策系统的目标是对可能出现的驾驶道路环境都给出一个合理的行为策略。由于智能网联汽车对反应速度和安全性的要求，行为决策系统对实时性要求很高，如何能快速地给出决策结果，也是行为决策系统所必须考虑的问题。由于不同的驾驶场景对应不同的驾驶行为，为了避免系统的冗余，根据环境的运动变化规律分场景地决策，不仅能提高实时性，更能保证合理性。

行为决策系统（图 3-8）首先会分析道路结构环境，明确自身所处的驾驶场景。接着在此基础上针对特定的驾驶场景，基于基本交通规则或驾驶经验组成的驾驶先验知识，在多个可选行为中基于驾驶任务需求等要素条件，选择此场景下的最优驾驶行为。

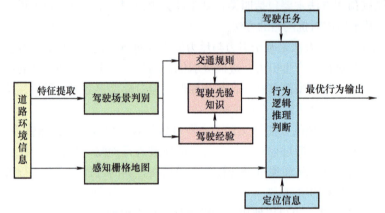

图 3-8　行为决策系统结构示意图

基于规则的行为决策如下所述。

基于规则的自动驾驶汽车行为决策层的设计，其核心思想是利用分治的原则将自动驾驶汽车周边的场景进行划分。在每个场景中，独立运用对应的规则来计算自动驾驶汽车对每个场景中元素的决策行为，再将所有划分场景的决策进行综合，得出一个最后综合的总体行为决定。首先引入几个重要概念：综合决策（Synthetic Decision）、个体决策（Individual Decision）以及场景（Scenario）。

1. 综合决策

综合决策代表自动驾驶汽车行为决策层面的整体最高层决策，例如按照当前车道跟车保持车距行驶，换道至左 / 右相邻车道，立刻停车到某一停止线后等；作为最高层面的综合决策，其所决策的指令状态空间定义需要和下游的运动规划（Motion Planning）模块保持一致。这样计算得出的综合决策指令是下游可以直接用来执行从而规划出路线轨迹。为了便于下游直接执行，综合决策的指令集往往带有具体的指令参数数据。表 3-1 中列出了一些综合决策的指令集定义及其可能的参数。例如，当综合决策是在当前车道跟车行驶时，传给下游运动规划的不仅是跟车这一宏观指令，还包含如下参数数据：前方需要跟车的汽车的 ID（从感知输出获得）、跟车需要保持的车速（当前车道限速和前车车速之间的较小值），以及需要和前车保持的距离（例如前车尾部向后 3m）等。下游的运动规划模块基于宏观综合决定及伴随指令传来的参数数据，结合地图信息（如车道形状）等，便可以直接规划出安全无碰撞的行驶路线。

2. 个体决策

与综合决策相对应的是个体决策。个体决策是指对所有重要的行为决策层面的输入个体，都产生一个决策。这里的个体，可以是感知输出的路上汽车和行人，也可以是结合了地图元素的抽象个体，如红绿灯或者人行横道对应的停止线等。在场景划分的基础上产生每个场景下的个体决策，再综合考虑归纳这些个体决策，得到最终的综合决策。个体决策不仅是产生最后的综合决策的元素，而且也和综合决策一起被传递给下游运动规划模块。个体决策有利于下游路径规划模块的求解，还能帮助工程师在软件开发过程中进行决策模块的调试。个体决策和综合决策相似的地方是除了其指令集本身外，个体决策也带有参数数据。例如，在做出针对某个感知物体 X 的超车这一个体决策时，附带的参数数据包括超车的距离和时间限制。距离代表本车车身至少要超过物体 X 的车头的最小距离，同样，时间代表这段超车安全距离至少要对应物体 X 行驶一个最小安全时间间隔。注意，这种超车个体决策往往发生在两车轨迹有所交互的场景中。典型的场景包括换道和路口的先行后行。

表 3-1　综合决策的指令集定义及其可能的参数

综合决策	参　　数
行驶	当前车道、目标车速
跟车	当前车道、跟车对象、目标车速、跟车距离
转弯	当前车道、目标车道、转弯属性、转弯速度
换道	当前车道、换道车道、加速并道、减速并道
停车	当前车道、停车对象、停车位置

3. 场景

个体决策的产生依赖于场景的构建。这里可以将场景理解成一系列具有相对独立意义的自动驾驶汽车周边环境的划分。利用这种分而治之的思想进行场景划分，可以将自动驾驶汽车行为决策层面汇集的汽车周边不同类别的信息元素，聚类到不同的富有实际意义的场景实体中。在每个场景实体中，基于交通规则，并结合主车的意图，可以计算出对于每个信息元素的个体决策，再通过一系列准则和必要的运算把这些个体决策最终综合输出给下游。类似前后方汽车、两侧车道这些场景是基本的场景。有一些场景的基本元素本身就可以是这些基本场景。可以看出，场景定义是分层次的（Layered）。每个层次中间的场景是互相独立构建的。其中，主车可以认为是最基本的底层场景，其他所有场景的构建都需要先以自动驾驶汽车主车在哪里这一个基本场景为基础。在此基础上的第一层场景包括红绿灯、前后方汽车，以及左右两侧车道、汽车等。路口场景是第二层的复合场景，其中的元素包括第一层的人行横道、红绿灯，以及主车等场景。结合这些场景，路口场景本身中的元素是汽车 a 和 b。假设此时自动驾驶汽车的意图是右转，路口红灯可以右转但由于没有道路优先权需要避让其他汽车，此时如果感知发现一个行人在人行横道的场景横穿马路，那么结合所有这些场景元素和意图，得到的最终指令是针对行人在人行横道前停车。

综上所述，每个场景模块利用自身的业务逻辑（Business Logic）来计算其不同元素个体的决策。通过场景的复合，以及最后对所有个体的综合决策考虑，自动驾驶汽车得到的最终行为决策需要是最安全的决策。这里有一个问题是会不会出现不同场景对同一个物体（例如某个汽车）通过各自独立的规则计算出矛盾的决策。从场景的划分可以看出，本身一个物体出现在不同场景里的概率是很小的。事实上，这种场景划分的方法本身就尽可能避免了这一情况的出现。即使这种矛盾出现，在图 3-9 所示的系统框架的中间层，也会对所有的个体决策进行汇总和安全无碰撞的验证。

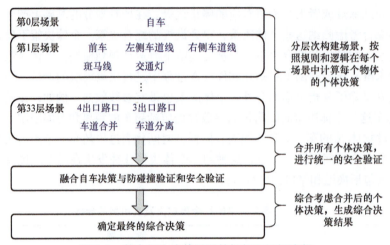

图 3-9　整个行为决策层面的框架和运行流程

整个行为决策层面的框架和运行流程如图 3-9 所示。首先是结合主车信息、地图数据及感知结果构建不同层次的场景。在全局路径规划的指引下，每个场景结合自身的规则（往往是交规或者安全避让优先），计算出属于每个场景物体的个体决策。在所有的个体决策计算完毕后，虽然发生的概率极其微小，但模块还是会检查有无冲突的个体决策。在对冲突的个体决策进行冲突解决（往往是优先避让）后，推演、预测当前的所有个体决策能否汇总成安全行驶无碰撞的综合决策。如果这样的安全无碰撞综合决策存在，便将其和个体决策一起输出给下层的运动规划模块，计算具体从当前位置到下一个位置的时空轨迹。

3.1.3　全局路径规划

全局路径规划完成类似于人类驾驶人在驾驶过程中对路径规划的工作，是自动驾驶汽车核心的任务之一。路径规划模块需要收集来自定位、感知、数据库等一系列基础模块的数据，并对这些数据进行综合评估，给出在限定条件下的最优路径规划。路径规划是汽车完成驾驶决策及进一步运动的基础，其在整个自动驾驶系统的框架中是必不可少且至关重要的部分。图 3-10 所示为自动驾驶汽车的全局路径规划示意图。

路径规划就是根据给定的环境模型，在一定的约束条件下，规划出一条连接汽车当前位置和目标位置的无碰撞路径。智能网联汽车路径规划从功能上可分为全局路径规划和局部路径规划。智能网联汽车的全局路经规划，简单来说，可以理解为实现自动驾驶汽车软件系统内部的导航功能，即在宏观层面上

图 3-10　自动驾驶汽车的全局路径规划示意图

指导智能网联汽车软件系统的控制规划模块按照什么样的道路行驶，从而引导汽车从起始点到达目的地。值得注意的是，这里的全局路径规划虽然一定程度上类似于传统的导航，但其在细

节上紧密依赖于专门为智能网联汽车导航绘制的高精度地图，使其与传统的导航有本质不同。

全局路径规划的目标是根据已知电子地图和起点、终点信息，采用路径搜索算法生成一条最优化的（时间最短、路径长度最短等）全局期望路径。这种规划可以在行驶前离线进行，也可以在行驶中不停地重规划。以国家自然科学基金委组织举办的"中国智能车未来挑战赛"为例，比赛组织方赛前提供了比赛的路网定义文件（RNDF），各比赛队伍可以根据 RNDF 规划出全局期望路径。全局路径规划中，规划路径以全局的大地坐标系为参考，因此全局期望路径也是以全局坐标的形式给出。全局规划的作用在于产生一条全局路径指引汽车的前进方向，避免汽车盲目地探索环境。在规划全局路径时，不同的环境下常常会选择不同的择优标准。在平面环境中，通常以路径长度最短或时间最短为最优标准，城市环境下的全局路径规划甚至要参考道路施工和拥堵情况、天气等因素。在越野环境的全局路径规划中，经常以"安全性"为最优标准，在使用该标准时要考虑路径可行宽度和路面平整度来充分保证汽车的运行安全。

全局路径规划产生的路径信息，直接被下游的行为决策模块所使用。这里的行为决策模块，可以直观地理解成自动驾驶汽车的"副驾驶"。行为决策接收全局路径规划的结果，同时也接收感知、预测和地图信息。综合这些输入信息，行为决策模块在宏观上决定了智能网联汽车如何行驶。这些行为层面的决策包括在道路上的正常跟车或者变道、在遇到交通灯和行人时的等待避让，以及在路口和其他汽车的交互通过等。例如，全局路径模块要求汽车保持在当前车道（Lane）行驶，当感知到前方有一辆正常行驶的汽车时，行为决策的一个决定便很可能是下达跟车（Follow）命令。行为决策模块根据具体实现不同，在宏观上定义的输出指令集合也多种多样。

路径规划是帮助驾驶人在出行前或行进中规划行驶路线的过程。路径规划作为汽车导航领域中的一个基本问题，是实现导航功能的必要条件。其最终目的是实现无人驾驶智能车在有障碍物的环境中快速、准确地找到一条无碰撞路径，最终达到目标点。根据不同的规划目的，路径规划的方式可分为两种：一种是用于大型车队的调度和进行交通管制的多汽车路径规划；另一种是广泛应用于各种汽车导航系统的单汽车路径规划。单汽车路径规划就包括汽车导航系统中的路径规划。它主要解决的问题是：在一个道路网络中，寻找从起始点到目标点之间的最佳路径。根据在实际应用中的不同需求，很多优化标准都可以应用于汽车的路径规划，例如最少行车费用、最短行车时间以及最短行车距离等。不管采用的是哪种标准，最优路径规划问题就是在给定的道路网络中，依据一定的最优标准，寻找符合该标准的最优路径的问题。图 3-11 所示为路径规划流程。

图 3-11　路径规划流程

在进行路径规划之前首先要确定路径规划的模型，然后收集各种信息数据，但是这些数据并非全部都是与解决问题有关的。提取数据就是从收集的信息数据中提取那些对解决问题有用的信息，抛弃无用的、不相关的信息。在数学模型的约束条件下对提取后的信息数据进行计算，进而得到所需要的路径。

路径规划可分为静态路径规划和动态路径规划。主要以静态道路交通信息为基础的路径规划是静态路径规划；而动态路径规划主要以动态交通信息来确定路权大小，它以起始点和终止点间的交通阻抗最小为原则确定路径规划的最小代价路线。交通阻抗的定义根据实际应用的不同，可采取不同的阻抗标准，如最短行车距离、最少旅行时间、最低通行收费等。而距离、时间、收费等信息可存储在数字道路地图图层的道路属性中。最终计算道路网络中两点之间的最优路径问题便可归结为图论中求解带权有向图的最短路径问题。因此由于问题特征、网络特征的复杂性的不同，最短路径算法也表现出多样性。按照一般问题的不同，最短路径问题可按图 3-12 所示进行分类。

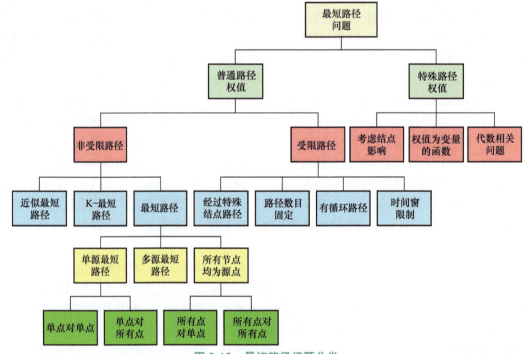

图 3-12 最短路径问题分类

自动驾驶汽车车载导航系统要求有较高的实时性，在行驶过程中，可能会因为路况的临时变化或受其他因素的影响，导致汽车无法按照已经规划好的路线行驶。此时，路线的选择对无人驾驶系统至关重要。当把当前汽车的位置输入导航系统时，车载计算机会自动计算出最佳的行驶路线。使用更加优化的算法，可以提升路线选取的运算速度，整个无人驾驶系统也会有更高的执行效率。另外，无人驾驶系统在使用前，需要将高精度地图输入计算机的内存，而高精度地图所占的存储空间非常庞大，这就需要对路径规划算法进行优化。由于成本和车载环境等条件的限制，只能选用运算速度有限、成本相对较低的处理器完成上述工作，所以只能通过提升算法的计算效率来满足车载导航系统的精度要求。但是，每次计算得到的并不一定是最优的行驶路线，若能在运算时间或减小存储量等方面满足用户的需求，同样符合导航系统的要求。

自动驾驶汽车全局路径规划问题本质是在已知地图或未知地图前提下的最优路径规划问题。一般来说，在全局路径规划的框架下，主要讨论地图已知的情形，即在规划前就已有规划范围的基本信息。从这个概念上，可以将路径规划算法大致分为基于图的方法以及基于采样的方法两类。图 3-13 所示为路径规划算法的发展过程。

本书结合当下自动驾驶汽车的发展以及路径规划算法的实际应用情况，主要对 Dijkstra、Floyd、A*、RRT 算法做进一步的讲解。

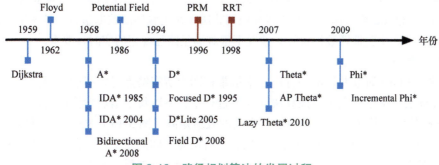

图 3-13　路径规划算法的发展过程

1. Dijkstra 算法

荷兰数学家 E.W.Dijkstra 于 1959 年提出了 Dijkstra 算法，这是一种适用于非负权值网络的单源最短路算法，同时也是目前求解最短路问题在理论上最完备、应用最广的经典算法。它可以给出从指定结点到图中其他结点的最短路径，以及任意两点的最短路径。Dijkstra 算法是一种基于贪心策略的最短路径算法，该种算法的原理是按照路径长度逐点增长的方法构造一棵路径树，从而得出从该树的根结点（即指定结点）到其他所有结点的最短路径。Dijkstra 算法的核心思想为：设置两个点的集合 S_n 和 T_n。集合 S_n 中存放已找到最短路径的结点、T_n 集合中存放当前还未找到最短路径的结点。初始状态时，集合 S_n 中只包含起始点、然后不断从集合中选择到起始结点路径长度最短的结点加入集合 S_n 中。集合 S_n 中每加入一个新的结点，都要修改从起始点到集合 T_n 中剩余结点的当前最短路径长度值、集合 S_n 中各结点新的当前最短路径长度值为原来最短路径长度值与从起始点过新加入结点到达该结点的路径长度中的较小者。不断重复此过程，直到集合中所有结点全部加入集合中为止。

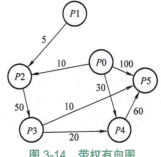

图 3-14　带权有向图

针对图 3-14 所示的有向图，表 3-2 中给出了用 Dijkstra 算法求解最短路径的过程。

表 3-2　Dijkstra 算法求解最短路径过程

序号	集合 S_n	集合 T_n	所选顶点	最短距离
1	$P0$	$P1, P2, P3, P4, P5$	$P2$	∞, 10, ∞, 30, 100
2	$P0, P2$	$P1, P3, P4, P5$	$P4$	∞, 0, 60, 30, 100
3	$P0, P2, P4$	$P1, P3, P5$	$P3$	∞, 0, 60, 0, 90
4	$P0, P2, P4, P3$	$P1, P3$	$P5$	∞, 0, 0, 0, 90
5	$P0, P2, P4, P3, P5$	$P1$	$P1$	∞, 0, 0, 0, 0
6	$P0, P2, P4, P3, P5, P1$			0, 0, 0, 0, 0

Dijkstra 算法过程包括了三个循环：第一个循环的时间复杂度为 $O(n)$；第二、三个循环为循环嵌套，因此总的时间复杂度为 $O(n^2)$。可以看出，Dijkstra 最短路径算法的执行时间和占用空间与图（或网）中结点数目有关，当结点数目较大时，Dijkstra 算法的时间复杂度急剧增加。

当图（或网）规模较大时，直接应用该算法就会存在速度慢或空间不够的问题。所以，在大的城市交通网络图中直接应用 Dijkstra 最短路径算法是很困难的。路径规划作为无人驾驶汽车导航系统的重要功能模块，其算法的优劣是非常重要的，评价该算法的主要性能指标是它的实时性和准确性。Dijkstra 算法作为经典的路径规划算法，在实验地图数据量较小情况下会得到很好的规划结果，但在实验地图数据量较大情况下很难满足路径规划的实时性要求。

2. Floyd 算法

1962 年，Floyd 研究并提出一种用于求解带权图中所有结点对之间的最短路径算法，被命名为 Floyd 算法，又称插点法。该算法在求解过程中，将以每个结点轮流作为原点，重复执行 N 次 Dijkstra 算法。其基本思想是通过一个图的权值矩阵（图 3-15）求出它的每两点间的最短路径矩阵。首先，从任意一条单边路径开始，所有两点之间的距离是边的权，如果两点之间没有边相连，则权为无穷大。然后，对于每一对顶点 u 和 v，查看是否存在一个加点 w 使得从 u 到 w 再到 v 比已知的路径短，如果是，则进行更新。

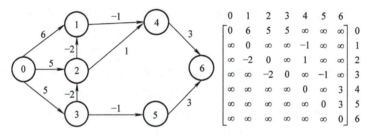

图 3-15　带权有向图及邻接矩阵

该算法的核心思路是通过一个图的权值矩阵求出该图中任意两个结点之间的最短路径。

若图的带权邻接矩阵为 $A = [a(i, j)]_{n \times n}$，由此开始，进行 n 次递归并更新，即由矩阵 $D(0) = A$，按照一个公式，建立矩阵 $D(1)$；相同地，由 $D(1)$ 构造出 $D(2)$、$D(3)$……，最后由 $D(n-1)$ 构造出矩阵 $D(n)$。矩阵 $D(n)$ 的第 i 行第 j 列元素，是从 i 号结点到 j 号结点的最短路径长度，$D(n)$ 称为图的距离矩阵，同时还可以引入一个包含后继结点的矩阵，用来记录任意两点间的最短路径。

算法的基本过程是：用邻接矩阵 A 来表示一个图，若从 v_i 到 v_j 有路可达，则 $A[i, j] = d$，d 表示该路段的长度；否则 $A[i, j]$ 为空。

定义矩阵 D，记录的是所插入的点的信息，$D[i, j]$ 表示从 v_i 到 v_j，需要经过的点，初始化 $D[i, j] = j$。把各个顶点插入图中，比较插点后的距离与原来的距离，$A[i, j] = \min (A[i, j], A[i, k] + A[k, j])$，若 $A[i, j]$ 的值变小，则 $D[i, j] = k$。

在矩阵 A 中包含有两点之间最短道路的信息，而在矩阵 D 中则包含了最短路径的信息。Floyd 算法是动态规划算法的一种，适用于 APSP（All Pairs Shortest Paths）。若用在稠密图中计算最优路径，效果更好，而且对边的权重是正是负没有特殊的要求。该算法简单有效，结构紧凑，因为含有三重循环，作用于稠密图，效率要比执行 n 次 Dijkstra 算法高得多。算法的基本原理比较容易理解，算法的执行过程也相对简单，而且能够计算出任意两个结点之间的最短距离。但是由于其时间复杂度比较高，不适用于计算大量数据。

3. A* 算法

以 Dijkstra 算法、Floyd 算法为代表的最短路径算法虽然能够求得最短路径，但是计算量非常大。因此，这些算法只适应解决结点数较少的有向图。而实际中电子地图的结点数量却是非常庞大的，使用这些算法就会增加计算的工作量，因而不是最佳选择。

状态空间搜索是在一定的状态空间中，寻找从初始状态到目标状态路径的过程。由于在求解问题的过程中存在很多分支，求解条件的不确定性和不完备性使得最终计算得到的路径有多条，这些路径就组成了一个图，这个图就是状态空间。问题的求解实际上就是这个图中寻找一条路径，可以从初始点顺利地到达目标点，这个寻找路径的过程就是状态空间搜索。

常用的状态空间搜索包括深度优先搜索和广度优先搜索。广度优先搜索算法又称宽度优先搜索算法或横向优先搜索算法，是一种图形搜索算法。该算法是一种盲目搜索法，从初始结点逐层搜索，将遍历图中所有结点来寻找目标结点。深度优先搜索算法是图论中的经典算法。该算法是按照一定的顺序先查找一个分支，尽可能深地搜索该分支，直到遍历该分支的结点，若此时图中还有未被搜索过的分支，则继续遍历其他分支，直到找到目标点。这个遍历图的过程实际上是查找每个顶点或弧的邻接点的过程。广度优先搜索算法和深度优先搜索算法的过程基本相同，不同之处在于两者对顶点的查找顺序不同。它们都是在一个给定的状态空间中，通过遍历所有结点的方式，寻找需要找到的目标点及其路径。在状态空间不大的情况下，这两种算法都适用。但是当状态空间十分庞大，而且存在许多无法预测的情况下，这两种算法就不是最佳选择。这种遍历的搜索过程具有盲目性，因此效率比较低，而且在有限的时间内可能无法搜索到目标点，此时就要用到启发式搜索。

启发式搜索就是在状态空间中搜索，同时在搜索过程中加入与问题有关的启发式信息，引导搜索朝着最优的方向前进。该方法会评估每一个搜索到的结点，通过比较搜索到的结点的评估值选择出最好的结点，然后将这个最好的结点作为下一次搜索的起始点，沿着搜索的方向继续搜索，直到搜索到目标点。一般来说，一个城市的电子地图有上万个结点，由于启发式搜索不需要遍历网络中的所有结点，这样就可以忽略大量与启发信息无关的结点，提高了搜索效率。在启发式搜索中，对结点的估价十分重要，采用不同的估价标准会产生不同的结果。

A* 算法是建立在 Dijkstra 算法基础上的启发式搜索算法，多应用于实现道路网的最佳优先搜索。该算法的主要特点是：在选择下一个搜索结点时，通过引入多种有用的路网信息，计算所有的候选结点与目标点之间的某种目标函数，例如最短行车距离、最短行车时间、最少行车费用等，以此目标函数值为标准来评价该候选结点是否为最优路径应该选择的结点，符合所选择的最优目标函数的候选结点将优先选择为进行下一次搜索的起点。

A* 算法已逐渐广泛地应用于各个领域，不仅仅是应用于无人驾驶汽车的路径规划，同时也较多地应用于机器人和其他要求最小费用解的领域。该算法的优点在于利用含有有效信息的启发函数，使搜索方向更加智能地趋向于终点，所以该算法搜索的结点数少，故占用的存储空间也少。

A* 算法是一种智能搜索算法，它通过引入与目标点有关的启发式信息，指引算法沿着最有希望的方向进行搜索。选择带有合理、准确的启发式信息的估价函数，有助于减小搜索空间、提高效率。采用启发信息的目的是估计当前结点与目标结点之间的距离，在进行结点的选择时，优先选择具有最小估价值的结点。

A* 算法的关键是确立如下形式的启发式估价函数：

$$f'(n) = g(n) + h'(n) \tag{3-1}$$

式中，$g(n)$ 是从起点 s 到候选结点 n 的实际代价；$h'(n)$ 是从候选结点 n 到目标点 D 的估计代价。必须保证 $h'(n) \leq h^*(n)$，其中 $h^*(n)$ 表示结点 n 到目的地结点的实际最小代价该算法在搜索的过程中，优先搜索 $f'(n)$ 值最小的结点。

启发式估价函数的合理选择关系着算法是否能够找到最优路径。对启发式估价函数的要求是具有良好的启发能力，能提供有用且准确的启发性信息。一般来说，如果提供的启发性信息不够准确，或实用性较差，那么，在搜索到一条路径前可能会扩展很多无用的结点。这样就导致了搜索时间长，同时也占用了较大的存储空间。因此，引入合理的启发式估价函数是非常重要的。

A* 算法在搜索过程中会建立两个表：OPEN 表和 CLOSE 表。OPEN 表中存储的是已经生成但是还没有被扩展的结点，CLOSE 表中存储的是已经被扩展的结点。每扩展一个结点，都要计算其代价值。若新扩展的结点已存在于 OPEN 表中，则比较这两个结点的代价值的大小，用代价值小的点替换代价值大的点。每次扩展一个新的结点，都会根据所采用的启发式信息进行排序。

设初始结点为 S，目标结点为 T，则搜索由 S 到 T 的最优路径的具体步骤如下。

1）建立空的 OPEN 表和 CLOSE 表。把起点 S 放入 OPEN 表中，CLOSE 表为空，此时其他结点与起点 S 的距离为无穷。

2）如果 OPEN 表为空，则搜索失败，算法结束；否则扩展 S 结点，选取 OPEN 表中产值最小的结点，并将该结点从 OPEN 表移至 CLOSE 表中，同时判断该结点是否为目标结点。若是目标结点，则从该结点回溯，即从该结点的后向指针一直到初始结点遍历结点获得最优路径，算法结束；若该结点不是目标结点，则继续扩展下一结点。

3）依次扩展 S 结点后，扩展 S 结点的所有后继结点组成集合 A，遍历 A 中的结点。如果存在某一结点既不在 OPEN 表中也不在 CLOSE 表中，将该结点放入 OPEN 表中，同时计算该结点的估价值，并对该结点的代价值与已经存在于 OPEN 表或 CLOSE 表中的结点代价值进行比较。若该结点的代价值小于其他两个估价值，则更新 OPEN 表中的代价值及其父结点。

4）根据所选取的估价函数计算各点的估价值，并按照估价值递增的顺序，对 CLOSE 表中的所有结点进行排序，这些结点的扩展过程就是通过算法计算得到最优路径。至此，算法结束。

A* 算法流程图如图 3-16 所示。

4. RRT 算法

RRT 算法既是一种算法，同时也是一种数据结构，被设计用来高效地在高维空间中进行搜索。它特别适用于在涉及非完整约束场合下的路径规划问题。RRT 算法为一种递增式的构造方式，在构造过程中，算法不断地在搜索空间中随机生成状态点。如果该点位于无碰撞位置，则寻找搜索树中离该结点最近的结点为基准结点，由基准结点出发以一定步长朝着该随机结点进行延伸，延长线的终点所在位置被当作有效结点加入搜索树中。这个搜索树的生长过程一直持续，直到目标结点与搜索树的距离在一定范围以内时终止。随后搜索算法在搜索树中寻找一条连接起点和终点的最短路径。

在介绍 RRT 算法之前，先说明一下路径的表示方法。常用一个有向图来表示路径 $G = (V, E)$，那么一条可行的路径就是一个顶点的序列 $(v_1, \cdots, v_n)$，$v_1 = q_{init}$，$v_n = q_{goal}$。同时各个顶点属于集合 E。这样问题就变成了使用采样点来扩展图 G，使之能找到一条从初始结点到达目标结点的路径。

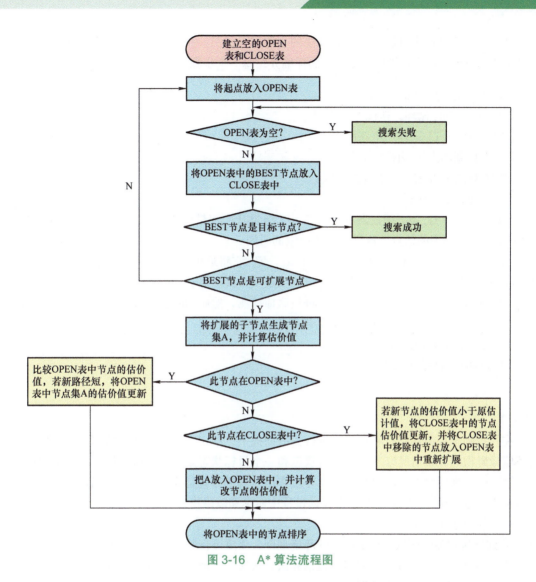

图 3-16　A* 算法流程图

RRT 算法的伪代码如下所示。

RRT 算法伪代码

RRT 算法主体部分：
$V \leftarrow \lvert q_{init} \rvert$; $E \leftarrow \varphi$; $I \leftarrow 0$;
while $i<N$ do
$G \leftarrow (V, E)$;
$(V, E) \leftarrow$ Extend (G, q_{rand}) ;
RRT 算法的 Extend 函数：
$V' \leftarrow V$; $E' \leftarrow E$
$q_{nearest} \leftarrow$ Nearest (G, q) ;
$q_{new} \leftarrow$ Steer $(q_{nearest}, q)$;
if ObstacleFree $(q_{nearest}, q_{new})$ then
　$V' \leftarrow V \cup \lvert q_{new} \rvert$;
　$E' \leftarrow E \cup \lvert (q_{nearest}, q_{new}) \rvert$;
return $G' = (V', E')$

这里可以看到两个算法：一个是算法的主体部分；另一个是 RRT 算法的 Extend（）函数，主要是如何利用采样到点扩展图 G。下面详细介绍每一个步骤：

① 初始化顶点为 q_{init}，边集 E；

② 进入 while 循环，迭代 N 次停止；

③ Sample（i）采样一个新的点 q_{new}；

④ 利用新的点扩展图 G。

RRT 算法 Extend（）函数的步骤：

① 把 V，E 暂存；

② Nearest（G，q）函数表示求图 G 中离 q 欧氏距离最近的点 $q_{nearest}$，一般情况下会采用 kd-tree 来存储图中的结点，这样会节约搜索的时间；

③ Steer（$q_{nearest}$，q_{new}）表示存在一个 q_{new} 点，它将最小化 $\|q_{new} - q\|$，但是 $\|q_{new} - q\| < \eta$；η 为人为设定的一个值，其实就是向 q 方向步进了一段距离；

④ 将 ObstacleFree（$q_{nearest}$，q_{new}）进行碰撞检测，然后判断这一段（$q_{nearest}$，q_{new}）路径是否与障碍物发生碰撞，即判断路径是否属于 C_{free} 中；

⑤ 把 q_{new} 加到顶点集中；

⑥ 返回扩展后的图 G′。

3.1.4 汽车运动规划

在寻找到全局最佳路径和最优决策行为的前提下，给定汽车的几何形状和动力学模型、所处环境障碍物的分布情况以及一个初始状态和一个目标状态集，需要进行局部环境下的汽车运动规划。运动规划对汽车行驶起着精确导航作用，其任务就是找出一系列控制输入，驱动汽车从初始状态运动到目标状态，并且在运动过程中避免和障碍物发生碰撞。

运动规划包含三部分。

① 建立包含障碍区域与自由区域的环境地图，生成可行驶区域。

② 在环境地图中选择合适的路径搜索算法，快速实时地搜索可行驶路径。

③ 进行汽车轨迹和速度规划。

与规划控制模块全局路径规划（路由寻径部分）生成的路径不同，全局路径规划的结果是自动驾驶汽车的位姿序列，不考虑汽车位姿参数随时间变化的因素，而运动规划赋予路径时间信息，对汽车的速度与加速度进行规划，以满足光滑性和速度可控性等要求。

为了满足运动模型和状态边界条件，同时保证乘客的舒适度以及行驶平稳性，需要生成确定的行驶轨迹。根据生成的可行驶路径，轨迹生成主要通过选择一条保证汽车在路网中运动平滑性的曲线即可。由此生成的轨迹可进一步通过基于动力学模型或轨迹附近障碍物情况而建立的代价函数来进行优化调整。

1. 汽车可行驶区域生成

汽车运动规划需要环境以一种可寻径的方式表达。这意味着必须将物理空间转换为具体的状态空间。状态空间包括汽车位置、方向、线速度与角速度以及其他必要特征的完整表达。汽车行驶时读取传感器信息和从电子地图中获取的信息，其中电子地图将环境的连续体转换为道路网络的数字表示，这一空间对于规划过程非常重要。高密度的网络会带来高计算成本和功率，因而环境的离散化必须在效率、密度和表现力方面得到合理的处理。不完整的环境表达虽然能提高计算速度，但会导致结果的欠优化和无效，甚至带来碰撞风险。一些现有算法仅使用道路边界和障碍物的位置（如驾驶通道法）在连续坐标中发起搜索。环境分解技术以更高的分辨率对空间进行分析，主要包括 Voronoi 图、占用栅格和状态网格等表现形式。

Voronoi 图通过最大化汽车与周围障碍物之间的距离来生成路径。用来在 Voronoi 上进行搜索的算法是完整的，如果在自由区域路径存在，那么在 Voronoi 图上路径也将存在。如图 3-17 所示，灰色线条代表 Voronoi 边缘，同时生成了汽车可行驶空间。Voronoi 图典型的应用场景是静态环境（如停车场）下的规划。此外，Voronoi 图本身不适合公路路径规划，因为汽车导航的 Voronoi 边缘可能不连续。

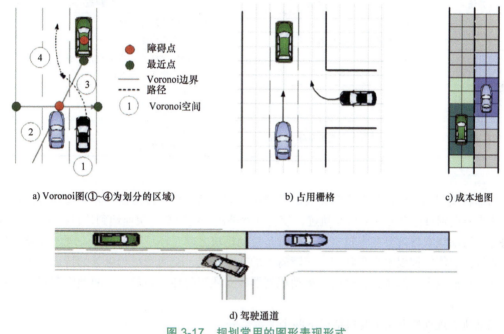

a) Voronoi图(①~④为划分的区域)　　　b) 占用栅格　　　c) 成本地图

d) 驾驶通道

图 3-17　规划常用的图形表现形式

占用栅格（Occupancy Grid）与成本地图的含义相似，都将状态空间划分为网格。这些网格的每个单元都代表当前单元被障碍物占用的概率，或者代表与网格可通行性和风险成比例的代价值。风险或可行性主要通过考虑障碍物、车道和道路边界来进行计算。在计算能力较低的情况下，基于网格的方法能快速找到解决方案，但在解决非线性动力学问题的鲁棒性方面和存在障碍物时存在困难。占用网格可以包含障碍物的位置和速度，从而显示出它们的预期运动；而在成本地图中，某个单元格的成本越高，其在地图上的呈现就越强烈。

状态网格法（State Lattice）可以视为网格生成的过程。以通过重复矩形或正方形来构建网格以使连续空间离散的方式，通过定期重复原始路径来构造网格。所述原始路径在位置、曲率或时间方面与汽车的可能状态相关联，从而把规划问题简化为求解将初始状态与所需最终状态相联系的边界值问题。状态网格法在不增加计算复杂度的情况下克服了基于网格技术在效率方面的局限性。

驾驶通道代表了一个连续的无碰撞空间，受到道路和车道边界以及其他障碍物的限制，汽车将会在其中行驶。驾驶通道的生成基于详细数字地图上给出的车道边界信息，或者基于同时定位和建图（SLAM）技术建立的地图。车道边界形成驾驶通道的外部边界，边界由障碍物所在的位置和空间决定。在图 3-17d 中，根据汽车对应的操纵行为为每辆汽车构造驾驶通道。对于确定的通道，其中心线按照汽车大致的轨迹生成了对应的路径。连续规划的主要缺点在于，由于需要高强度的计算能力才能实现道路网络整个坐标范围内的规划，所以对道路或车道的表示方法可能会制约汽车的运动。

用于搜索可行驶空间的方法通常不是独立使用的，多种方法相结合可以产生更好的结果。上述方法具体的优缺点对比总结见表 3-3。

表 3-3　用于搜索可行驶空间方法优缺点对比

方法	优点	缺点
Voronoi	完整性 与障碍物距离最大化	受限于静态环境 不连续边缘
占用栅格法	快速离散化 计算资源消耗少	难以保证符合汽车动力学要求 障碍物表示不准确
状态网格法	计算高效	曲率不连续 运动受限
驾驶通道法	为汽车提供连续无碰撞移走空间	计算资源消耗大 运动存在约束

2. 局部轨迹生成主要方法

局部轨迹规划一般是指在有障碍物的环境中，如何利用自身传感器感知周边环境，并寻找一条从当前点到目标点的局部行驶轨迹，使自动驾驶汽车能安全、快速地到达目标位置。通常，自动驾驶运动规划器需要在将轨迹发送到汽车控制模块之前对环境进行理解。理解环境的步骤通常通过提取能够捕捉本汽车状态、与障碍物的交互情况、交通管制约束等的特征来实现。这些特征一起形成本车的状态，然后，运动规划器建立从当前环境的状态空间到汽车移动轨迹空间的映射。

局部轨迹规划的方法主要包括以下两个关键部分。

1）建立环境模型：即将自动驾驶汽车所处现实世界抽象后，建立计算机可认知的环境模型。

2）搜索无碰撞路径：即在某个模型的空间中，在多种约束条件下，选择符合条件的路径搜索算法。根据不同行驶环境的特点，自动驾驶汽车局部轨迹规划中的侧重点和难点都会有相应的不同。

在高速公路中，行车环境比较简单但车速较快，此时对自动驾驶汽车控制精度要求很高，难点主要在于环境信息获取的位置精度和路径搜索的速度。

在城市半结构化道路中，道路环境特征比较明显但交通环境比较复杂，周边障碍物较多。这就对自动驾驶汽车识别道路特征和障碍物的可靠性有较高要求，轨迹规划的难点主要在于汽车周边环境建模和避障行驶的路径搜索，特别是对动态障碍物方向和速度预测。

在越野环境的非结构化道路中，自动驾驶汽车所处的环境没有明显的道路边界，路面起伏不平，可能有大坑或土堆，这就对自动驾驶汽车识别周围环境，特别是对地形、地势识别有较高要求，轨迹规划的难点主要在于汽车可通行区域的识别。

局部轨迹生成目的是生成由一系列轨迹点所定义的轨迹。每个轨迹点都分配了一个时间戳和速度，让一条曲线与这些轨迹点拟合，生成轨迹的几何表征，移动的障碍物可能会暂时阻挡部分路段，路段的每个轨迹点都有一个时间戳，将时间戳与预测模块的输出结合起来，以确保汽车在通过时轨迹上的每个点都未被占用。这些时间戳创建了一个三维轨迹。

评估一条轨迹的优劣通常基于代价函数，选择代价最低的轨迹。通常需要考虑汽车偏离中心线的距离、是否可能发生碰撞、速度限制、舒适度等因素。汽车可以在不同环境中使用不同的成本函数。

直接构造法和路径 - 速度分解法是常见的局部轨迹生成方法。

1）直接构造法：构造汽车后轴中心坐标关于时间的函数。该函数可使用 5 次多项式，构造出来的路径充分拟合初始和终止位置、速度和加速度的路径，适应非结构化的环境。基于 5 次多项式构造路径有利于保证汽车行驶平稳性，原因在于这种路径加速度变化率最小。然而，若要保证规划出来的整条路径在速度、加速度、曲率和曲率变化率方面的有界性，该方法还需不断调整轨迹时间区间。

此外，针对结构化环境中的局部轨迹生成方法做出改进，计算道路中线的 Frenet 坐标下的坐标，可以适应各种道路环境下的局部轨迹生成问题。

2）路径 - 速度分解法：在有移动障碍物的环境下，可以通过将运动规划拆分成避开静态碍物与避开移动障碍物的过程。在构造一条路径避开静态障碍物的基础上，进行速度规划以避开移动障碍物。

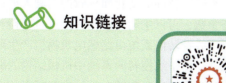

Frenet 坐标系
简介

直接构造法规划得到的运动轨迹，需满足速度、加速度、曲率和曲率导数的有界性，更为复杂；路径 - 速度分解法将构造曲率连续有界的路径与在此路径上生成连续有界的速度且保证加速度、曲率导数有界性的过程分开，运动轨迹规划难度降低。

运动轨迹的几何表达方式主要有以下几种：直线 / 圆弧段、多项式螺旋线、样条曲线等。

1）直线 / 圆弧段：Dubins 曲线和 Reeds-Shepp 曲线都是由最大曲率圆弧和直线组成的，是连接构形空间中任意两点的最短路径，分别对应无倒车和有倒车的情况。当存在圆弧和直线连接处曲率不连续的问题时，汽车依据曲线行驶时需在曲率不连续处停车调整方向轮才能继续行驶。回旋线可以帮助解决此问题，改造 Dubins 曲线和 RS 曲线。回旋线曲率与曲线长度成正比关系，适合作为直线到圆弧之间的过渡曲线，保证曲率连续性。

2）多项式螺旋线：这种线条的曲率是曲线长度的多项式函数。回旋线是一种特殊的多项式螺旋线。基于这种线条规划运动轨迹，求解效率较低。为了求解曲线形状，在给定边界条件后，必须使用数值手段求解多项式中的待定系数。

3）样条曲线：曲率具有连续性。B 样条曲线可以实现曲率连续性；3 次 Bezier 曲线可以保证曲率的连续性和有界性；η^3 曲线也有很好的曲率连续性和曲率导数的连续性，它是一种 7 次样条曲线，对于高速行驶汽车的安全行驶而言，这类性质非常重要。

✎ 知识链接

路径规划算法

3.2 智能网联汽车运动控制技术

3.2.1 汽车线控转向技术

汽车线控技术

1.汽车线控转向系统的定义

线控技术就是将传统的汽车机械操纵系统变成通过高速容错通信总线与高性能 CPU 相连的电气系统。目前的线控技术包括线控换档系统、线控制动系统、线控悬架系统、线控增压系统、线控节气门系统及线控转向系统。在自动驾驶汽车上，智能感知单元通过线束将指令传递给转向或制动系统来实现车辆的操控，因此，线控转向和线控制动是最为关键的技术。无论是哪类线控技术，目标都很明确，都是为了使汽车结构更简单、质量更轻、制造更方便并且运行更高效。对于自动驾驶汽车，线控将是一种标配性技术。

汽车转向系统可以根据驾驶人的指令，保持或者改变汽车的行驶方向，其转向特性的好坏是影响汽车操纵稳定性的主要因素。随着科学技术的不断进步，传统转向系统已经由纯机械式转向系统、传统液压助力转向系统、电控液压助力转向系统向当下普遍应用的电动助力转向系统方向发展。传统的转向系统受制于自身设计形式和机械连接，传动比固定或者可变范围很小，使其不能兼顾不同转向盘转角和不同车速下的转向性能，增加了驾驶人的操作负担。随着汽车技术和电子控制技术的发展，线控技术开始应用在智能网联汽车上，线控转向系统应运而生。

线控转向就是把依靠转向管柱连接转向机构来实现转向的传统方式转换成通过传感器检测转向盘角度信号，并通过控制单元控制伺服电动机来实现驱动转向的转向系统。驾驶人对转向盘的操作仅仅只是在驱动一个转角传感器，并由转向盘电机提供转动阻尼和回馈，转向盘与前轴转向机构之间没有任何刚性连接，如图 3-18 所示。

线控转向系统取消了转向盘与转向执行机构之间的机械部分，采用电控技术来完成驾驶人转向指令的传递和路感反馈。由于其不受机械连接的约束，理论上可以自由设计传动比，使角传递特性和力传递特性随着转向盘转角和车速的变化而变化，保证转向灵敏度与车速成线性关系，降低了驾驶人掌握汽车

图 3-18 汽车线控转向系统

转向特性的难度，能够很大程度上避免因不同车速下汽车转向特性的变化而导致的驾驶人操作不当的问题。线控转向系统根据当前检测到的汽车状态参数，可以主动对前轮转角进行补偿和调整实现主动转向控制，提高汽车的操纵稳定性。同时，线控转向系统由路感电机模拟产生路感，可以过滤掉干扰信号，优化驾驶人的驾驶体验。此外，由于线控转向系统中机械结构的减少，转向系统强度降低，使其在碰撞中容易发生变形，减少了转向盘和转向管柱在碰撞事故中对驾驶人的伤害，提高了汽车的被动安全性能。线控转向系统作为实现自动驾驶的关键技术之一，很容易与其他主动安全技术，如防抱制动系统（ABS）、车身电子稳定系统（ESP）等相结

合，有利于底盘一体化的设计。

2. 汽车线控转向系统的特点

相比于传统转向系统，线控转向系统具有以下特点：

1）线控转向系统采用电子控制单元实现对汽车转向的控制，理论上可以自由设计转向系统的角传递特性和力传递特性，因此具有传统转向系统不可比拟的性能特点。

2）提高汽车操纵稳定性。线控转向系统不受传统转向系统设计方式的限制，可以设计出符合人们期望的理想传动比。理想传动比可以随着汽车运动状态的变化而变化，根据车速和转向盘转角等参数，通过控制策略给出当下最合适的传动比，从根本上解决了存在已久的"轻"与"灵"的矛盾，减轻了驾驶人的操作负担。同时，线控转向系统还可以实时监控前轮转角和汽车响应情况，并根据控制策略主动做出补偿操作，提高了汽车操纵稳定性。

3）优化驾驶路感。传统转向系统通过机械连接将车辆运动状态和路面信息反馈给驾驶人，不能主动过滤掉路面干扰因素。线控转向系统可以筛选掉路面颠簸等不利的干扰因素，提取出最能够反映汽车实际行驶状态和路面信息的因素作为路感模拟的依据，并结合驾驶人的习惯，由主控制器控制路感电机产生良好的路感，提高驾驶人的驾驶体验。

4）节省空间，提高被动安全性。由于原本转向系统中的转向轴和转向管等机械部分被取消，增加了驾驶人的活动空间、方便了车内布置的设计，同时减少机械部件，也降低了转向系统强度，使其在碰撞中更易变形，在汽车发生事故时减少了转向系统对驾驶人的伤害。

5）提高转向效率，降低能源消耗。线控转向系统不依赖于机械传递，其总线信号的传递速度缩短了转向响应时间，提高了转向效率。同时因为机械传动减少，所以传动效率提高、整车质量减轻、燃油消耗降低，更加节能环保。

6）无人驾驶汽车使用线控转向系统，是通过中央计算机收集数据并传输至转向系统，再由转向系统将数据转化为机械转向功能，实现转向。

3. 汽车线控转向系统的组成

汽车线控转向系统结构如图 3-19所示，主要由转向盘模块、转向控制模块和转向执行模块组成。

（1）转向盘模块

转向盘模块包括转向盘、转矩传感器、转向角传感器、转矩反馈电动机和机械传动装置。转向盘模块的主要作用是接收驾驶人输入的转向盘转角或者力矩信号，并通过传感器将信号转为电信号传递给转向控制模块，由转向控制模块根据控制策略产生相应的信号传递给转向执行模块；同时转矩反馈电动机根据转向控制模块转向盘发出的控制信号，产生相应的回正力矩给驾驶人提供不同工况下的路感信息。

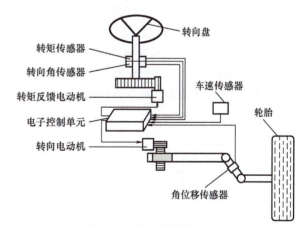

图 3-19 汽车线控转向系统

（2）转向控制模块

转向控制模块包括车速传感器和电子控制单元，也可以增加横摆角速度传感器和加速度传感器。转向控制模块是线控转向系统的控制中心和决策中心，是线控转向系统最为核心的部分。它通过采集传感器信号，对驾驶人意图和当前汽车状态进行判断，根据提前设定好的控制策略做出合理决策。转向控制模块一方面控制转向执行模块，保证汽车能够准确实现驾驶人输入的转向指令，并保证汽车的稳定性；另一方面控制转矩反馈电动机，保证其能够给驾驶人提供舒适良好的路感。

（3）转向执行模块

转向执行模块包括角位移传感器、转向电动机、齿轮齿条转向机构和其他机械转向装置等，其功能主要是接收转向控制模块发出的转向指令，并由转向电动机产生合适的转矩和转角，控制车轮转向；同时前轮角位移传感器实时监测前轮转角及其变化，并接收路面信息，将其转换为电信号反馈给转向控制模块作为路感模拟的输入信号。

除此之外，故障容错系统是线控转向重要部分，它时刻监测着线控转向系统各个部分的反馈状态和工作情况，针对不同的故障形式采取不同的处理措施，在部分硬件或软件出现故障时，保证汽车仍具有基本的转向能力。系统不可或缺的线控转向系统采用严密的故障检测和处理逻辑，以最大程度地提高汽车安全性能。某汽车线控转向系统的实物如图 3-20 所示。

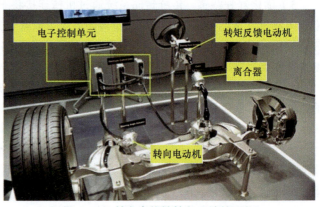

图 3-20　某汽车线控转向系统的实物

4. 汽车线控转向系统的原理

汽车线控转向系统的工作原理如图 3-21 所示，驾驶人进行转向操作时，通过转向盘输入转向的角度、转向角速度以及转向力矩，转向盘模块中的传感器采集一系列信号并传递到转向控制模块；转向控制模块处理这些信号并根据自身车辆的速度以及其他信号进行传动比的计算，给出所需的前轮转角；然后控制转向执行模块的转向电动机带动前轮转到目标转角，实现转向意图。与此同时，转向控制模块根据车辆的前轮转角信号、一系列轮胎力信号以及驾驶人意图，然后通过路感模拟决策发出指令控制转矩反馈电动机输出力矩反馈路面情况。

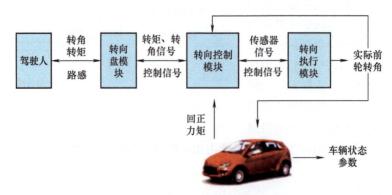

图 3-21　汽车线控转向系统的工作原理

日产汽车公司发布的英菲尼迪 Q50 是全球范围内第一款批量生产的线控转向系统车，此举促进了线控转向技术在实车应用上的发展。英菲尼迪的线控转向系统如图 3-22 所示。从转向盘到转向齿条采用直接数字信号输入，整个系统中没有转向万向节等可能造成"转向延迟"的机械部件，通过三组 ECU 的信号处理对驾驶人的驾驶意图快速做出判断，可以实现更灵活的转向，可以使驾驶的感受更加直接，并且转向盘也不会接收到来自地面对前轮的冲击。

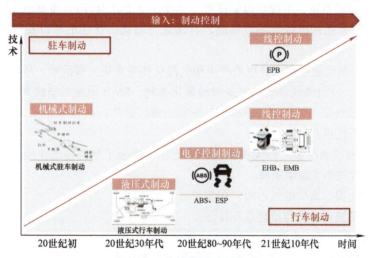

图 3-22　英菲尼迪的线控转向系统

3.2.2　汽车线控制动技术

1. 汽车线控制动系统的定义

汽车制动技术的发展历程主要有摩擦片制动、鼓式和盘式制动器、机械式和电子 ABS 制动以及线控制动系统，如图 3-23 所示。

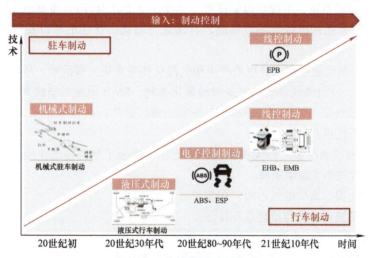

图 3-23　汽车制动发展历程

如果制动踏板仅仅只连接一个制动踏板位置传感器，踏板与制动系统之间没有任何刚性连接或液压连接，就可以视为线控制动，如图 3-24 所示。

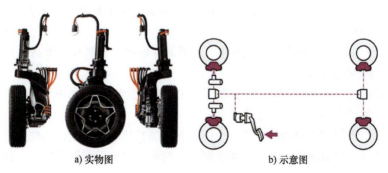

a) 实物图　　　　　b) 示意图

图 3-24　线控制动系统

自动驾驶时代的来临推动了线控制动技术的进一步发展。线控制动是自动驾驶汽车"控制执行层"中最关键的，也是技术难度最高的部分。由于技术发展程度的局限，目前出现了两种形式的线控制动系统：电子液压制动（EHB）系统和电子机械制动（EMB）系统，如图 3-25 所示。

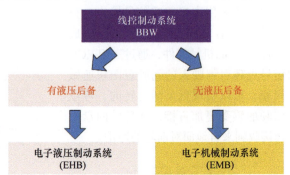

图 3-25　线控制动系统的类型

2. 汽车线控制动系统的特点

汽车线控制动系统具有以下优点：

1）线控制动系统的制动踏板与制动执行机构解耦，可以降低部件的复杂性，减少液压与机械控制装置，减少杠杆、轴承等金属连接件，减小质量，降低油耗和制造成本。

2）线控制动系统具有精确的制动力调节能力，是电动汽车摩擦与回馈耦合制动系统的理想选择。

3）基于线控制动系统，不仅可以实现更高品质的 ABS/ESC/EPB 等高级安全功能控制，还可以满足先进汽车智能系统对自适应巡航、自动紧急制动、自动泊车以及自动无人驾驶等的要求。

EHB 以液压为制动能量源，液压的产生和电控化相对来说比较困难，所以不容易做到和其他电控系统的整合，并且液压系统的重量对轻量化不利。EMB 未来可能成为主流的线控制动系统，但 EMB 技术在汽车上的应用并不成熟，短期内难以量产。

EMB 具有以下优点：

1）执行机构和制动踏板之间无机械或液压连接，缩短了制动器的作用时间（作用时间在 100ms 以内），有效减小了制动距离。

2）不需要助力器，减少空间占用，布置灵活。

3）没有液压系统，系统质量轻且环保。

4）在 ABS 模式下无回弹振动，可以消除噪声。

5）便于集成电子驻车、防抱死与制动力分配等附加功能。

EMB 具有以下缺点：

1）无液压备用制动系统，对可靠性要求极高，要求具有稳定的电源系统、更高的总线通信容错能力和电子电路的抗干扰能力。

2）制动力不足。因轮毂处布置体积决定制动电机不可能太大，需开发配备较高电压（42V）系统提高电机功率。

3）工作环境恶劣，特别是在高温条件下。因部件振动大且制动温度高达几百摄氏度，制约了现有 EMB 零部件的设计。

由于缺乏足够的技术支持，因此目前市场上并没有批量装车的 EMB 产品。

3. 汽车线控制动系统的组成与原理

线控制动系统将原有的制动踏板用一个模拟发生器替代，用以接收驾驶人的制动意图，产生、传递制动信号给控制和执行机构，并根据一定的算法模拟反馈给驾驶人，其基本工作原理如图 3-26 所示。

电子液压制动（EHB）和电子机械制动（EMB）在传力路径上有很大不同，工作原理和特性也有差别。

（1）EHB 系统

典型的 EHB 系统由制动踏板传感器、电子控制单元（ECU）和执行器机构（液压泵、备用阀和制动器）等组成，如图 3-27 所示。

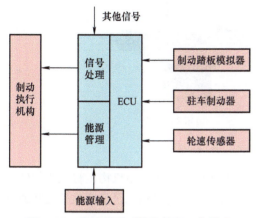

图 3-26　线控制动系统的基本工作原理

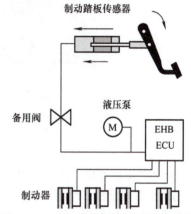

图 3-27　EHB 系统的组成和工作原理

正常工作时，制动踏板与制动器之间的液压连接断开，备用阀处于关闭状态。制动踏板配有踏板感觉模拟器和电子传感器，ECU 可以通过传感器信号判断驾驶人的制动意图，并通过电机驱动液压泵进行制动。电子系统发生故障时，备用阀打开，EHB 系统变为传统的液压系统。

EHB 系统由于具有冗余系统，其安全性在用户的可接受性方面更具优势，且此类型产品成熟度高，目前各大供应商都在推行其开发的产品，如博世的 ibooster、大陆的 MK C1、采埃孚的 IBC 等。

备用系统增加了制动系统的安全性，使车辆在线控制动系统失效时还可以进行制动，但是由于备用系统中仍然包含复制的制动液传输管路，这就使 EHB 并不完全包含线控制动系统产品的优点。EHB 系统也因此被视为全电路制动（BW）系统的先期产品。

（2）EMB 系统

EHB 系统虽然实现了线控制动功能，但是并没有完全移除液压系统。在 EMB 系统中，所有的液压装置包括主缸、液压管路、助力装置等均被电子机械系统替代，液压盘和鼓式制动器的调节器也被电机驱动装置取代，是名副其实的线控制动系统。EMB 系统的 ECU 通过制动踏板传感器信号以及车速等车辆状态信号驱动和控制执行机构的电机来产生所需的制动力。

EMB 系统具有诸多优点，但缺少备用制动系统和技术支持，短期内很难大批量应用，但却是未来发展的方向。

4. 汽车线控制动系统的产品

（1）博世公司的线控制动产品

德国博世公司于 2013 年正式推出线控制动产品 iBooster，是典型的直接型 EHB 系统。大众目前所有新能源车均使用 iBooster，如图 3-28 所示。图 3-28a 是第 1 代产品，其完成度不高，在我国没有使用。图 3-28b 是第 2 代产品，该产品将二级蜗轮蜗杆改为一级齿轮丝杠减速，使其体积大幅度缩小，控制精度也有所提高。第 2 代 iBooster 有 4 个产品系列，助力大小在

4.5～8kN 之间，其中 8kN 产品可以用在 9 座小型客车上。本田在传统燃油车上也配备了第 2 代 iBooster，由于能量回收时电流会突然增大，导致 iBooster 容易出现过载保护，这个时候 ESP 介入，但会给人短暂制动失灵的感觉。

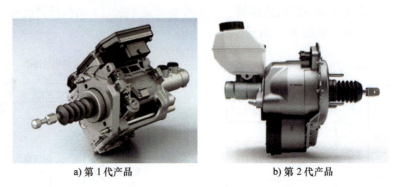

a) 第 1 代产品　　　　　　　　　　b) 第 2 代产品

图 3-28　博世公司的线控制动产品 iBooster

iBooster 的工作原理如图 3-29 所示，它采用齿轮 - 梯形丝杠减速增矩机构，将电机的转动转化为制动主缸活塞的平动而产生制动压力。制动踏板推杆与执行机构总泵活塞推杆之间通过间隙的方式进行一定程度的解耦。

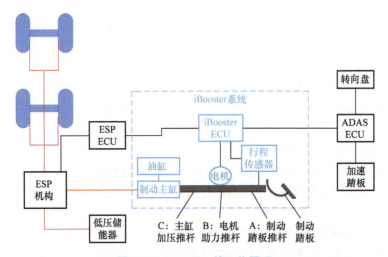

图 3-29　iBooster 的工作原理

iBooster 通常与 ESP 配套使用，ESP 在 iBooster 失效时起作用。因为 ESP 也是一套电液压系统，也有可能失效，且 ESP 在设计之初只是为 AEB 类紧急制动场景设计的，所以不能作为常规制动。因此博世在第 2 代 iBooster 推出后，便针对 L3 和 L4 级自动驾驶设计了一套线控制动系统 IPB（Integrated Power Brake），如图 3-30 所示。该系统就是将 iBooster 和 ESP 合二为一，其体积大大缩小，质量也减小不少，并且相对 iBooster 而言成本也大大降低。

应用博世公司线控制动产品的车型主要有特斯拉全

图 3-30　博世公司的线控产品 IPB

系、大众全部新能源车、保时捷 918、凯迪拉克 CT6、雪佛兰的 Bolt 和 Volt、本田 CR-V、法拉利未来 FF91、荣威 Ei5、比亚迪 e6 以及蔚来 ES8 等。

（2）布雷博公司的线控制动产品

意大利著名的高性能制动系统及部件厂商布雷博（Brembo）提出，线控制动系统将成为智能汽车不可或缺的一部分。

相比液压制动系统，线控制动不仅可以减小质量，且其响应也更加敏捷，还能根据驾驶模式灵活调整制动踏板的感觉以及响应速度，可以有效解决电动汽车再生制动和摩擦制动间的切换问题。Brembo 研发的线控制动系统的响应时间可以达到 100ms 以内，而传统制动系统需要 300 ~ 500ms，因此该线控制动系统可以打造出响应更加及时的自主制动，符合当今市场的要求。

（3）大陆集团的线控制动产品

德国大陆集团的线控制动系统 MK C1 可实现 100% 的制动能量回收，如图 3-31 所示。

（4）采埃孚的线控制动产品

采埃孚的集成式制动控制（IBC）系统将全电子制动控制系统和再生系统功能集成于单个一体化单元中，这是一款能够实现无真空支持的助力制动系统，如图 3-32 所示。沃尔沃全新 S60 采用了线控制动这项新科技，它将传统的真空助力器单元替换成效率更高、质量更小的电子单元，有效降低燃油消耗和排放，有效提高燃油经济性。沃尔沃全新 S60 配备了车道偏离预警系统、车道保持辅助系统、自适应巡航控制系统、驾驶人疲劳预警系统、胎压监测系统以及上坡辅助系统等。

图 3-31　德国大陆集团的线控制动系统 MK C1

图 3-32　采埃孚的集成式制动控制系统

3.2.3　汽车线控节气门技术

1. 汽车线控节气门的定义

在化油器时代，汽车上的节气门主要是通过杠杆或者节气门拉索直接控制发动机的节门开度，属于机械节气门控制。节气门是发动机进气总管上的一个阀门，它控制空气的进入，节气门打开越大，发动机进入的空气越多。

"加油"是使节气门开度变大，使进入气缸的空气流量增加，喷油器在空气流的带动下喷油，节气门开度增大，供油量就会增加，发动机转速提高；反之，则转速下降。

机械节气门的控制方式简单粗暴，在机械参数（即杠杆比）设定好的情况下，加速踏板踩下多少，节气门就打开多少，响应速度非常快。但是，在日常驾驶时会遇到一些新手或驾驶不熟练的人，由于操作不当，或者驾驶人过于激进，会将加速踏板突然踩到底。这时节气门突然打开，发动机进入最大负荷状态，全负荷会造成发动机燃烧不充分，同时喷油器也会加大喷油造成燃油浪费；同时，发动机的负荷增大，也会缩短发动机的使用寿命。

上述操作不利于燃油经济性，对于发动机也有伤害，并且也不利于环保。但是，装有拉索节气门的车辆，其 ECU 无法对节气阀进行控制，而只能默认这种操作或最多会在喷油方面略作调整，无法解决根本问题。因此，在多种需求之下，线控节气门（电子带气门）应运而生。

线控节气门通过用线束（导线）来代替拉索或者拉杆，在节气门那边装一只微型电动机，并用电动机来驱动节气门开度。一般而言，增减节气门就是指通过加速踏板改变发动机节气门开度，从而控制可燃混合气的流量，改变发动机的转速和功率以适应汽车行驶的需要。线控节气门的主要功能是把驾驶人踩下加速踏板的角度转换成与其成正比的电压信号，同时把加速踏板的各种特殊位置制成接触开关，把怠速、高负荷、加减速等发动机工况变成电脉冲信号输送给电控发动机的控制器（ECU），以达到供油、喷油与变速等的优化自动控制。图 3-33 所示为博世公司的线控节气门系统，也称为智能联网加速踏板。

图 3-33　博世公司线控节气门系统

2. 汽车线控节气门的特点

汽车线控节气门具有以下优点：

1）舒适性和经济性好。线控节气门可根据驾驶人踩下踏板的动作幅度判断驾驶人意图，综合车况精确合理控制节气门开度，以实现不同负荷和工况下发动机的空燃比能接近于最佳理论状态，即 14.7∶1，使燃油经济性和驾驶舒适性同时达到最佳状态。

2）稳定性高且不易熄火。线控节气门系统在收到踏板信号后会进行分析判断再给节气门执行单元发送合适指令保证车辆稳定行驶。

汽车线控节气门具有以下缺点：

1）工作原理相对较为复杂、成本高。相比机械节气门，在硬件上线控节气门需添加节气门位置位移传感器和伺服电动机及其驱动器和执行机构，增加 ECU 接线在软件上需要开发分析位置传感器信号，并综合车况给出最优控制指令的算法，集成在车载 ECU 上，增加了开发成本。

2）有延迟效果，没有机械节气门反应快。在装有线控节气门系统的汽车中，驾驶人不能直接控制节气门开度也就无法直接控制发动机动力大小，而是经由 ECU 分析给出汽车舒适性较好、较为省油的节气门控制指令，所以相对于直接控制式的机械节气门会有稍许延迟感。

3）可靠性不如机械节气门好。汽车行驶中会遇到各种车况，并且汽车内部存在高频电磁干扰（如电动机和点火线圈会产生电磁干扰），电子器件可能会在这些情况下发生故障或松动，复杂的分析处理算法也可能会导致程序跑飞等故障情况出现，而驾驶人又无法直接控制发动机的动力大小，因此一旦这种情况发生将产生不可预知的后果。

3. 汽车线控节气门系统的组成与原理

（1）燃油汽车和混合动力汽车线控节气门系统

线控节气门容易识别驾驶人的不合理操作。当 ECU 识别出驾驶人的不合理做法时会发出指令让节气门以预先设置的速度打开，而不是与驾驶人踩下加速踏板的速度同步。这样做除了能保护发动机、提高燃油经济性以外，还会使驾驶人感到非常平顺没有冲击感，提高了乘坐人员的舒适性。燃油汽车和混合动力汽车线控节气门系统的组成如图 3-34 所示。

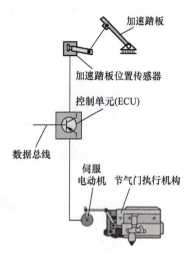

图 3-34　燃油汽车和混合动力汽车线控节气门系统的组成

燃油汽车和混合动力汽车线控节气门系统主要由加速踏板、加速踏板位置传感器、控制单元（ECU）、数据总线、伺服电动机和节气门执行机构组成。位移传感器安装在加速踏板内部，用来随时监测加速踏板的位置。当监测到加速踏板高度位置有变化时，会瞬间将此信息送往 ECU，ECU 会对该信息和其他系统传来的数据信息（如车速、车距、节气门开度、发动机转速等）进行运算处理，并计算出一个控制信号，然后通过线路送到伺服电动机，伺服电动机驱动节气门执行机构；数据总线则是负责系统 ECU 与其他 ECU 之间的通信。当节气门开度越大，ECU 计算的喷油量就越大，发动机转速会上升；反之亦然。

（2）纯电动汽车的线控节气门

纯电动汽车没有发动机只有电源系统作为动力系统，通过"线控节气门"（即加速踏板）控制电机的转矩，它和整车控制器、电机控制器等一同实现车辆的加速。

在电动汽车上使用的"线控节气门"还具有制动能量回收功能，当驾驶人减小踏板力时，系统认为驾驶人具有减速的需求，这时候通过 ECU 发送指令，在没有踩踏制动踏板的情况下车辆实现制动能量回收，这个功能称为"单踏板"。

"单踏板"就是一种集成了加速和制动功能的踏板，用来控制车辆的加、减速。其工作原理是：一旦松开加速踏板，再生制动系统就会介入工作，通过回收动能降低车速，即它可以依靠单个踏板实现汽车的起步、加速、稳态、减速和停车全过程，并在减速过程中同时实现能量回收，改变了传统的加、减速双踏板布置形式。

"单踏板驾驶模式"并不是只有一个踏板，其踏板系统由一个"主踏板"和一个"辅助减速踏板"组成，其中"主踏板"可以实现加减速能力，满足日常的大部分车辆操作；"辅助减速踏板"是在"主踏板"制动减速度不能满足驾驶人意图时的紧急制动踏板。其中，"主踏板"分为三个主要控制行程，即加速行程、减速行程和恒速行程。加速行程是驾驶人踩下踏板的过程，随着踏板深度的增加输出驱动转矩随之增大；减速行程是驾驶人松开主踏板的过程，随着踏板深度的减小，输出转矩由正转矩到负转矩变化；恒速行程是驾驶人松开踏板到某一开度区间内，电机输出转矩为零或是刚好与外界阻力相平衡。

"单踏板"的优点是可以降低驾驶人的劳动强度，避免在常规加减速工况中频繁切换踏板，提高舒适性；提高操作效率和能量回收效率，使得驾驶变得越来越简单，越来越智能。

"单踏板"的缺点是可能增加安全隐患，因为在当前模式下，不管是手动档还是自动档，不管是燃油车、混合动力汽车还是绝大多数的纯电动汽车，其制动都是往下踩的，突然换成单踏板模式，遇到紧急情况时很容易习惯性地往下踩，即使意识到了也有可能一时反应不过来，这样反而大大增加了行车的安全隐患。

宝马 i3、雪佛兰 Bolt EV、特斯拉 Model X、长安 EV460、名爵 EZS 和日产 Leaf 等电动汽

车都采用"单踏板"。

汽车线控技术的核心是线控制动和线控转向，目前还没有完全市场化，因此主要出现在少数概念车型上。线控技术满足了汽车"新四化"的需求，是行业内公认的智能网联汽车未来的主流配置。智能网联汽车底盘的发展趋势是采用线控底盘，如图 3-35 所示。

图 3-35　汽车线控底盘

3.2.4　汽车运动控制技术

1. 汽车模型

汽车动力学模型与运动学模型的建立是出于汽车运动的规划与控制考虑的。在自动驾驶场景下，汽车大多按照规划轨迹行驶，控制模块的作用就是控制汽车尽可能精准地按照规划轨迹行驶。这就要求规划轨迹尽可能贴近实际情况。也就是说，轨迹规划过程中应尽可能考虑汽车运动学及动力学约束，使运动控制性能更好。搭建汽车模型主要是为了更好地规划和控制，因此，在分析模型时尽量以应用时所需的输入、输出对象进行建模分析。

智能网联汽车
运动控制技术

（1）汽车动力学

对于智能网联车辆的运动控制来说，需要研究用于车辆侧向运动分析的动力学模型。考虑二自由度车辆的二轮车模型，如图 3-36 所示。

两个自由度分别用车辆侧向位置 y 和车辆方向角 ψ 表示。车辆的侧向位置可沿车辆横向轴 y 到车辆旋转中心点 O 测量得到。车辆方向角 ψ 由车辆纵向轴 x 与系统 X 轴的夹角测得。车辆在质心处的纵向速度用 v_x 表示。忽略路面坡度，沿 y 轴应用牛顿第二定律可得

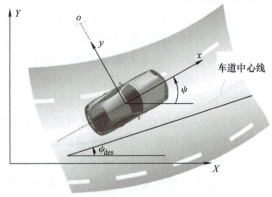

图 3-36　二自由度的车辆"二轮车模型"

$$ma_y = F_{yf} + F_{yr} \tag{3-2}$$

式中，a_y 为在 y 轴方向车辆质心处的惯性加速度，$a_y = \left(\dfrac{\mathrm{d}^2 y}{\mathrm{d}t^2}\right)_{\mathrm{intertial}}$；$F_{yf}$ 和 F_{yr} 分别表示前、后轮的轮胎侧向力。

两个因素影响 a_y：沿 y 轴的运动加速度 $\dot{y}$ 和向心加速度 $v_x \dot{\psi}$。因此

$$a_y = \ddot{y} + v_x \dot{\psi} \tag{3-3}$$

将式（3-3）代入式（3-2），可得车辆侧向平移运动的方程为

$$m(\ddot{y} + v_x \dot{\psi}) = F_{yf} + F_{yr} \tag{3-4}$$

绕 z 轴的转矩平衡可得到横摆动力学方程

$$I_z \ddot{\psi} = l_f F_{yf} + l_r F_{yr} \tag{3-5}$$

式中，l_f 和 l_r 分别为车辆质心到前轴和后轴的距离。

接下来需要建立作用于车辆上的轮胎模型，用来表示侧向力 F_{yf} 和 F_{yr}。当侧偏角较小时，假设轮胎的侧向力与侧偏角成正比。轮胎的侧偏角定义为轮胎平面方向和轮胎速度方向之间的角度，如图 3-37 所示。其中，前轮侧偏角为

$$\alpha_f = \delta - \theta_{vf} \tag{3-6}$$

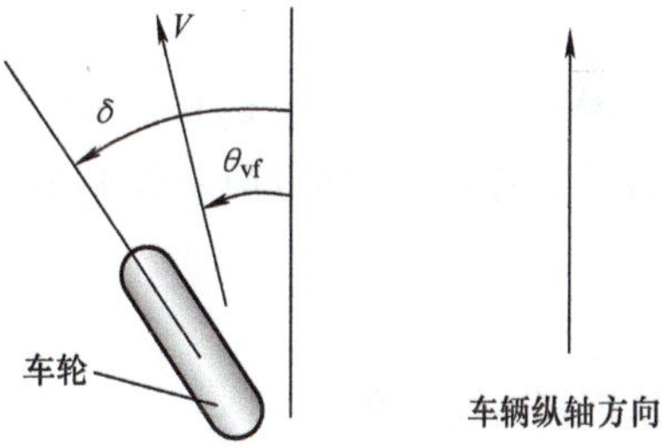

图 3-37　轮胎侧偏角

式中，θ_{vf} 为车辆速度矢量和车辆纵方向之间的夹角；δ 为前轮转向角。

后轮侧偏角可近似表示为

$$\alpha_r = -\theta_{vf} \tag{3-7}$$

车辆的前轮侧向力可表示为

$$F_{yf} = 2C_{\alpha f}(\delta - \theta_{vf}) \tag{3-8}$$

式中，$C_{\alpha f}$ 为比例系数，称为前轮的侧偏刚度；δ 为前轮转向角；θ_{vf} 为前轮速度角；系数 2 表示实际情况中有两个前轮。

同样的，后轮的侧向力可表示为

$$F_{yf} = 2C_{\alpha f}(-\theta_{vf}) \tag{3-9}$$

式中，$C_{\alpha f}$ 为后轮的侧偏刚度；θ_{vf} 为后轮速度角。

利用下面的关系式可计算 θ_{vf} 和 θ_{vr}：

$$\tan \theta_{vf} = \frac{v_y + l_f \dot{\psi}}{v_x} \tag{3-10}$$

$$\tan \theta_{vf} = \frac{v_y + l_f \dot{\psi}}{v_x} \tag{3-11}$$

采用小角度的近似写法 $v_y = \dot{y}$，有

$$\theta_{vf} = \frac{\dot{y} + l_f \dot{\psi}}{v_x} \tag{3-12}$$

$$\theta_{vr} = \frac{\dot{y} - l_f \dot{\psi}}{v_x} \tag{3-13}$$

将式（3-6）、式（3-7）、式（3-12）、式（3-13）代入式（3-4）和式（3-5）可得状态方程模型

$$\frac{\mathrm{d}}{\mathrm{d}t}\begin{Bmatrix} y \\ \dot{y} \\ \psi \\ \dot{\psi} \end{Bmatrix} = \begin{bmatrix} 0 & 1 & 0 & 0 \\ 0 & \dfrac{2C_{\alpha f} + 2C_{\alpha r}}{mv_x} & 0 & -v_x - \dfrac{2C_{\alpha f} - 2C_{\alpha r}l_r}{mv_x} \\ 0 & 0 & 0 & 1 \\ 0 & -\dfrac{2l_f C_{\alpha f} + 2l_f C_{\alpha r}}{I_z v_x} & 0 & -\dfrac{2C_{\alpha f} + 2l_r^2 C_{\alpha r}}{I_z v_x} \end{bmatrix} = \begin{Bmatrix} 0 \\ \dfrac{2C_{\alpha f}}{m} \\ 0 \\ \dfrac{2l_f C_{\alpha f}}{I_z} \end{Bmatrix} \tag{3-14}$$

考虑车辆在半径为 R 的车道上以恒定 v_x 行驶，此外，假设 R 足够大，满足式（3-12）的小角度假设，定义车身转过期望角度所需转角速度为

$$\dot{\psi}_{des} = \frac{v_x}{R} \tag{3-15}$$

所需横向加速度为

$$a_{ydes} = \frac{v_x^2}{R} = v_x \dot{\psi}_{des} \tag{3-16}$$

则横向加速度误差为

$$\ddot{e}_1 = (\ddot{y} + v_x \dot{\psi}) - \frac{v_x^2}{R} = \ddot{y} + v_x(\dot{\psi} - \dot{\psi}_{des}) \tag{3-17}$$

航向误差为

$$e_2 = \psi - \psi_{des} \tag{3-18}$$

横向速度误差为

$$\ddot{e}_1 = \ddot{y} + v_x(\dot{\psi} - \dot{\psi}_{des}) \tag{3-19}$$

将式（3-18）和式（3-19）代入式（3-4）和式（3-5），可得

$$m\ddot{e}_1 = \dot{e}_1\left[-\frac{2}{v_x}C_{\alpha f} - \frac{2}{v_x}C_{\alpha r}\right] + e_2\left[2C_{\alpha f} - 2C_{\alpha r}\right] + \dot{e}_2\left[-\frac{2C_{\alpha f}l_f}{v_x} - \frac{2C_{\alpha r}l_r}{v_x}\right] +$$

$$\dot{\psi}_{des}\left[-\frac{2C_{\alpha f}l_f}{v_x} - \frac{2C_{\alpha r}l_r}{v_x}\right] + 2C_{\alpha f}\delta \tag{3-20}$$

$$I_z\ddot{e}_1 = 2C_{\alpha f}l_f\delta + \dot{e}_1\left[-\frac{2C_{\alpha f}l_f}{v_x} - \frac{2C_{\alpha r}l_r}{v_x}\right] + e_2\left[2C_{\alpha f}l_f - 2C_{\alpha r}l_r\right] +$$

$$\dot{e}_2\left[-\frac{2C_{\alpha f}l_f^2}{v_x} + \frac{2C_{\alpha r}l_r^2}{v_x}\right] - I_z\ddot{\psi}_{des} + \ddot{\psi}_{des}\left[-\frac{2C_{\alpha f}l_f^2}{v_x} - \frac{2C_{\alpha r}l_r^2}{v_x}\right] \tag{3-21}$$

由此可得在跟踪误差变量的状态方程模型

$$\frac{\mathrm{d}}{\mathrm{d}t}\begin{bmatrix} e_1 \\ \dot{e}_1 \\ e_2 \\ \dot{e}_2 \end{bmatrix} = \begin{bmatrix} 0 & 1 & 0 & 0 \\ 0 & \dfrac{2C_{\alpha f}+2C_{\alpha r}}{mv_x} & 0 & -v_x - \dfrac{2C_{\alpha f}-2C_{\alpha r}l_r}{mv_x} \\ 0 & 0 & 0 & 1 \\ 0 & -\dfrac{2l_f C_{\alpha f}-2l_f C_{\alpha r}}{I_z v_x} & 0 & -\dfrac{2C_{\alpha f}+2l_r^2 C_{\alpha r}}{I_z v_x} \end{bmatrix} = \begin{bmatrix} e_1 \\ \dot{e}_1 \\ e_2 \\ \dot{e}_2 \end{bmatrix} +$$

$$\begin{bmatrix} 0 \\ \dfrac{2C_{\alpha f}}{m} \\ 0 \\ \dfrac{2l_f C_{\alpha f}}{I_z} \end{bmatrix}\delta + \begin{bmatrix} 0 \\ v_x - \dfrac{2C_{\alpha f}l_f-2C_{\alpha r}l_r}{mv_x} - v_x \\ 0 \\ \dfrac{2C_{\alpha f}l_f^2+2l_r^{22}C_{\alpha r}}{I_z v_x} \end{bmatrix}\dot{\psi}_{\mathrm{des}}$$

（3-22）

由此转向控制问题的跟踪目标可转化为动力学稳定性问题。注意，当车速 v_x 不再为常数时，上述侧向动力学模型为纵向车速 v_x 的函数。

（2）汽车运动学

车辆运动模型是指数学方式描述车辆运动而不考虑影响车辆运动的力。运动方程基于控制对象的几何关系而建立的。建立车辆的运动学模型（图 3-38）需要以下假设作为前提：

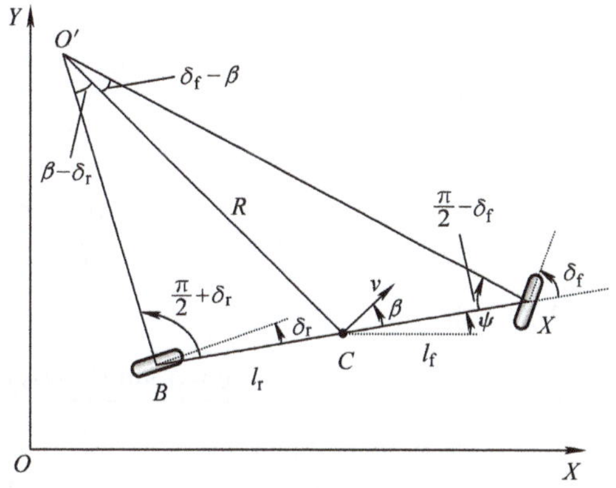

1）不考虑车辆在 Z 轴方向的运动，只考虑 XY 水平面的运动。

2）左右侧车轮转角一致，这样可将左右侧轮胎合并为一个轮胎。

3）车辆行驶速度变化缓慢，忽略前后轴载荷的转移。

图 3-38　车辆运动学模型

4）车身及悬架系统是刚性的。

车辆可以简化为两轮模型。在该模型中，车辆前轮由位于 A 点的一个车轮代替。同理，后轮由位于 B 点的一个后轮代替。前、后轮转角分别用 δ_f 和 δ_r 表示。

此模型建立的前提是前、后轮均能够转向。如果只有前轮可以转向时，则将后轮转向角 δ_r 置为 0。车辆质心位于点 C。从质心 C 到点 A 和 B 的距离分别用 l_f 和 l_r。车辆的轴距表示为 $L = l_f + l_r$。

假设车辆进行平面运动，此时需要用三个变量描述车辆的运动：X、Y 和 ψ。点（X，Y）为车辆质心点的坐标，ψ 用来描述车辆的行驶方向。车辆质心点的速度用 v 表示，车辆速度方向与车辆纵轴的夹角用 β 表示，β 称为车辆的侧偏角。

在运动学模型中，点 A 处和点 B 处的速度方向分别为前轮和后轮的方向，同时，前轮速度方向与车辆纵轴形成的夹角用 δ_f 表示，同样地，后轮速度方向的夹角与车辆纵轴间形成的夹角用 δ_r 表示，并忽略前后轮的侧偏角。

忽略侧偏角的假设对低速行驶的车辆是合理的（如当速度小于 5m/s 时），因为在低速时，轮胎产生很小的侧向力。为了能够在任意半径 R 的环形道路上行驶，两轮的侧向力之和为 mV/R。它随车速 V 变化，在低速情况下侧向力小，此时，将车轮的速度方向视为车轮的方向的假设是成立的。

另外，车辆的瞬时旋转中心用点 O' 表示，旋转中心 O' 由垂直两滚动轮方向的直线 AO'、BO' 的交点确定。

车辆行驶轨迹的半径 R，等于连接质心 C 和旋转中心 O' 的线段 CO' 的长度。质心处的车速方向垂直于线段 $O'C$。质心处速度方向与车辆纵轴形成的夹角为车辆的侧偏角 B。车辆的横摆角用 ψ 表示，因此，车辆方向角为

$$\gamma = \psi + \beta$$

在三角形 $O'CA$ 上用正弦定理

$$\frac{\sin(\delta_f - \beta)}{l_r} = \frac{\sin\left(\frac{\pi}{2} - \delta_f\right)}{R} \tag{3-23}$$

在三角形 $O'CB$ 上用正弦定理

$$\frac{\sin(\beta - \delta_r)}{l_r} = \frac{\sin\left(\frac{\pi}{2} - \delta_r\right)}{R} \tag{3-24}$$

由式（3-23）得

$$\frac{-\sin\beta\cos\delta_f}{l_f} = \frac{\cos\delta_f}{R} \tag{3-25}$$

由式（3-24）得

$$\frac{\cos\delta_r\sin\beta - \cos\beta\sin\delta_r}{l_f} = \frac{\cos\delta_r}{R} \tag{3-26}$$

在式（3-25）两侧同时乘以 $\dfrac{l_f}{\cos\delta_f}$，可得

$$\tan\delta_f\cos\beta - \sin\beta = \frac{l_r}{R} \tag{3-27}$$

在式（3-26）两侧同时乘以 $\dfrac{l_r}{\cos\delta_r}$，可得

$$\sin\beta - \tan\delta_r\cos\beta = \frac{l_r}{R} \tag{3-28}$$

将式（3-27）和式（3-28）相加，得

$$\{\tan\delta_f - \tan\delta_r\}\cos\beta = \frac{l_f + l_r}{R} \tag{3-29}$$

如果车辆轨迹半径缓慢变化，那么车辆行驶方向的变化率（即 ψ）在数值上将等于车辆的角速度。由于车辆的角速度为 v/R，因此有

$$\dot{\psi} = \frac{v}{R} \tag{3-30}$$

式（3-29）和式（3-30）可整理为

$$\dot{\psi} = \frac{v\cos\beta}{l_f + l_r}(\tan\delta_f - \tan\delta_r) \tag{3-31}$$

因此，运动的总方程为

$$\dot{X} = v\cos(\psi + \beta) \tag{3-32}$$

$$\dot{Y} = v\sin(\psi + \beta) \tag{3-33}$$

$$\dot{\psi} = \frac{v\cos\beta}{l_f + l_r}(\tan\delta_f - \tan\delta_r) \tag{3-34}$$

在这一模型中有三个输入量：δ_f、δ_r 和 v。速度 v 为外部变量，可以假设它为时间的函数或是从纵向车辆模型中获得。

侧偏角 β 可由式（3-27）推导得到

$$\beta = \arctan\left(\frac{l_f\tan\delta_r + l_r\tan\delta_f}{l_f + l_r}\right) \tag{3-35}$$

这里的两轮模型需注意：左、右前轮由一个前轮代替，通常假设左、右轮转向角近似相等，但严格说来并非如此。这是因为每个车轮行驶路径的半径不同。图 3-39 所示为一个前轮转向汽车的运动情况。

用 l_w 表示车辆的轨迹宽度，δ_0 和 δ_i 分别表示外侧和内侧的转向角，设轴距 $L = l_f + l_r$ 小于半径 R。若侧偏角 β 很小，那么式（3-30）可近似为

$$\frac{\psi}{v} \approx \frac{1}{R} = \frac{\delta}{L} \tag{3-36}$$

或者

$$\delta = \frac{L}{R} \tag{3-37}$$

由于内侧和外侧车轮的行驶半径不同，因此有

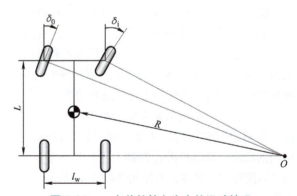

图 3-39　一个前轮转向汽车的运动情况

$$\delta_0 = \frac{L}{R + \frac{l_w}{2}} \tag{3-38}$$

$$\delta_i = \frac{L}{R - \frac{l_w}{2}} \tag{3-39}$$

前轮的平均转向角约为

$$\delta = \frac{\delta_0 + \delta_i}{2} \approx \frac{L}{R} \tag{3-40}$$

δ_0 和 δ_i 之间的差值为

$$\delta_i - \delta_0 = \frac{L}{R^2} l_w \tag{3-41}$$

因此，两前轮转向角的差值与平均转向角的二次方成正比。可从转向梯形拉杆（Trapezoidal Geometry）的布置获得这类差分转向。

2. 汽车运动控制

运动控制是智能网联汽车研究领域中的核心问题之一，指根据当前周围环境和车体位置、姿态、车速等信息按照一定的逻辑做出决策，并分别向加速踏板、制动踏板及转向等执行系统发出控制指令。运动控制作为自动驾驶车辆实现自主行驶的关键环节，其研究内容主要包括横向控制、纵向控制以及横纵向协同控制。

横向控制主要研究智能网联汽车的路径跟踪能力，即如何控制车辆沿规划的路径行驶，并保证车辆的行驶安全性、平稳性与乘坐舒适性；纵向控制主要研究智能网联汽车的速度跟踪能力，控制车辆按照预定的速度巡航或与前方动态目标保持一定的距离。

但独立的横向或纵向控制不能满足智能网联汽车的实际需求，因此，复杂场景下的横纵向协同控制研究，对于智能网联汽车来说至关重要。

一般地，横向控制系统的实现主要依靠预瞄跟随控制、前馈控制和反馈控制。

（1）预瞄跟随控制

预瞄跟随控制原理是根据驾驶人操纵特征（驾驶人模型）提出的。驾驶人模型是导航技术的重要组成部分，基于偏差调节的期望路径跟随控制系统可视为一个简易的驾驶人模型。

驾驶人基于外界环境、道路信息以及当前车辆的运动状态进行车辆操纵，预测车辆当前实际位置与道路中心线之间的侧向位移偏差和航向偏差的大小，从而转动转向盘使预测偏差为零，该预测偏差叫作预瞄侧向位移偏差或预瞄航向偏差。驾驶人依据预瞄偏差的大小转动对应的转向盘角度，从而完成对期望行驶路径的跟踪。

综上，控制系统依据车辆行驶参数、道路曲率、预瞄偏差和车辆的动力学模型得出所需转向盘转角或前轮转角，从而实现对期望目标路径的跟踪。预瞄跟随控制器由"预瞄环节"与"跟随环节"构成，其结构如图 3-40 所示。系统传递函数为

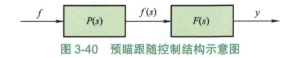

图 3-40 预瞄跟随控制结构示意图

$$y/f(s) = P(s) \cdot F(s) \tag{3-42}$$

式中，$P(s)$ 为预瞄环节传递函数；$F(s)$ 为跟随环节传递函数。

在低频域条件下，理想状态下的预瞄跟随控制系统应该满足：

$$P(s) \cdot F(s) \approx 1 \tag{3-43}$$

（2）前馈控制

前馈控制系统是根据扰动或给定值的变化按补偿原理来工作的控制系统，其特点是当扰动产生后，被控变量还未变化以前，根据扰动作用的大小进行控制，以补偿扰动作用对被控变量的影响。前馈控制是在不变性原理的基础上发展而成的，在工程上，前馈控制系统逐渐得到了广泛的应用。

智能汽车的一般状态方程为

$$\dot{x} = Ax + Bu \tag{3-44}$$

式中，u 为前轮转角 δ。

考虑到道路曲率 $\dot{\varphi}_{\text{des}}$ 的存在，式（3-44）应改写为

$$\dot{x} = Ax + B\delta + B_2\dot{\varphi}_{\text{des}} \tag{3-45}$$

当车辆在曲线道路上行驶时，需要引入和道路曲率相关的前馈控制控制器以帮助消除跟踪误差。

（3）反馈控制

反馈控制是指将系统的输出信息返送到输入端，与输入信息进行比较，并利用二者的偏差进行控制的过程。反馈控制其实是用过去的情况来指导现在和将来。

在控制系统中，如果返回的信息的作用是抵消输入信息，则称为负反馈，负反馈可以使系统趋于稳定；若其作用是增强输入信息，则称为正反馈，正反馈可以使信号得到加强。

对于智能网联汽车运动控制来说，常使用负反馈控制器来消除系统存在的误差，车辆的状态方程仍用式（3-45）表示。为了满足控制系统的控制要求，并使控制系统构成全状态反馈控制系统，需要设计反馈控制律：

$$u = -Kx \tag{3-46}$$

（4）横向控制

自动驾驶汽车作为一个高度非线性的非完整运动约束系统，其模型和所处外界环境存在不确定性及测量不精确性，导致对车辆进行运动控制具有一定难度。

横向控制主要是控制航向，通过改变转向盘力矩或角度的大小等使车辆按照想要的航向行驶。依据人类驾驶经验，驾驶人在驾驶途中会习惯性地提前观察前方道路，并预估前方道路情况，提前获得预瞄点与车辆所处位置的距离。

如果车辆前方道路右转弯，驾驶人会依据道路曲率和行驶车速将转向盘向右转一定角度，为使车辆平顺转弯，驾驶人需要不断观察车辆实际运行位置与道路中心线间的横向位移偏差和航向角偏差，并调整转向盘转角来减小这些偏差，便于准确快速地跟踪期望路径。

但该过程容易受到周围环境的影响，且随车速的变化而变得更加复杂，后来在此基础上产生了驾驶人"稳态预测动态校正假说""预瞄最优曲率模型""最优预瞄加速度模型"。而在智能网联汽车的研究中，预瞄跟随理论同样适用。

建立车辆横向控制系统，首先需要搭建道路车辆动力学控制模型，根据最优预瞄驾驶人原理与模型设计侧向加速度最优跟踪（PD）控制器，从而得到车辆横向控制系统（图 3-41）。

其次，以车辆纵向速度及道路曲率为控制器输入，预瞄距离为控制器输出，构建预瞄距离自动选择的最优控制器，从而实现车辆横向运动的自适应预瞄最优控制。

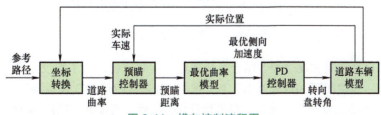

图 3-41　横向控制流程图

（5）纵向控制

纵向控制主要为速度控制，通过控制制动踏板和加速踏板等实现对车速的控制，对于自动变速器车辆来说，控制对象其实就是制动踏板和加速踏板。纵向控制作为智能网联汽车运动控制的重要组成部分，也是智能驾驶研究领域的核心难题之一。车辆纵向控制的控制原理是基于加速踏板与制动踏板的控制与协调切换，从而控制车辆加速、减速，实现对车辆纵向期望速度跟踪与控制。

智能网联汽车纵向控制系统分为两种模式：直接式和分层式。直接设计控制器对控制参数进行调控的称作直接控制法；分成两个或多个控制器的称为分层结构控制法。直接式针对单个控制对象，不考虑控制对象与其他车辆的相对位置。

分层式考虑车辆在行驶队列的转向、加速与制动等行为，以其他车辆作为参考进行控制。

1）纵向控制的两种模式。直接式运动控制是通过纵向控制器直接控制期望制动压力和加速值，从而实现对跟随速度和跟随减速度直接控制，具有快速响应等特点，如图 3-42 所示。

由于智能网联汽车纵向动力学模型为复杂多变量非线性系统，且存在较大的参数不确定性及测量不精确性，因此通过单个控制器实现多性能控制较为困难。

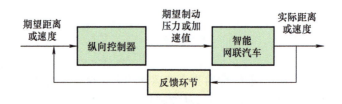

图 3-42　直接式运动控制结构

为了降低纵向控制系统的设计难度，许多研究者基于分层控制结构，根据控制目标的不同，将智能网联汽车纵向控制系统分为上位控制器和下位控制器进行单独设计。分层式纵向控制结构如图 3-43 所示，上位控制器控制策略设计的目的是产生期望车速或者期望加速度；下位控制器接受上位控制器产生的期望状态值，并按照其控制算法产生期望的制动压力值与期望加速值，从而实现车辆纵向车间距离或速度跟踪控制的功能。

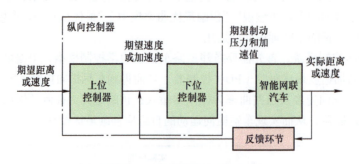

图 3-43　分层式运动控制结构

2）直接式运动控制实现过程。结合直接式运动控制流程，为了实现车辆纵向控制，通常需要考虑"位移 - 速度闭环 PID 控制器"和"速度 - 加速度闭环 PID 控制器"，并且需要对加速控制器、制动控制器以及两者的切换策略进行设计。然后，通过 PI 控制器参数调节来优化控制器的性能，同时优化加速、制动切换控制逻辑，协调加速与制动动作来实现对期望目标车速的跟踪。控制系统结构如图 3-44 所示。

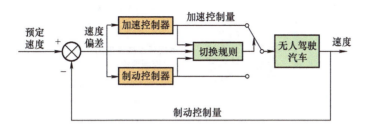

图 3-44　纵向控制结构

车辆在行驶过程中，同时踩下加速踏板与制动踏板会损坏车辆动力系统和传动系统。因此切换逻辑要保证以下两点：

① 在踩下加速踏板的时候需要释放制动踏板，在踩下制动踏板的时候需要释放加速踏板，避免加速踏板和制动踏板同时工作。

② 避免加速踏板、制动踏板频繁切换。

由此设计加速踏板与制动踏板协调切换控制逻辑，根据期望车速与当前实际车速的误差来协调控制加速、制动的切换。

（6）横纵向协同控制

独立的横向控制系统或者纵向控制系统并不能体现车辆实际运行时的特性，且不能满足各种道路工况需求。为实现横、纵向控制器在实际情况下的控制效果，需要将横向控制与纵向控制协同起来并优化控制参数，构建智能网联汽车综合控制系统。该综合控制系统用于实现自动驾驶车辆的横、纵向耦合运动控制。横纵向协同控制架构包括决策层、控制层与模型层。各层的作用如图 3-45 所示。

1）决策层：根据视觉感知系统感知的车辆外界道路环境信息与车辆行驶状态信息，对车辆的行驶路径进行规划形成期望运动轨迹，并根据期望运动轨迹选择期望速度。

2）控制层：基于决策层得到的期望路径与期望车速输入，经过控制系统的分析与运算得到理论的前轮转角输出、加速控制输出以及制动器控制输出信号，作用于自动驾驶车辆，保证自动驾驶车辆跟踪期望速度沿着期望轨迹行驶。

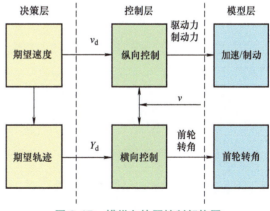

图 3-45　横纵向协同控制架构图

3）模型层：对于横纵向运动综合控制系统，运用数学知识建立整车横纵数学模型。

由协同控制架构可以看到，智能网联汽车的纵向速度既是横向控制器的状态量输入又是纵向控制器的状态量输入，横向控制系统的前轮转角与车速有关，纵向控制系统的模糊控制器速度偏差输入与加速度偏差输入与车速有关，车辆的纵向车速成为连接横向控制系统与纵向控制系统的关键点。

知识链接

7 种现代车辆常见的
控制理论

思考题

1. 智能网联汽车在做行为决策时需要知道哪些信息？

2. 常见的路径规划算法有哪些？

3. 全局路径规划和局部路径规划各有什么特点？

4. 用于搜索可行驶空间的方法有哪些？各有什么优缺点？

5. 智能网联汽车线控技术有哪些？分别说明其特点。

6. 智能网联汽车运动控制方法有哪些？简述其原理。

第4章 智能网联汽车专用通信与网络技术

本章介绍与智能网联汽车相关的通信与网络技术，包括车载网络技术、V2X 技术、移动网络通信技术、物联网无线通信技术，并对每种技术从技术特点、技术应用以及对智能网联汽车的作用等方面进行详细介绍。

 学习目标

1. 了解车载网络的类型、特点和区别。
2. 了解 V2X 技术的定义、技术特点和作用。
3. 了解移动通信技术的发展历程以及 5G 在 V2X 中的应用。
4. 了解物联网无线通信技术的类型、技术特点与作用。

4.1 车载网络技术

最近苏大强的小车出了点小毛病，车能正常行驶但是仪表板上的指示灯不亮了。于是他把车开到 4S 店进行维修，维修人员检查后初步判断是车载网络通信出现了异常，导致指示灯不亮。那么车载网络都有哪些类型，有什么作用呢？

随着智能化网联化技术的发展，汽车包含越来越多的电子控制单元（Electronic Control Unit，ECU），多个 ECU 之间相互连接并进行信息共享与交换，共同构成汽车车载网络系统，简称车载网络。车载网络通过各类数据总线连接不同的节点，实现不同智能模块或机载系统之间的信息交互，比如发动机、传动系统、制动系统、车身、悬架、信息娱乐系统等。目前最为常用车载网络有 CAN、LIN、FlexRay、MOST 和车载以太网等。

智能网联汽车的网络构成

4.1.1 CAN 总线网络

1. CAN 总线概述

控制器局域网络（Controller Area Network，CAN）总线是一种共享式双线串行通信总线，能够将离散独立的数据线整理到统一节点上，具有较强的纠错能力，支持差分收发。1983 年，德国博世公司为解决现代汽车中众多电子控制单元之间的数据交换开发了一种串行数据通信协议，并形成国际标准 ISO 11898：1993 和 ISO 11519-2：1994，即第一代 CAN 总线。随着车内数据吞吐量越来越大，对 CAN 总线的通信数据量与通信质量要求也越来越高。2011 年，博世公司发布了第二代 CAN 总线 - 可变速率控制器局域网（Controller Area Network with Flexible Data-Rate，CAN FD），并形成国际标准 ISO 11898-1：2015。CAN FD 的数据位最大字节数 64 位，最高通信速率可达 5Mbit/s 甚至更高，弥补了 CAN 总线在总线带宽和数据长度的不足，提高了总线的通信速率，降低了总线负载。2020 年，德国 CiA（CAN in Automation）联盟提出了第三代 CAN 总线——超长控制器局域网（Controller Area Network Extra Long，CAN XL）。CAN XL 能够提供高达 10Mbit/s 的数据速度，并且帧长度支持 1 ~ 2048Byte 的可变长度，必要时还能够将以太网帧打包为 CAN XL 消息，直接或间接通过 CAN XL 使用 IP 通信技术。另外 CAN XL 可以向下兼容经典 CAN 或 CAN FD，将有助于汽车中的数据传输和控制器固件更新的

高效进行。CAN 总线主要用于汽车中的动力总成、底盘和车身电子设备，如电子燃油喷射装置（EFI）、防抱死制动装置（ABS）、车身控制器（BCM）、安全气囊装置（SRS/Airbag）、空气调节系统（HVCA）、电控动力转向系统（EPS）和自动巡航系统（ACC）等，如图 4-1 所示。

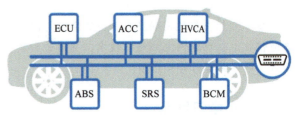

图 4-1　汽车内 CAN 总线示意图

2. CAN 总线网络结构

　　CAN 总线的物理连接采用双绞线，分别为 CAN_H 和 CAN_L，使用差分信号进行数据传输。为了避免信号的反射和干扰，还需要在 CAN_H 和 CAN_L 之间接上 120Ω 的终端电阻，

CAN 总线的典型结构如图 4-2 所示。CAN 总线网络中的每个电子设备被称为一个节点。CAN 总线上的一个节点发送数据时，会以报文形式广播给网络中所有节点，此时网络中的其他节点都处于接收状态，所有节点都要先

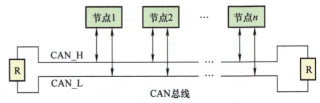

图 4-2　CAN 总线结构拓扑图

对其进行接收。CAN 总线的每个消息都预先定义了一个唯一的 ID 作为识别，CAN 总线网络中的所有节点接收到传输的数据包后会根据 ID、CAN 节点决定是否接受它。当多个节点试图同时发送数据时，CAN 总线遵循仲裁过程，使用非破坏式、逐位仲裁的方式确定消息优先级，低优先级的消息不会干扰高优先级的消息，以便决定哪个节点使用总线。

3. CAN 总线的特点

　　CAN 总线使用串行数据传输方式以及面向内容的编址方案，具备结构简单、成本低、中央集成控制、鲁棒性高、高效灵活等优点，缺点则是共享访问，带宽较低。CAN 总线的主要特点可以总结为以下几点：

　　1）多主系统：CAN 总线网络上的节点不分主从，任意节点可在任意时刻向其他节点发送数据。

　　2）广播发送：CAN 节点只需要通过对报文的标识符滤波即可实现点对点、一点对多点及全局广播等不同数据传送与接收方式。

　　3）最高速率：经典 CAN 总线数据传输速率最高可达 1Mbit/s，CAN FD 数据传输速率最高可达 5Mbit/s，CAN XL 数据传输速率最高可达 10Mbit/s。

4）帧结构：经典 CAN 每条报文最多 8 字节数据，传输时间短，受干扰概率与数据出错率极低；CAN FD 一帧数据最大长度由 8 字节变成了 64 字节，而且波特率可变；CAN XL 一帧数据最大为 2048 字节。

5）数据校验，帧内应答：CAN 的每帧信息都有 CRC 校验及其他检错措施。

6）错误检测与处理机制：节点在严重错误时会自动切断与总线联系，从而不影响其他节点操作；发送的信息遭到破坏后，可自动重发。

7）优先级与仲裁机制：采用非破坏总线仲裁技术，多个节点同时发送信息时，优先级较低的节点会主动退出发送，而最高优先级的节点可不受影响地继续传输数据。

8）方式灵活：CAN 通信介质可为双绞线、同轴电缆或光纤，选择灵活。

4.1.2　LIN 总线网络

1. LIN 总线概述

局域互联网络（Local Interconnect Nework，LIN）总线是一种基于通用异步收发传输器（Universal Asynchronous Receiver/Transmitter，UART）的串行通信协议，由 LIN 协会制定相关协议标准。LIN 总线应用的主要目的是提供一种低成本的汽车总线，作为 CAN 等高速总线的辅助网络或子网络。LIN 总线适用于对总线性能要求不高的车身系统，如车辆空调控制、后视镜、车门模块、座椅控制、低成本传感器等的连接域控制。LIN 网络在汽车中一般不独立存在，通常会与上层 CAN 网络相连，形成 CAN-LIN 网关节点，如图 4-3 所示。使用 LIN 总线可有效地简化网络线束，降低成本，提高网络通信效率和可靠性。

图 4-3　LIN 总线网络拓扑图

2. LIN 总线网络结构

LIN 总线使用单信号线进行传输，采用单主多从的模式架构，由 1 个主节点与多个从节点组成，所有的节点都包括一个从任务，主节点还包含一个主任务，如图 4-4 所示。LIN 总线上的所有通信都由主机节点中的主机任务发起，主机任务根据进度表来确定当前的通信内容，发送相应的帧头，并为报文帧分配帧通道。总线上的从机节点不能够主动发送数据，需要接收主机节点的帧头解读

图 4-4　LIN 总线组成

标识符信息，从而判断进行发送应答、接收应答或者既不接收也不发送应答。基于这种报文滤波方式，LIN 可实现多种数据传输模式，且一个报文帧可以同时被多个节点接收利用。LIN 总线的典型电平为 12V，速率最高为 20kbit/s，由于物理层限制，一个 LIN 网络最多可连接 16 个节点，通常不超过 12 个，且主节点有且仅有一个。

3. LIN 总线的特点

LIN 总线是作为 CAN 网络的一种补充，具有更低的成本优势，其主要特点可以总结为以下几点：

1）采用单主控器，多从设备模式，无需总线仲裁机制。

2）基于通用 UART 接口，能够利用微控制器（Micro Controller Unit，MCU）的硬件条件，成本极低。

3）传输速率最高达 20kbit/s。

4）传输具有确定性，传播时间可以提前计算。

4.1.3 FlexRay 总线网络

1. FlexRay 总线概述

FlexRay 是一种数据速率高达 10Mbit/s 的共享串行总线。FlexRay 总线标准由 FlexRay 联盟开发制定，并于 2013 年形成国际标准 ISO 17458。FlexRay 基于事件触发和时间触发机制，具有高效的网络利用率和系统灵活性特点，能够满足智能汽车的高吞吐量、确定性、容错性和灵活性的网络需求，可以有效支持未来智能汽车多重安全和线控（X-by-Wire）等功能要求。FlexRay 具有比 CAN 更高的带宽优势和同步性等优点，缺点则是成本较高，而且需要共享使用媒体。FlexRay 主要用于汽车高性能动力总成和安全系统，如线控驱动、主动悬架和自适应巡航控制等。

2. FlexRay 总线网络结构

FlexRay 总线系统可以线性总线、星形总线以及混合总线等不同拓扑结构形式安装在车内，如图 4-5 所示。FlexRay 总线采用双通道设计，每个通道带宽 10Mbit/s，可采用单通道或双通道进行通信。FlexRay 总线数据收发采取时间触发和事件触发两种机制。利用时间触发通信时，网络中的各个节点都能预知彼此将要进行通信的时间。通信周期分为静态部分、动态部分、网络空闲时间。静态部分和动态部分均用来传输 FlexRay 报文，静态部分使用时分多址（Time Division Multiple Access，TDMA）方法，每个节点均匀分配时间片并且只在属于自己的时间片内发送消息，动态部分使用频时分多址（Flexible Time Division Multiple Access，FTDMA）方法，每个节点进行轮询判断是否发送消息。特征窗用来发送唤醒特征符和媒介访问检测特征符。网络空闲时间用来实现分布式的时钟同步和节点参数的初始化。对于时间要求不高的信息，可配置在事件控制区域内通过事件触发实现数据的传输。

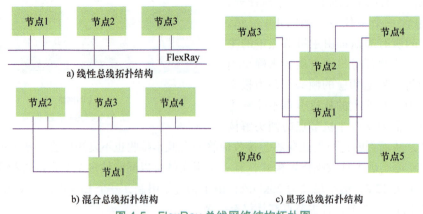

图 4-5 FlexRay 总线网络结构拓扑图

3. FlexRay 总线的特点

Flexray 总线是继 CAN 总线和 LIN 总线之后的新一代汽车控制总线技术，具有高速率、高可靠等优点，但成本也比较高。其主要特点可以总结为以下几点：

1）高传输速率：FlexRay 采用双通道，可通过一个或两个通道进行数据传输，每个通道的数据传输速率可达 10Mbit/s，双通道最高可达 20Mbit/s。

2）同步时基：FlexRay 使用基于同步时基的访问方法。该时基通过协议自动建立和同步，并提供给应用。时基的精确度介于 0.5 ~ 10μs 之间（通常为 1 ~ 2μs）。

3）确定性：FlexRay 总线采用时间触发机制，每个节点能够预知消息发送以及接收的时间。

4）高容错：FlexRay 总线使用循环冗余校验（Cyclic Redundancy Cheek，CRC）方法检验通信中的差错和双通道通信冗余，具有较强的容错能力。

5）灵活性：FlexRay 支持线性总线、星形总线和混合总线等多种网络拓扑结构，可根据具体应用支持消息长度配置，支持基于 TDMA/FTDMA 进行静态、动态消息传输。

4.1.4　MOST 总线网络

1. MOST 总线概述

媒体定向系统传输（Media Oriented Systems Transport，MOST）总线是针对车内多媒体应用的数据总线技术，标准协议由德国 MOST 合作组（MOST Cooperation）于 2001 年制定。MOST 总线使用光纤传输，具有抗干扰性强、带宽高、信号衰减少等特点，传输速率可达 150Mbit/s，可同时传输音像流数据、文件数据等。MOST 总线主要用于高端汽车中的信息娱乐系统和媒体信息系统等。

2. MOST 总线网络结构

MOST 总线主要采用光脉冲传输数据，采用环形网络拓扑结构，每个环允许最多达 64 个的装置（节点）。连接在环形总线内只能朝着一个方向传输数据，并且只有中央网关模块才能实现 MOST 总线和其他总线系统之间的数据交换，如图 4-6 所示。MOST 总线采用数据信道（Data Channel）与控制信道（Control Channel）的设计定义，由控制信道设定如何使用与收发数据信道。控制信道设定完成后数据就会持续地从发送处传输到接收处，过程中无须进一步封包处理，非常适用于实时性音频、视频串流传输。

图 4-6　MOST 总线网络结构拓扑图

3. MOST 总线的特点

MOST 总线的优势是带宽相对较高，能够满足汽车多媒体应用需求。缺点是扩展性差且技术开发周期长，专利技术成本昂贵。MOST 总线的主要特点可以总结为以下几点：

1）传输速率高：保证低成本的条件下，达到 24.8Mbit/s 的数据传输速度。

2）节点数：最多可以连接 64 个节点。

3）支持多媒体数据实时处理，支持数据的同步和异步传输。

4）支持即插即用方式，在网络上可随时添加和去除设备。

5）采用光纤网络，不受电磁辐射干扰。

4.1.5 车载以太网

1. 车载以太网概述

车载以太网是一种用以太网连接车内电子单元的新型局域网技术。其底层技术标准主要由 IEEE 基于 IEEE 802.3 标准改进，目前包括 IEEE 802.3cg（10BASE-T1）、IEEE 802.3bw（100BASE-T1）、IEEE 802.3bp（1000BASE-T1）和 IEEE 802.3ch（10GBASE-T1）标准。车载以太网使用单对非屏蔽双绞线，通信速率为 100 ~ 1000Mbit/s，最大距离为 25m，相比传统 CAN、LIN 以及 FlexRay 等车载网络技术具有大带宽、低时延等优势，见表 4-1。车载以太网能够满足智能汽车算力和数据传输对高可靠性、低电磁辐射、低功耗、带宽分配、低延迟以及同步实时性等方面的要求。当前车载以太网主要用于车内 ECU 的诊断更新、信息娱乐系统和驾驶辅助系统等。随着汽车智能化和网联化发展，车载以太网将逐步深入并有望成为整车通信网络的主干网。

表 4-1　车载以太网与其他车载网络技术对比

车载网络	传输速率 /（bit/s）	带宽 /（bit/s）	最大载荷 /byte	网络长度 /m	拓扑	总线分配方式	容错率	传输介质	成本	应用
CAN	0.125 ~ 1M	1M	8	40	多主	CSMA/CA	高	双绞线	较低	空调、仪表
LIN	10 ~ 125K	20K	8	40	单主	UART/SCI	高	单缆	低	灯光、门锁
FlexRay	1 ~ 10M	10M	254	24	单主 / 星形	TDMA/FTDMA	中等	双绞线 / 光纤	中等	引擎控制、ABS
MOST	> 10M	150M	370	1280	多主 / 单主	TDMA	低	双绞线 / 光纤	高	娱乐、导航
车载以太网	100 ~ 1000M	100/1000M	1500	25	星形 / 树形	CSMA/CD	低	单对非屏蔽双绞线	高（未量产）	ADAS、雷达

2. 车载以太网网络结构

车载以太网网络架构主要包括网关、交换机、域控制器、连接器、双绞线缆等，各个域控制器均通过车载以太网总线连接网关的交换机。车载以太网交换机用于实现各个域控制器之间的信息交互，网关将通信协议转换后的执行请求通过交换机转发给域控制器，实现各个域控制器之间信号的高效交互，车载以太网继承了传统以太网的灵活性及可扩展性，支持环形、星形、树形或是总线型等多种拓扑形态。车载以太网协议栈包括多个不同层次的协议，可分为物理层、数据链路层、网络层、传输层和应用层，如图 4-7 所示。车载以太网主要涉及 OSI 的物理层（Layer1）和数据链路层（Layer2）技术，支持 AVB、TCP/IP、DOIP、SOME/IP 等多种上层协议和应用。

3. 车载以太网的特点

车载以太网使用单对非屏蔽双绞线以及更小型紧凑的插接器，预计可以减少整车 70% ~ 80% 的插接器成本和 30% 的布线重量，更适合车载应用需求。车载以太网的主要特点可以总结为以下几点：

1）高带宽：传统 CAN 通信速率是 1Mbit/s，FlexRay 可以到达 10Mbit/s，而车载以太网可达 100 ~ 1000Mbit/s，不仅具备适应 ADAS、影音娱乐、汽车网联化等需要，而且具备向更高性能演进的潜力。

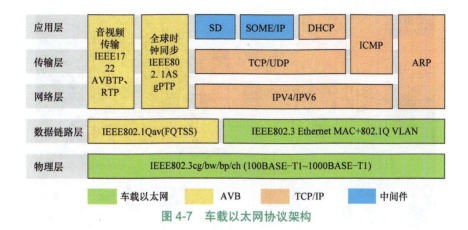

图 4-7　车载以太网协议架构

2）通信协议成熟丰富：基于 TCP/IP 的网络分层模型，网络协议标准使用广泛且成熟，车载应用只需针对不同层次的协议作少量适配即可应用。

3）组网灵活：支持环形、星形、树形或总线型等多种拓扑形态，可延展性强。

知识链接

4.2　V2X 技术

苏大强驱车前往机场，前方车辆速度有点缓慢并且挡住了苏大强的视线，而对向车道正驶来一辆汽车，此时苏大强正准备从对向车道超车，车上的 V2X 预警系统发出了碰撞预警，提示对向车道有来车。那么，什么是 V2X，它又是如何发现对向车道的车辆的呢？

4.2.1　V2X 定义

车联网（Vehicle to Everything，V2X）是实现车辆与周围的车、人、交通基础设施和网络等全方位连接和通信的新一代车用无线通信技术。根据通信对象不同，V2X 通信可划分为车与车通信（Vehicle-to-Vehicle，V2V）、车与路侧基础设施通信（Vehicle-to-Infrastructure，V2I）、车与人通信（Vehicle-to-Pedestrian，V2P）、车与网络通信（Vehicle-to-Network，V2N）等，V2X 具有低时延、高带宽、高可靠等优点，如图 4-8 所示。

1）V2V 应用指邻近的车载设备（User Equipment，UE）间交互（V2V）应用信息，基于标准协议的广播或单播方式，采用 UE 间直通模式，不需要借助网络设施（如基站等）即可实现 UE 间信息交互。

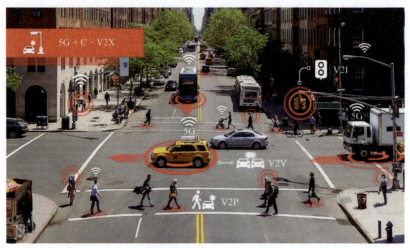

图 4-8　V2X 应用场景示意图（V2V，V2P，V2I 和 V2N）

2）V2I 应用指车载（UE）与路侧单元（RSU）或本地应用服务器采用直通模式进行通信。例如路侧感知设施（如摄像头、雷达、信号灯等）可以获取道路交通状态并通过 RSU 广播给车辆 UE。

3）V2P 应用指车载（UE）和人持 UE 间交互 V2P 应用消息。信息交互可采用 UE 间直通模式，或者经由基础设施（如路侧单元、应用服务器）在 UE 间交互信息。

4）V2N 应用指 UE 与应用服务器通过蜂窝网络进行通信。

V2X 将"人、车、路、云、图"等交通参与要素有机的联系在一起，不仅可以支撑车辆获得比单车感知更多的信息，实现交通安全类、交通效率类、自动驾驶类、信息娱乐类等丰富的应用场景，还有利于与智能交通、自动驾驶等领域融合发展、协同演进，构建一个智慧的交通体系，对提升交通效率、提高驾驶安全、降低事故发生率、改善交通管理、减少污染等具有重要意义。

4.2.2　V2X 技术组成

V2X 有两大标准技术路线：专用短程通信技术（Dedicated Short Range Communications，DSRC）和基于蜂窝技术的车联网通信（Cellular Vehicle to Everything，C-V2X），如图 4-9 所示。

1. DSRC 技术

DSRC 是美国主导的 V2X 通信技术，由电气和电子工程师协会（Institute of Electrical and Electronics Engineers，IEEE）

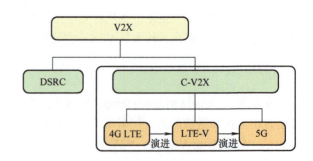

图 4-9　车联网通信技术分类与演进计划

在 WiFi 技术基础上改进制定的 IEEE802.11p 技术，具有传输速率高、延迟短等特点，支持车辆在 5.9GHz 专用频段进行 V2V、V2I 的直连通信。DSRC 的标准化工作可以追溯到 2004 年，包括 IEEE 制定的 IEEE802.11p、IEEE 1609 以及汽车工程学会（Society of Automotive Engineers，SAE）制定的 SAE J2735、J2945 等标准。IEEE802.11p 定义了汽车相关的专用短距离通信物理层标准，采用正交频分复用（Orthogonal Frequency Division Multiplexing，OFDM）等调变技术，同时搭配向前错误校正技术（Forward Error Correction，FEC）等，可以提高高速移动下信息传递的实时性。IEEE 1609 车载环境无线接入（Wireless Access Vehicle Environment，WAVE）系列标准定义了网络架构和流程，SAE J2735 和 SAE J2945 定义了消息包中携带的信息，包括来

自汽车上的传感器信息，例如位置、航向角、速度和制动信息等。DSRC 通信技术架构如图 4-10 所示。

DSRC 系统结构主要由车载单元（On Board Unit，OBU）、路侧单元（Road Side Unit，RSU）和专用通信链路三部分组成，如图 4-11 所示。

1）OBU 是安装在车辆上的嵌入式车载通信单元，它通过专用的通信链路依照通信协议的规定与 RSU 进行信息交互。

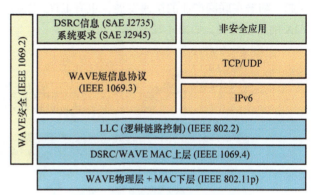

图 4-10　DSRC 通信技术架构

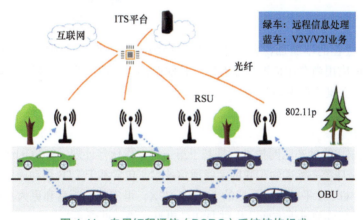

图 4-11　专用短程通信（DSRC）系统结构组成

2）RSU 是安装在指定地点（如车道旁边、车道上方等）固定的通信设备，与不同 OBU 进行实时高效的通信，并通过有线光纤的方式接入移动互联网设备，与云端智能交通（ITS）平台进行数据交互。

3）专用通信链路是 OBU 和 RSU 保持信息交互的通道，它由两部分组成：下行链路和上行链路。RSU 到 OBU 的通信应用为下行链路，主要实现 RSU 向 OBU 写入信息的功能。上行链路是从 OBU 到 RSU 的通信，主要实现 RSU 读取 OBU 的信息，完成车辆状态的自主识别功能。

DSRC 最早被美国、日本等国家广泛认同，发展时间较长，形成了完善的标准体系和产业布局。产业链相关参与方包括许多车厂在 DSRC 系统上做了将近 10 年的研究和测试评估，然而其商用进展一直不理想，针对自动驾驶等新应用也没有清晰的技术和标准演进路线。

我国的 DSRC 技术与欧美等相比发展较晚，与国际上主流 DSRC 技术之间存在较大差距，且主要应用于电子不停车收费系统（Electronic Toll Collection，ETC）领域，ETC 的功能主要

是高速公路收费。2007 年 3 月，全国智能运输系统标准化技术委员会 SAC/TC268 颁布 GB/T 20851—2019《电子收费 专用短程通信》。GB/T 20851 是以 CEN/TC 278 系列标准为主要参考对象，以满足我国 ETC 应用需求为主要目的而制定的。该标准的主要技术特点是采用 5.8GHz 微波频段主动式通信制式和主从式通信方式，并且将 DSRC 协议与高速公路 ETC 应用捆绑在一起。随着车联网产业的快速发展，也有 ETC 主流厂商提出，未来 ETC 将朝着 ETC2.0，再到 V2X 的路径发展，如图 4-12 所示。

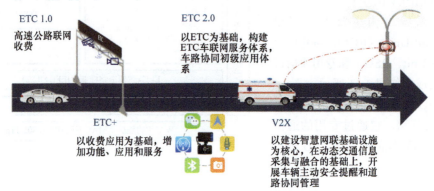

图 4-12　厂商提出的 ETC 技术发展路线图

随着车联网进程的不断加深，由于缺少充裕的频谱资源和足够的路边基础设施，当前 DSRC 在车联网的应用尚存在扩展性能有限、传输范围小、用户服务质量无法保证、未来技术演进路线不明确等关键难题需要攻克。

2. C-V2X 技术

（1）C-V2X 概述

C-V2X 是我国主推的车联网技术，是基于第三代合作伙伴计划（3rd Generation Partnership Project，3GPP）全球统一标准的车联网无线通信技术，包含基于 LTE 移动通信技术演进形成的 LTE-V2X 和基于 5G NR 平滑演进形成的 5G NR-V2X，可实现长距离和更大范围的通信，在技术先进性、性能及后续演进等方面，相对 DSRC 更具优势，见表 4-2。

表 4-2　DSRC 与 C-V2X 的对比

技术对比	DSRC	C-V2X
制定者	IEEE	3GPP
主要标准版本	IEEE802.11p	3GPP R14 ~ R17
数据速率	12Mbit/s，最高 27Mbit/s	12Mbit/s
传输距离	300 ~ 500m	500 ~ 600m
适应车速	绝对速度 100km/h	绝对速度 250km/h
延迟时间	小于 50ms	20 ~ 100ms（LTE-V2X）
技术演进	无明确演进路线	LTE-V2X 向 5G NR-V2X 平滑演进
应用场景	V2V、V2I	V2V、V2I、V2P、V2N

C-V2X 提供两种互补的通信模式，如图 4-13 所示。

1）直通模式。终端间通过直通链路（PC5 接口）进行数据传输，在没有蜂窝网络覆盖的地方仍能正常工作，并且直连通信时延低，适用于对时延敏感的安全性相关应用场景。可实现 V2V、V2I、V2P 等直通通信，支持蜂窝覆盖内和蜂窝覆盖外两种场景。

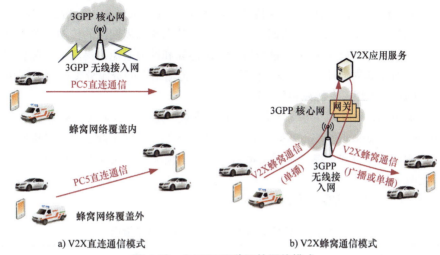

a) V2X直连通信模式　　　　　b) V2X蜂窝通信模式

图 4-13　C-V2X 两种互补通信模式

2）蜂窝模式，沿用传统蜂窝通信模式，使用终端和基站之间的蜂窝通信接口（Uu 接口）实现 V2N 通信，并可实现基于基站的数据转发实现 V2V、V2I、V2P 通信，基于 Uu 的 V2X 的通信距离更长，要求车载终端必须在蜂窝网络覆盖范围内。

在系统架构方面，C-V2X 系统架构除了引入实现直连通信的 PC5 接口外，还引入新的逻辑网元 VAS（V2X Application Server）和对应接口。并针对 V2X 管控和安全需求，在 LTE-V2X 中引入核心网网元 V2X 应用服务（V2X Control Function，VCF），在 NR-V2X 中对策略控制功能（Policy Control Function，PCF）、访问和移动管理功能（Access and Mobility Management Function，AMF）等实体进行了适应性扩展。实现对 C-V2X 蜂窝网络覆盖内、覆盖外通信场景的灵活支持，以及为各类车联网应用提供差异化的服务质量（Quality of Service，QoS）。

在无线传输方面，帧结构是无线通信制式的基础框架。C-V2X 借鉴蜂窝通信的帧结构，并结合车联网的应用特点（如车辆高速运动引发的多普勒频偏问题等）和 5.9 GHz 高载频下的直通通信特性进行了改进。LTE-V2X 采用导频加密方法等以应对车辆相对高速运动及车辆自组织网络拓扑快速变化的挑战，并在 NR-V2X 中支持两列到四列的自适应导频参考信号模式，可应用于不同行驶速度场景和不同的参数集配置。LTE-V2X 支持广播通信方式以满足道路安全类应用的信息广播需求；NR-V2X 还扩展支持直通链路的单播和多播通信方式，用于支持辅助交互的业务需求。LTE-V2X 支持混合自动重传（Hybrid Automatic Repeat Request，HARQ）的盲重传，NR-V2X 引入自适应重传机制，实现比广播机制更高的可靠性。在调制方面，NR-V2X 引入了高阶调制（最高可以是 256QAM⊖）和空间复用的多天线传输机制（最大支持 2 层空间复用），以支持更高的传输速率。

在接入控制和资源调度方面，C-V2X 支持两种资源调度方式：基站调度方式和终端自主资源选择方式。LTE-V2X 最早提出这两种模式，NR-V2X 沿用并进行了适应性改进。在基站调度

⊖　所谓 256QAM，就是用 16 进制的数字信号进行了正交调幅，星座图上为 $16 \times 16 = 256$ 个点。

方式（即 LTE-V2X 的模式 3 和 NR-V2X 的模式 1）中，基站调度 V2X 终端在直通链路的传输资源，能够有效避免资源冲突、解决隐藏节点问题。在终端自主资源选择方式（即 LTE-V2X 的模式 4 和 NR-V2X 的模式 2）中，C-V2X 采用分布式资源调度机制。对于周期性特征明显的道路安全等 V2X 业务，采用感知信道与半持续调度（Semi-Persistent Scheduling，SPS）结合的资源分配机制。充分利用 V2X 业务的周期性特点，发送节点预约周期性的传输资源来承载待发送的周期性 V2X 业务，有助于接收节点进行资源状态感知和冲突避免，提高了资源利用率，提升了传输可靠性。对于非周期性业务，采用感知与单次传输结合的资源分配机制，但由于无法预测和预约未来的资源占用，资源碰撞概率较大。

在同步机制方面，为了减少系统干扰，实现全网统一定时，C-V2X 支持基站、全球导航卫星系统（Global Navigation Satellite System，GNSS）、终端作为同步源的多源异构同步机制。由基站配置同步源和同步方式，在蜂窝网络覆盖外则采用预配置方式确定同步源，以便实现全网统一的同步定时。

LTE-V2X 与 NR-V2X 主要技术指标见表 4-3。

表 4-3　LTE-V2X 与 NR-V2X 主要技术指标

指标项	LTE-V2X	NR-V2X
3GPP 标准版本	R14、R15（5G eMBB + LTE-V2X）	R16 及后续演进版本
PC5 频谱	5905～5925MHz（中国）	尚未分配
带宽和子载波间隔	20MHz，15kHz	40MHz，15kHz、30kHz、60kHz、120kHz
通信方式	Uu 接口、PC5 广播	Uu 接口、PC5 广播 / 单播 / 组播
消息发送频率	≤ 10Hz（周期性或事件触发）	≤ 100Hz（周期性或事件触发）
直连支持最大车速	支持最高绝对速度 250km/h	支持最高绝对速度 250km/h
数据传输速率	kbit/s	> 10Mbit/s
端到端时延	20～100ms	3～10ms
可靠性	≤ 95%	≤ 99.999%
应用场景	面向辅助驾驶基本安全类应用（碰撞预警、红绿灯信息、道路信息）	面向自动驾驶的高级应用（意图共享、感知共享、车辆编队、协同驾驶、远程驾驶）

（2）LTE-V2X 技术

LTE-V2X（Long Term Evolution-Vehicle-to-Everything）是指基于 LTE 移动通信技术演进形成的 V2X 车联网无线通信技术，LTE-V2X 由 3GPP Rel-14 和 Rel-15 技术规范定义。其中，Rel-14 在蜂窝通信中引入了支持 V2X 短距离直通通信的 PC5 接口，支持面向基本道路安全业务的通信需求，主要实现辅助驾驶功能，已于 2017 年 3 月完成。3GPP Rel-15 技术规范定义对 LTE-V2X 直通链路进行了增强，包括多载波操作、高阶调制（64QAM）、发送分集和时延缩减等新技术特性，于 2018 年 6 月完成。LTE-V2X 发展历程如图 4-14 所示。在中国通信标准化协会（CCSA）的组织下，我国制定形成了完善的 LTE-V2X 标准体系，包括接入层、网络层、消息层、应用层及安全等全系列标准，并由中国信通院牵头组织"三跨""四跨""新四跨"等互联互通及大规模测试活动进行标准验证。当前我国已具备 LTE-V2X 商用条件。

LTE-V2X 通信协议架构由接入层、网络层和应用层组成，如图 4-15 所示。接入层是 LTE-V2X 系统的底层协议，定义在 PC5 接口和 Uu 接口两种工作方式下的物理层、MAC 层、

RLC 层、PDCP 层、RRC 层以及空闲模式下的 UE 过程，提供帧传输控制服务和信道的激活、失效服务，定时收发及同步等功能，以及对上层提供无差错的链路链接，保障信息的可靠传输；网络层包括数据子层和管理子层，主要提供传输应用层间的数据流和不同设备管理层实体或管理层实体与应用间的数据流，同时提供系统配置和维护等功能；应用层包括消息层和用户应用，消息层向下对接网络层的数据子层，向上支持具体的用户应用，消息层数据集采用 ASN.1 标准进行定义，编码方式遵循非对齐压缩编码规则 UPER；用户应用包含具体的应用场景实现逻辑，如 RSU 应用和 OBU 应用等，用户应用协议由厂商具体实现。

图 4-14　LTE-V2X 发展历程

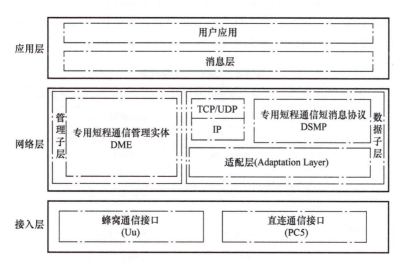

图 4-15　LTE-V2X 通信技术协议架构

中国已形成 LTE-V2X 技术标准体系，见表 4-4。

表 4-4　LTE-V2X 通信技术标准

序号	标准名称	标准状态	备注
1	YD/T 3400-2018 基于 LTE 的车联网无线通信技术 总体技术要求	发布	总体要求
2	YD/T 3340-2018 基于 LTE 的车联网无线通信技术 空中接口技术要求	发布	接入层（PC5 和 Uu 空口）
3	YD/T 3707-2020 基于 LTE 的车联网无线通信技术网络层技术要求	发布	网络层

（续）

序号	标准名称	标准状态	备注
4	YD/T 3708-2020 基于 LTE 的车联网无线通信技术 网络层测试方法	发布	网络层
5	YD/T 基于 LTE 的车联网无线通信技术 应用标识分配及映射	发布	网络层
6	YD/T 3709-2020 基于 LTE 的车联网无线通信技术 消息层技术要求	发布	消息层
7	YD/T 3710-2020 基于 LTE 的车联网无线通信技术 消息层测试方法	发布	消息层
8	T/CSAE 53-2020 合作式智能运输系统 车用通信系统应用层及应用数据交互标准（第一阶段）	发布	应用层
9	T/CSAE 157-2020 合作式智能运输系统 车用通信系统应用层及应用数据交互标准（第二阶段）	发布	应用层
10	YD/T 3977-2021 增强 V2X 业务应用层交互数据要求	发布	应用层
11	YD/T 3978-2021 基于车路协同的高等级自动驾驶数据交互内容	发布	应用层
12	YD/T 3594-2019 基于 LTE 的车联网通信安全技术要求	发布	信息安全
13	YD/T 3957-2021 基于 LTE 的车联网无线通信技术 安全证书管理系统技术要求	发布	信息安全

LTE-V2X 技术面向基本道路安全业务，可以支持位置、速度等信息的共享，支持碰撞预警、紧急停车预警等基础安全应用。T/CSAE 53—2020《合作式智能运输系统 车用通信系统应用层及应用数据交互标准（第一阶段）》定义了涵盖安全、效率、信息服务三大类的 17 个 DAY 1 典型应用；T/CSAE 157-2020《合作式智能运输系统 车用通信系统应用层及应用数据交互标准（第二阶段）》则面向安全、效率、信息服务、交通管理、高级智能驾驶等领域，定义了 12 个 DAY2 典型应用，应用场景见表 4-5 和表 4-6。

表 4-5 DAY 1 应用列表

序号	类别	主要通信方式	应用名称
1	安全	V2V	前向碰撞预警
2		V2V/V2I	交叉路口碰撞预警
3		V2V/V2I	左转辅助
4		V2V	盲区预警/变道预警
5		V2V	逆向超车预警
6		V2V-Event	紧急制动预警
7		V2V-Event	异常车辆提醒
8		V2V-Event	车辆失控预警
9		V2I	道路危险状况提示
10		V2I	限速预警
11		V2I	闯红灯预警
12		V2P/V2I	弱势交通参与者碰撞预警
13	效率	V2I	绿波车速引导
14		V2I	车内标牌
15		V2I	前方拥堵提醒
16		V2I	紧急车辆提醒
17	信息服务	V2I	汽车近场支付

表 4-6　DAY 2 应用列表

序号	场景分类	通信方式	应用名称
1	安全	V2V/V2I	感知数据共享
2	安全	V2V/V2I	协作式变道
3	安全 / 效率	V2I	协作式车辆汇入
4	安全 / 效率	V2I	协作式交叉通行路口
5	信息服务	V2I	差分数据服务
6	效率 / 交通管理	V2I	动态车道管理
7	效率	V2I	协作式优先车辆通行
8	信息服务	V2I	站场路径引导服务
9	交通管理	V2I	浮动车数据采集
10	安全	P2V	弱势交通参与者安全通行
11	高级智能驾驶	V2V	协作式车辆编队管理
12	效率 / 信息服务	V2I	道路收费服务

（3）5G NR-V2X 技术

　　NR-V2X 是 LTE-V2X 的演进技术，目前尚在研制之中。3GPP 于 2019 年 3 月完成了 Rel-16 NR-V2X 的研究课题，于 2020 年 6 月完成了 Rel-16 NR-V2X 标准化项目。后续仍将在 Rel-17 研究弱势交通参与者的应用场景，研究直通链路中终端节电机制、节省功耗的资源选择机制，并开展终端之间资源协调机制的研究以提高直通链路的可靠性和降低传输的时延。不同于 LTE-V2X 仅支持广播模式，基于 NR 的 V2X 通信可支持广播、组播和单播三种传输模式。广播是 V2X 中最基本的通信模式。组播通信用于支持特定群组内的信息交互，协助完成群组内终端的协商与决策等。组播通信的用户可以是以无连接方式构成的临时群组，也可以是存在稳定连接关系的固定群组。V2X 单播通信则基于新定义的 PC5-RRC（无线资源控制协议）信令实现终端到终端的可靠通信。NR V2X 还在 PSCCH/PSSCH/PSBCH 信道外，引入 PSFCH 以承载业务信道 PSSCH 的 HARQ 反馈信息，实现更高的可靠性。

　　总而言之，5G NR-V2X 通过底层关键技术的增强，能够支持更高的通信可靠性（99.999%）、更低的时延（3 ~ 10ms）和更高的数据速率，可以支持自动驾驶、编队驾驶、扩展传感、远程驾驶等更丰富的应用场景。未来 5G NR-V2X 将与 LTE-V2X 共存，并针对不同的应用服务，LTE-V2X 将提供基本的安全服务，而基于 5G NR-V2X 将提供先进应用支持自动驾驶。

知识链接

V2X 通信技术的发展与应用历程

移动网络通信技术

2025 年，苏大强下班后习惯性地坐进自己的智能汽车，开启车机与家人进行高清视频通话，通过车机为女儿购买了生日蛋糕，随后语音告知车辆行驶回家，这一切体验得益于车载 5G 网络大带宽和几乎无延迟的速率。苏大强已经不太记得 2022 年以前那种延迟、卡顿和时滞的车内体验是什么感觉，5G 汽车已经如生活中的智能手机般普遍。那么 5G 是如何发展而来，5G 将为汽车带来哪些变革？

4.3.1 移动网络通信技术的发展

自 20 世纪 80 年代以来，移动网络通信技术遵循 10 年 1 代的规律从 1G 到 5G 持续演化，随着市场和业务需求逐渐升级，如图 4-16 所示。

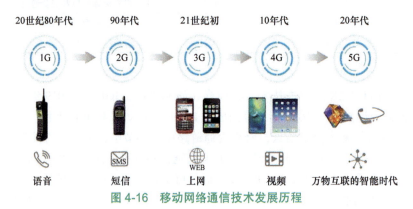

图 4-16 移动网络通信技术发展历程

1. 1G：第一代移动通信技术，模拟通信系统时代

第一代移动通信系统诞生于 20 世纪 80 年代初，发展完成于 20 世纪 90 年代初，"大哥大"便是这一时期最为典型的产品。第一代移动通信技术采用的是模拟技术和频分多址（Frequency Division Multiple Addressing，FDMA）技术，以服务企业用户为中心，通话标准模拟（蜂窝）仅限语音通信且仅为宏小区，主要用于户外覆盖。受传输带宽等技术限制无法实现移动电话的长途漫游，对信息的保密性差、通话质量差、传播范围的局限性强。典型通信系统主要包括美国的高级移动电话系统（Advanced Mobile Phone System，AMPS）以及北欧的全接入通信系统（Nordic Mobile Telephone，NMT）。1G 移动通信系统的典型特征见表 4-7。

表 4-7 1G 移动通信系统的典型特征

业务	电路域模拟话音业务
目标	提高单站话音路数和频谱效率
关键技术	FDMA，模拟调制，基于蜂窝结构的频率复用
频率	800/900MHz
覆盖	宏覆盖，小区半径千米量级
全球漫游	不支持
代表系统	AMPS，NMT
商用周期	1980—2000 年

2. 2G：第二段移动通信技术时代，数字网络的开始

第二代移动通信系统始于 20 世纪 90 年代初期。2G 通信技术主要采用时分多址（Time Division Multiple Address，TDMA）技术接入，从模拟调制进入到数字调制，支持通话标准数字（双模、双频）、语音和数据通信，且实现了宏/微小区，在空间传播范围上不再仅限于户外，可用于户内 / 户外覆盖，且由于自适应语音编码（AMR）技术的应用，极大提高了系统通话质量。2G 时代欧洲的 GSM（Global System for Mobile Communications）脱颖而出成为使用最广泛的移动通信制式，其数据传送速率可达 384kbit/s，初步具备了支持多媒体业务的能力。2G 具有高度的保密性，系统的容量增加了许多，同时从 2G 时代开始手机也可以上网、发短信了。但随着网内用户数量的增多，还无法在真正意义上满足移动多媒体业务的需求。2G 移动通信系统的典型特征见表 4-8。

表 4-8　2G 移动通信系统的典型特征

业务	数字话音，短信，9.6～384kbit/s 数据业务
目标	提高频谱利用效率，无缝切换
关键技术	TDMA/CDMA，GMSK/QPSK 数字调制，无缝切换，漫游
频率	800/900MHz，1800MHz
覆盖	宏小区 / 微小区为主，小区半径为几百米～几千米
全球漫游	支持
代表系统	GSM/GPRS/EDGE 和 CDMA
商用周期	1992 年至今

3. 3G：第三代移动通信技术，高速 IP 数据网络时代

第三代移动通信系统，也称 IMT2000，即工作在 2000MHz 频段，在 2000 年左右商用。3G 的主要技术标准包括 TD-SCDMA（Time Division-Synchronous Code Division Multiple Access），WCDMA（Wideband CDMA）以及 CDMA2000。3G 技术时代通过智能信号处理技术对信号进行处理，在话音通信的基础上实现了多媒体数据通信，以流媒体为代表的移动数据业务进入了人们的视线，移动互联网速度大幅提升，移动高速上网成为现实。WCDMA 是 3G 时代国际上使用范围最广泛的网络制式，满足业务丰富、价格低廉、全球漫游、高频谱利用率 4 个基本要求。3G 移动通信系统的典型特征见表 4-9。

表 4-9　3G 移动通信系统的典型特征

业务	话音、短信和多媒体
目标	高速移动 144kbit/s，低速移动 2Mbit/s；后续支持 40Mbit/s 以上速率
关键技术	CDMA，包交换；演进引入 HARQ 和 AMC，动态调度，MIMO 以及高阶调制
频率	2GHz 频段为主，也支持 800/900MHz，1800MHz
覆盖	宏小区 / 微小区 / 皮小区，小区半径几十米、几百米到几千米
全球漫游	支持
代表系统	TD-SCDMA，WCDMA，CDMA2000，WiMAX
商用周期	2001 年至今

4. 4G：第四代移动通信技术，全 IP 数据网络时代

从 3G 技术向 4G 技术演进初期存在两个主要备选方案：其一是 3GPP（Third Generation

Partnership Project）组织提出的长期演进（Long Term Evolution，LTE）系统，此系统采用正交频分多路复用技术（Orthogonal Frequency Division Multiplexing，OFDM）以及时分双工/频分双工（Time Division Duplexing/Frequency Division Duplexing，TDD/FDD）替代了码分多址（Code Division Multiple Access，CDMA）技术；其二是基于 IEEE 802.16m 的全球微波接入互操作性（Worldwide Inter-operability for Microwave Access，WiMAX）技术。LTE 进一步演进为 LTE 增强版本 LTE-A（LTE-Advanced），在热点覆盖和小区边缘 Qos 保障上均有更好的表现，成为 4G 的主流技术，并在之后成为向 5G 技术演化的基础。4G 采用无线蜂窝电话通信协议，集 3G 与 WLAN 于一体，数据峰值速率可高达 100Mbit/s、支持流媒体服务，具有通信速度更快、频谱更宽、灵活、智能性、兼容性、增值服务、高质量多媒体通信、频谱效率更高等优点，是目前正在被广泛使用的一代，终端数量规模庞大。4G 移动通信系统的典型特征见表 4-10。

表 4-10　4G 移动通信系统的典型特征

业务	全 IP 移动宽带数据业务
目标	高速 100Mbit/s，低速 1Gbit/s，频谱效率和用户体验极大提升
关键技术	OFDM，MIMO，高阶调制，链路自适应，全 IP 核心网，扁平网络架构
频率	广泛支持所有 ITU 分配的移动通信频谱，范围从 450MHz 到 3.8GHz
覆盖	宏小区/微小区/皮小区/家庭基站，小区半径几十米、几百米到几千米
全球漫游	支持
代表系统	TD-LTE-Advanced，LTE-Advanced FDD，OFDM-WMAN-Advanced
商用周期	2010 年至今

5. 5G：第五代移动通信技术，万物互联的时代

第五代移动通信技术是 4G、3G 移动通信技术的拓展和延伸，是当前最新一代的蜂窝移动通信技术。2020 年 7 月，3GPP 制定的 5G 标准经由国际电信联盟（ITU）认定成为 5G 唯一标准，终结了以往 1G ～ 4G 多标准时代，历经 R15、R16 版本冻结正在向 R17 版本演进。5G 时代全球统一标准如图 4-17 所示。

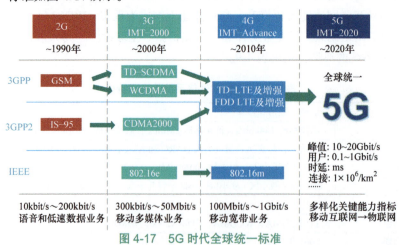

图 4-17　5G 时代全球统一标准

5G 具有数据速率高、延迟较低、节约能源、降低成本、提高系统容量和大规模设备连接等特点。不同于 1G ～ 4G 以服务于人类为主体，5G 时代通信服务主体将发生根本性的变革，服务

主体将从连接人到连接物，从服务人到服务物转变。预计未来 20% 左右的 5G 设施是用于人和人之间的通信，80% 用于人与物、物与物的通信。ITU 为 5G 定义了三大核心场景，如图 4-18 所示。即增强移动宽带场景（enhanced Mobile Broadband，eMBB）、海量机器类通信场景（massive Machine-Type Communication，mMTC）和超可靠低时延通信场景（ultra-Reliable and Low Latency Communication，uRLLC）。

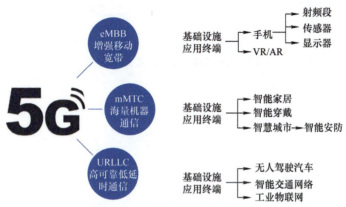

图 4-18　5G 三大核心应用场景

eMBB 典型应用包括超高清视频、AR/VR 等，这类场景对带宽要求极高，关键的性能指标包括 100Mbit/s 用户体验速率、数十 Gbit/s 峰值速率、500km/h 移动性以及 $10 \sim 100\mathrm{Mbit}/(\mathrm{s \cdot m}^2)$ 的流量密度。其次，对 AR/VR 等交互类操作的应用对时延要求在 10ms 量级。

mMTC 典型应用包括智慧城市、智能家居等。这类应用对连接密度要求较高，同时呈现行业多样性和差异化，旨在优化网络和设备，实现 $10^6/\mathrm{km}^2$ 的设备接入。

URLLC 典型应用包括车联网、远程控制、工业互联网等。这类应用的目标是提供超低延迟（低至 1ms）、超高可靠性（高达 99.9999%）的接入性能。

（1）5G 核心技术

5G 涉及的核心技术主要包括无线技术和网络技术两大类。无线技术主要包括大规模天线阵列（Massive MIMO）、超密集组网（UDN）、终端直通（D2D）、新型多址技术等。网络技术主要包括网络切片（Network Slicing）、多接入边缘计算（MEC）、软件定义网络（Software Defined Network，SDN）和网络功能虚拟化（Network Function Virtualization，NFV）等。

（2）5G 无线技术

多输入多输出（Multiple-Input Multiple-Output，MIMO）技术是指在发射端和接收端分别使用多个发射天线和接收天线，使信号通过发射端与接收端的多个天线传送和接收，从而改善通信质量。5G 引入了基于波束赋形技术的大规模天线阵列（massive Multiple-Input Multiple-Output，mMIMO）技术（图 4-19）。mMIMO 可以实现 16/32/64 通道，提高终端接收信号强度，避免信号干扰；且可同时同频服务更多用户，提高网络容量，同时更好地覆盖远近端小区。

5G 超密集组网（Ultra-Dense Network，UDN）技术是一种通过密集部署基站群来解决无线系统容量的组网方案（图 4-20）。基站部署间距进一步缩小，基站数量大规模增多，基站与基站之间如同联盟般协作，提升空间利用率和频率复用效率，从而实现局部热点区域的系统容量百倍量级提升。

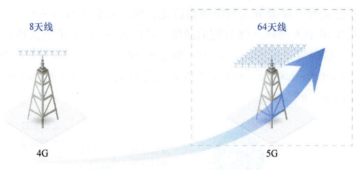

图 4-19　5G mMIMO 技术示意图

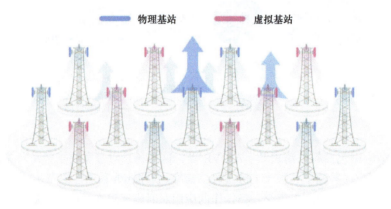

图 4-20　5G UDN 示意图

D2D 技术可以实现终端直通，即邻近终端设备之间直接进行通信，无论是传输语音或者数据消息均不需要基站的干预，从而可以减轻基站及核心网的数据压力，大幅提升频谱资源利用效率和吞吐量，增大网络容量，保证通信网络更为灵活、智能、高效地运行（图 4-21）。

从 1G～4G 无线通信系统，大都采用了正交多址接入（Orthogonal

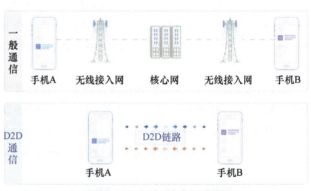

图 4-21　D2D 技术示意图

Multiple Access，OMA）方式（如 FDMA、TDMA、CDMA、OFDMA 等）来避免多址干扰，其接收机复杂度相对较低，但限制了无线通信资源的自由度（Degree of Freedom，DoF）。5G 时代为满足全新的应用场景需求，提出了非正交多址接入（Non-Orthogonal Multiple Access，NOMA）新型多址技术（图 4-22）。NOMA 技术通过功率复用或特征码本设计，允许不同用户占用相同的频谱、时间和空间等资源，在理论上相对 OMA 技术可以取得明显的性能增益。

（3）5G 网络技术

网络切片（Network Slicing）是指根据不同业务应用对用户数、QoS、带宽的要求，将一个物理网络切割成多个虚拟的端到端的网络，每一个都可获得逻辑独立的网络资源，且各切片之

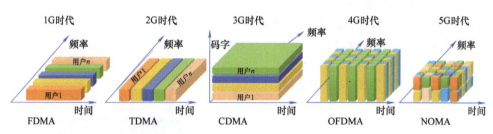

图 4-22　5G 新型多址技术

间可相互隔离。实现网络切片需要先实现
NFV/SDN，不同的切片依靠 NFV 和 SDN
通过共享的物理 / 虚拟资源池来创建，如
图 4-23 所示。

　　多接入边缘计算（Multi-access Edge
Computing，MEC）是指在靠近人、物或
数据源头的网络边缘侧，融合网络、计
算、存储、应用核心能力的开放平台。
MEC 能就近提供边缘智能服务，满足行
业数字化在敏捷接、实时业务、数据优
化、应用智能、安全与隐私保护等方面的
关键需求，如图 4-24 所示。

　　网络功能虚拟化（Network Function
Virtualization，NFV）就是通过 IT 虚拟化
技术将网络功能软件化，并运行于通用硬
件设备之上，以替代传统专用网络硬件设
备（图 4-25）。NFV 将网络功能以虚拟机
的形式运行于通用硬件设备或白盒之上，

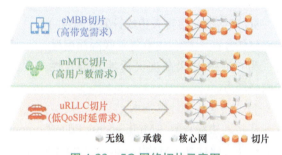

图 4-23　5G 网络切片示意图

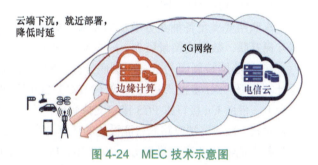

图 4-24　MEC 技术示意图

以实现配置灵活性、可扩展性和移动性，并以此降低网络的资本开支（Capital Expenditure，
CAPEX）和运营开支（Operating Expense，OPEX）。

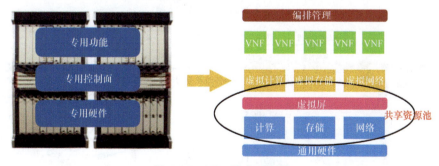

图 4-25　NFV 技术示意图

　　软件定义网络（Software Defined Network，SDN）是一种将网络基础设施层（也称为数据

面）与控制层（也称为控制面）分离的网络设计方案（图 4-26）。SDN 将网络控制面解耦至通用硬件设备上，并通过软件化集中控制网络资源。控制层通常由 SDN 控制器实现，基础设施层通常被认为是交换机，SDN 通过南向 API（比如 OpenFlow）连接 SDN 控制器和交换机，通过北向 API 连接 SDN 控制器和应用程序。

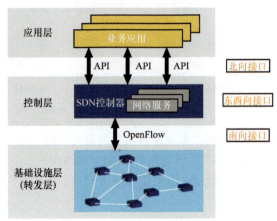

图 4-26　SDN 技术示意图

4.3.2　5G 网络的关键技术在 V2X 中的应用

5G 网络通过多接入边缘计算（MEC）和网络切片两大核心技术与车联网深度融合，为 C-V2X 提供高度灵活性和健壮性的网络能力。

1. 多接入边缘计算技术

多接入边缘计算（Multi-access Edge Computing，MEC）概念最初于 2013 年出现，起初被称为移动边缘计算（Mobile Edge Computing），是将云计算平台从移动核心网络内部迁移到移动接入网边缘。2016 年后，MEC 内涵正式扩展为多接入边缘计算，将应用场景从移动蜂窝网络进一步延伸至其他接入网络。

车联网要满足各种业务场景的需求，对时延、可靠性等方面要求严格，未来车联网实现数据互通互联，数据交换量巨大，一些高级应用功能往往需要密集的计算，超出了单车的计算能力。5G 核心网控制面与数据面彻底分离，NFV 令网络部署更加灵活，从而能进行分布式的边缘计算部署。5G 多接入边缘计算（MEC）与车联网结合的理念是将 C-V2X 业务部署在 MEC 平台上，借助 Uu 接口或 PC5 接口支持实现"人 - 车 - 路 - 云"协同交互，可以降低端到端数据传输时延，缓解终端或路侧智能设施的计算与存储压力，减少海量数据回传造成的网络负荷，提供具备本地特色的高质量服务。2019 年，IMT-2020（5G）推进组 C-V2X 工作组发布了《MEC 与 C-V2X 融合应用场景》白皮书，详细描述了 MEC 与 C-V2X 融合的 11 个应用场景，可推演 C-V2X 按照现有演进路线发展成未来 5G V2X。MEC 与 C-V2X 融合交互示意图如图 4-27 所示。

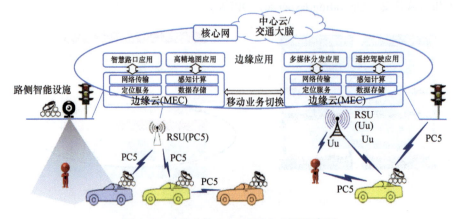

图 4-27　MEC 与 C-V2X 融合交互示意图

　　MEC 与 C-V2X 融合场景可按照"路侧协同"与"车辆协同"的程度进行分类，如图 4-28 所示。无需路侧协同的 C-V2X 应用可以直接通过 MEC 平台为车辆或行人提供低时延、高性能服务；当路侧部署了能接入 MEC 平台的路侧雷达、摄像头、智能红绿灯、智能化标志标识等智能设施时，相应的 C-V2X 应用可以借助路侧感知或采集的数据为车辆或行人提供更全面的信息服务。在没有车辆协同时，单个车辆可以直接从 MEC 平台上部署的相应 C-V2X 应用获取服务；在多个车辆同时接入 MEC 平台时，相应的 C-V2X 应用可以基于多个车辆的状态信息，提供智能协同的信息服务。MEC 与 C-V2X 融合应用场景示意图如图 4-29 所示。

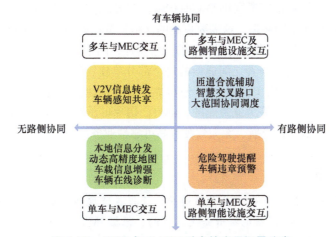

图 4-28　MEC 与 C-V2X 融合的应用场景分类

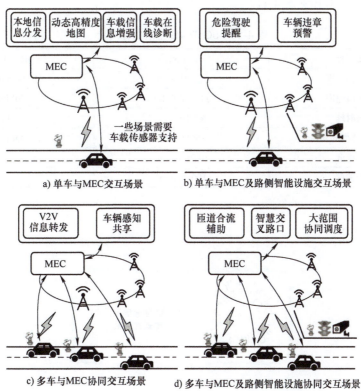

a) 单车与MEC交互场景　　　　b) 单车与MEC及路侧智能设施交互场景

c) 多车与MEC协同交互场景　　　d) 多车与MEC及路侧智能设施协同交互场景

图 4-29　MEC 与 C-V2X 融合应用场景示意图

2. 网络切片技术

5G 网络新技术，如 SDN（Software Defined Network）、NFV（Network Function Virtualization）、网络切片等将在车联网应用中发挥重要作用。网络切片是 5G 网络的关键业务，5G 网络切片相对 4G 是一个更强大的概念，它包括整个公共陆地移动网络（Public Land Mobile Network，PLMN）。网络切片是一个包括业务应用、传输网络、有线网络、无线网络、核心网络等，并且涵盖所有网段端到端的逻辑网络，它同时可以为网络切片需求方灵活地提供一个或多个网络服务。未来车辆在进行自动驾驶与车联网通信的过程中，需要进行海量、实时的数据交互。自动驾驶汽车实现车联网通信还需要网络实时传输汽车导航信息、位置信息以及汽车各个传感器的数据传到云端或其他车辆终端，这需要更高的网络带宽和更低的网络延时。

5G 网络可以为车联网提供多种不同类型的网络切片，网络切片将各逻辑子网络隔离，能够实现车辆、基础设施和通信参与者之间通信的每个部分单独管理。例如 eMBB（增强型移动宽带）、mMTC（海量机器类通信）、uRLLC（超可靠、低时延通信）等，eMBB 切片可承载车载虚拟现实全景合成、实时通信等大流量业务；mMTC 切片可承载汽车分时租赁等大规模物联网服务；uRLLC 切片可承载 AR 导航、无人驾驶等高可靠性业务。

 **知识链接**

相比 4G 主要追求速率，5G 更为关注速率、连接数密度和时延三大关键性能指标。5G 网络的各项能力相对于 4G 网络的提升是飞跃性的，根据 IMT-2020，5G 网络的速率将达到 4G 的 10～100 倍，通信时延将降低到 1/10，用户连接数、移动性的支撑都有了大幅提升，5G 与 4G 性能指标对比见表 4-11。

表 4-11　5G 与 4G 性能指标对比

关键指标	5G（NR）	4G（LTE）
小区峰值速率	10~20Gbit/s	100~150Mbit/s
用户体验速率	100~1000Mbit/s	50Mbit/s
网络时延	1ms	50ms
对于移动速度的支持	500km/h	350km/h
流量密度	10Tbit/s/km^2	—
连接密度	100 万 /km^2	—

 **小贴士**

我国信息通信产业的
跨越式发展

物联网无线通信技术

苏大强边走边在手机上打开 App，数字蓝牙钥匙自动连接车辆并解锁，打开车门即可上车，全程不需要车钥匙，方便快捷而且再也不怕摔坏钥匙了。原来苏大强的汽车配备了数字车钥匙，采用物联网无线通信技术即可远程控制车辆。那么，什么是物联网无线通信技术，它有什么特点和作用？

物联网是指通过信息传感设备，按约定的协议，将任何物体与网络相连接，物体通过信息传播媒介进行信息交换和通信，以实现智能化识别、定位、跟踪、监管等功能。

随着物联网相关技术的快速发展，万物互联已成为目前科技发展的大趋势。传统的蜂窝通信技术主要是基于人与人之间的通信，其高功耗高速率高成本的特点使其在人与物，物与物之间的通信变得力不从心。故无线通信技术继 4G 之后，单纯的速率提升，已经不再能够满足日益增加的用户需求，于是走上了两条截然不同的道路：一条是继续提升通信速率的 5G 技术；另一条则是降低通信速率，同时降低功耗、增大覆盖范围、增加接入节点数的低功耗广域网络（LPWAN，Low-Power Wide-Area Network）技术。

4.4.1　短距离无线通信技术

一般地，短距离无线通信的主要特点是通信距离短，覆盖范围一般在几十米或上百米之内，发射器的发射功率较低，一般小于 100mW，短距离无线通信技术的范围很广。低成本、低功耗和对等通信是短距离无线通信技术的三个主要特征和优势。

短距离通信常用到的通信技术有蓝牙（Bluetooth）、WiFi、UWB、RFID、NFC 和 ZigBee 等。

1. 蓝牙技术

蓝牙（Bluetooth）技术最早始于 1994 年，由电信巨头爱立信公司研发。1998 年 5 月，爱立信（Ericsson）、诺基亚（Nokia）、东芝（Toshiba）、国际商用机器公司（IBM）和英特尔（Intel）5 家公司联合提出蓝牙通信新技术标准，是一种大容量、近距离无线数字通信技术标准，其目标是实现最高数据传输速率为 1Mbit/s，最大传输距离为 10m，通过增加发射功率传输距离可达到 100m。

从 1998 年到 2009 年，蓝牙版本经过从 1.0 到 3.0 的迭代，主要应用于耳机、音箱、鼠标、键盘等近距离传输领域。

随着蓝牙技术由手机、游戏、耳机、便携电脑和汽车等传统应用领域向物联网、医疗等新领域的扩展，对低功耗的要求会越来越高。2010 年，蓝牙发布 4.0 版本蓝牙低功耗（Bluetooth Low Energy，BLE），相较传统蓝牙最大的特点就是低功耗，极低的运行和待机功耗使得一粒纽扣电池甚至可连续工作一年之久。2013 年蓝牙 4.1 面世，解决了蓝牙技术对 4G 信号有所干扰的隐患，同时还支持 IPv6 以及同时发射 / 接收数据。2014 年蓝牙 4.2 标准发布，在传输速度和安全性方面做出了较大的改进。可以说从蓝牙 4.0 开始，往后的蓝牙版本都开始致力于针对物联网设备进行优化升级。

2016 年，蓝牙技术联盟提出了全新的蓝牙技术标准——蓝牙 5.0。与 4.2 相比，传输速率从 1Mbit/s 提升到 2Mbit/s，传输距离提升了 4 倍，理论上可达 300m。此外蓝牙 5.0 还加入了室内定位辅助功能，结合 WiFi 可以实现精度小于 1m 的室内定位。而 2019 年推出的蓝牙 5.1，新增了天线功能，增强了定位能力，定位精度提升到了厘米级别，这一定位精度使其在室内导航、物体追踪等领域大有可为。

2. WiFi 技术

WiFi（Wireless Fidelity）也叫无线保真，俗称无线宽带网，以更快、更大容量的通信而闻名，是一种允许电子设备连接到无线局域网（WLAN）的技术。

WiFi 的工作原理与传统的晶体管收音机类似，使用无线电波在空中传输信息。无线电波是一种电磁辐射，其在电磁波谱中的波长比红外光长。WiFi 无线电波通常具有 2.4GHz 或 5.8GHz 的频率。这两个 WiFi 频带之后被细分为多个信道，而每个信道可能同时会被很多不同的网络所共享。当通过 WiFi 网络下载文件时，一个被称为无线路由器的设备首先通过宽带互联网连接从互联网接收数据，然后将其转换成无线电波。接下来，无线路由器会向周围区域发射无线电波，并由已发起下载请求的无线设备捕获它们并对其进行解码。

2019 年 9 月 16 日，WiFi 联盟宣布启动 WiFi6 认证计划。WiFi6 将允许与多达 8 个设备通信，最高速率可达 9.6Gbit/s（1.2G/s）。在物联网通信领域，将会给用户带来更佳更优的体验。

3. UWB 技术

UWB（Ultra Wideband）超宽带，它并不是什么新概念，而是一种 20 世纪 60 年代便兴起的脉冲无线通信技术，起初主要被用于军事用途，直到 2002 年才开始商用。它通过发送和接收具有纳秒或微秒级以下的极窄脉冲来实现无线传输。由于脉冲时间宽度极短，因此其所占的频谱范围很大。FCC（Federal Communications Commission，美国联邦通信委员会）为 UWB 分配了 3.1 ~ 10.6GHz 共 7.5GHz 频带，还对其辐射功率做出了比 FCC Part15.209 更为严格的限制，将其限定 −41.3dBm 频带内。而我们知道，一般的通信体制都是利用一个高频载波来调制一个窄带信号，通信信号的实际占用带宽并不高。UWB 由于其占用的带宽很宽，而被称为超带宽。具有穿透力强、功耗低、抗多径效果好、安全性高、系统复杂度低、能提供精确定位精度等优点。

从目前应用上来看，UWB 主要是用于低功耗数据快速传输和高精度定位。

1）数据快速传输。通过在较宽的频谱上传送极低功率的信号，UWB 能在 10m 左右的范围内实现数百兆比特至数千兆比特的数据传输速率，是蓝牙传输速率的几十倍，甚至百倍。但是其大的频宽对于天线和频谱分配都造成了不小的困扰，并且成本较高，因此一直未能普及。伴随 5G 网络的普及，4K 电影、游戏、VR、AR 将带动数据传输需求的迅速膨胀，蓝牙很难满足更大数据量文件的无线传输，不少厂商对 UWB 技术在数据传输上的应用跃跃欲试。

2）室内高精度定位。我们现在最常用的定位技术，是卫星定位，但是由于卫星信号容易被建筑物遮挡，无法在室内精确定位。而时间宽度极短的 UWB 脉冲，可以通过高精度定时测算距离精确定位。其实现方式是要在室内布置最少 3 个 UWB 基站，搭载 UWB 模块的终端进入室内后，终端会按照一定的频率发射脉冲，不断地与已知位置的基站进行测距，计算脉冲信号到达不同基站的单元时间差，再通过一定的算法精确地计算出终端的位置并在智能终端显示器上显示，定位精度最高可达 10cm。本质上，UWB 室内定位原理与 GPS 卫星定位原理一致，只不过是把卫星换成了基站。

4. RFID 技术

无线射频识别（Radio Frequency Identification，RFID）即射频识别技术，是自动识别技术的一种，通过无线电信号识别特定目标并读写相关数据。

RFID 的工作原理相对比较简单，一套 RFID 系统由阅读器（Reader）、电子标签即所谓的应答器及应用软件系统三个部分组成。阅读器发射无线电波能量，用以驱动电子标签中的电路将数据送出，之后阅读器再依序接收解读数据，发送给应用程序做相应的处理。

RFID 依据其电子标签的供电方式可分为三类：无源 RFID、有源 RFID、半有源 RFID。在无源 RFID 中，电子标签通过接受射频识别阅读器传输来的微波信号，以及通过电磁感应线圈获取能量来对自身短暂供电，从而完成此次信息交换。因为省去了供电系统，无源 RFID 产品的体积可以做到很小，但是其有效识别距离通常也较短，多用于近距离的接触式识别。其典型应用包括公交卡、二代身份证、食堂餐卡等。在有源 RFID 中，电子标签通过外接电源供电，主动向射频识别阅读器发送信号，可以实现较长的传输距离与较高的传输速度，一个典型的有源 RFID 标签能在百米之外与射频识别阅读器建立联系，使其在高速公路电子不停车收费系统等领域中发挥着不可或缺的作用。

无源 RFID 自身不供电，但有效识别距离太短。有源 RFID 识别距离足够长，但需外接电源，体积较大。半有源 RFID 就是为这一矛盾而妥协的产物。半有源 RFID 又被称为低频激活触发技术。在通常情况下，半有源 RFID 产品处于休眠状态，仅对标签中保持数据的部分进行供电，因此耗电量较小，可维持较长时间。当标签进入射频识别阅读器识别范围后，阅读器先以 125kHz 低频信号在小范围内精确激活标签使之进入工作状态，再通过 2.4GHz 微波与其进行信息传递，即先利用低频信号精确定位，再利用高频信号快速传输数据。其通常应用场景为：在一个高频信号所能所覆盖的大范围中，在不同位置安置多个低频阅读器用于激活半有源 RFID 产品。这样既完成了定位，又实现了信息的采集与传递。

5. NFC 技术

近场通信（Near Field Communication，NFC）是由 RFID 及互连互通技术整合演变而来的。通过在单一芯片上集成感应式读卡器、感应式卡片和点对点通信的功能，利用移动终端实现移动支付、电子票务、门禁、移动身份识别、防伪等应用。

与 RFID 相比，二者的不同之处如下：

1）工作模式不同。NFC 是将点对点通信功能、读写器功能和非接触卡功能集成进一颗芯片，而 RFID 则由阅读器和标签两部分组成。NFC 技术既可以读取也可以写入，而 RFID 只能实现信息的读取以及判定。

2）传输距离不同。NFC 传输距离比 RFID 小得多，NFC 的传输距离只有 10cm，RFID 的传输距离可以达到几米甚至几十米。NFC 是一种近距离的私密通信方式，相对于 RFID 来说，NFC 具有距离近、带宽高、能耗低、安全性高等特点。

3）应用领域不同。NFC 更多的应用于消费类电子设备领域，在门禁、公交、手机支付等领域发挥着巨大的作用；RFID 则更擅长于长距离识别，更多地被应用在生产、物流、跟踪、资产管理上。

6. ZigBee 技术

ZigBee，也称紫蜂，名称取自蜜蜂（Bee），蜜蜂是通过"Z"字形的舞蹈（Zig）来与同伴传递花粉所在的方位信息，通过这种方式构成了群体中的通信网络。ZigBee 的发明者形象地利用蜜蜂的这种行为描述这种无线信息传输技术。

ZigBee 技术是一种短距离、低功耗的无线通信技术，其特点是低复杂度、自组织、速率低、时延短、容量高、安全稳定等。可工作在 2.4GHz（全球流行）、868MHz（欧洲流行）和 915MHz（美国流行）3 个频段上，分别具有最高 250kbit/s、20kbit/s 和 40kbit/s 的传输速率，它的传输距离在 10 ~ 75m 的范围内，但可以继续增加。一个星形结构的 Zigbee 网络最多可以容纳 254 个从设备和一个主设备，一个区域内可以同时存在最多 100 个 ZigBee 网络，而且网络组成灵活。由于 ZigBee 的传输速率低，发射功率仅为 1mW，而且采用了休眠模式，功耗低，因此 ZigBee 设备非常省电。据估算，ZigBee 设备仅靠两节 5 号电池就可以维持长达 6 个月到 2 年左右的使用时间，这是其他无线设备望尘莫及的。

4.4.2 低功耗广域通信技术（长距离）

在物联网应用场景中，有 60% 的场景为窄带业务，对速率、时延的要求并不高，但是需要尽可能的降低功耗，压缩成本。基于此，一种新型的无线通信技术 LPWA（Low Power Wide Area，低功耗广域技术）应运而生。

LPWA 是一种使用较低功耗实现远距离无线信号传输的技术。相较于我们熟悉的低功耗蓝牙（BLE）、Zigbee 和 WiFi 等技术，LPWA 的传输距离更远，一般在公里级。和传统的蜂窝网络技术（2G、3G）相比，LPWA 的功耗更低，电池供电的设备使用寿命可达数年。基于这两个显著特点，LPWA 可以真正赋能物物互联，助力和引领物联网革命。

经过初期百家争鸣的阶段，低功耗广域网络技术逐渐分成两个族群：一类是未授权频谱的 LoRa 和 SigFox；另一类是运作于授权频谱，借助 3GPP 支持的 2G/3G/4G 移动技术的 NB-IoT 和 e-MTC。因此 NB-IoT 和 e-MTC 既属于蜂窝网络技术，又属于 LPWAN。

目前，在 LPWAN 技术中，最常见的为 NB-IoT 和 LoRa。全球大多数运营商使用 900MHz 频段来部署 NB-IoT，有些运营商部署在 800MHz 频段。NB-IoT 属于授权频段，如同 2G/3G/4G 一样，是专门规划的频段，频段干扰相对少。LoRa 使用的是免授权的 ISM 频段，但各地区的 ISM 频段使用情况是不同的。在中国市场，由中兴主导的中国 LoRa 应用联盟（CLAA）推荐使用了 470 ～ 518MHz，而 470 ～ 510MHz 这个频段是无线电计量仪表使用频段，频段干扰相对会多一些。

1. NB-IoT 技术

窄带物联网（Narrow Band Internet of Things，NB-IoT）是一种构建蜂窝技术的低功耗广域网络标准，只消耗大约 180kHz 的带宽，可直接部署于 GSM 网络、UMTS 网络或 LTE 网络，支持待机时间长、对网络连接要求较高设备的高效连接，是一种可在全球范围内广泛应用的新型技术。

2014 年 5 月，华为、沃达丰提出 NB M2M 技术，而后又进化成 NB-CIoT。2015 年 7 月，诺基亚、爱立信、英特尔提出 NB-LTE 技术，随后 3GPP 组织在上述两者之上于 2016 年 7 月确定标准，至此，NB-IoT 正式诞生。

NB-IoT 具有低功耗、广覆盖、强连接、低成本等优势，可以广泛应用于多种垂直行业，如远程抄表、资产跟踪、智能停车、智慧农业等。

1）低功耗。聚焦小数据量、低速率的应用，设备功耗可以做到很小，设备续航时间可以从过去的几个月大幅提升到几年，部分终端模块的待机时间可长达 10 年。

2）广覆盖。提供改进的室内覆盖，在同样的频段下，比现有的网络增益 20dB，相当于提升了 100 倍覆盖区域的能力。

3）强连接。在同一基站的情况下，可以提供现有无线技术 50 ～ 100 倍的接入数，一个扇区能够支持 10 万个连接。

4）低成本。可以在现有网络的基础上进行改造，可以很快组网，很快扩展，企业预期的单个接连模块不超过 5 美元。

2. eMTC 技术

eMTC（LTE enhanced MTO）是基于 LTE 演进的物联网技术。与 NB-IoT 一样使用的是授权频谱，覆盖增强（15dB），支持高速移动可靠性和拥塞控制，支持语音，可定位，可移动性，弥补了 NB-IoT 技术不可定位和不支持语音的缺陷。二者都具有低功耗、广覆盖、强连接、低成本等特点。较 NB-IoT 而言，eMTC 具有以下五个优势：

1）速率高。NB-IoT 为了保证低功耗，速率很慢。但是 eMTC 不一样，它支持上下行最大 1Mbit/s 的峰值速率。

2）移动性。NB-IoT 的移动性差，只支持重选，不支持切换。多用于不怎么需要动的领域，例如水表电表及路灯井盖。但 eMTC 不同，它支持连接态的移动性，物联网用户可以无缝切换，保障用户体验。

3）可定位。基于 TDD 的 eMTC，利用基站侧的 PRS 测量，在无须新增 GPS 芯片的情况下就可以进行位置定位，适用于物流追踪，货物跟踪等场景。

4）支持语音。eMTC 支持语音，而且支持 VoLTE（Voice over LTE，在 LTE 网络上传送声音，可实现语音和视频通话），可被广泛应用到紧急呼救相关的物联设备中。

5）支持 LTE 网络复用。eMTC 可以基于现有 LTE 网络直接升级部署，能和现有的 LTE 基站共用站址和天馈系统，降低成本。

当然，eMTC 也不是每个方面都强于 NB-IoT，在覆盖能力和模组成本方面，eMTC 是不如 NB-IoT 的。因此，在具体的应用方向上，如果对语音、移动性、速率等有较高要求，则选择 eMTC 技术。相反，如果对这些方面要求不高，而对成本、覆盖等有更高要求，则可选择 NB-IoT。

3. LoRa 技术

远距离无线电（Long Range Radio，LoRa）是一种线性调频扩频调制技术，最早由法国几位年轻人创立的公司 Cycleo 推出。2012 年，Semtech 收购了这家公司，将这一调制技术封装到芯片中，并基于 LoRa 技术开发出一整套 LoRa 通信芯片解决方案，包括用于网关和终端上不同款的 LoRa 芯片，开启了 LoRa 芯片产品化之路。

LoRa 网络主要由终端（内置 LoRa 模块）、网关（或称基站）、服务器和云四部分组成，应用数据可双向传输。LoRa 技术的一些基本特性如下：

1）传输距离：城镇可达 2～5km，郊区可达 15km。

2）工作频率：ISM 频段，全球免费频段运行（即非授权频段），包括 433MHz、868MHz、915MHz 等。

3）调制方式：基于扩频技术，线性调制扩频（CSS）的一个变种，具有前向纠错（FEC）能力，Semtech 公司私有专利技术。

4）容量：一个 LoRa 网关可以连接上千上万个 LoRa 节点。

5）电池寿命：长达 10 年。

LoRa 因其传输距离远、低功耗、组网灵活等诸多优势特性都与物联网碎片化、低成本、大连接的需求不谋而合，故而被广泛部署在智慧社区、智能家居和楼宇、智能表计、智慧农业、智慧物流等多个垂直行业，前景广阔。

4. Sigfox 技术

Sigfox 既是公司名称，也是通信协议，是一家成立于 2009 年的法国公司，公司自我的定位是 IoT 网络运营商。作为通信协议，是为打造物联网的无线网络而生，和 LoRa 一样，也是一种以长距离、低功耗、低传输速率为突出特点的 LPWA 技术。但是二者还是有区别的，至少有一点十分突出，那就是市场策略不同，Sigfox 主要面向公共网络，而 LoRaWAN 既面向公共网络又面向个人网络。

Sigfox 协议的特点如下：

1）低功耗。极低的能耗，可延长电池寿命，典型的电池供电设备工作可达 10 年。

2）简单易用。基站和设备间没有配置流程、连接请求或信令。设备在几分钟内启动并运行。

3）低成本。从设备中使用的 Sigfox 射频模块到 Sigfox 网络，Sigfox 会优化每个步骤，使其尽可能具有成本效益。

4）小消息。用户设备只允许发送很小的数据包，最多 12 个字节。

5）互补性。由于其低成本和易于收发使用，客户还可以使用 Sigfox 作为任何其他类型网络的辅助解决方案，例如 WiFi、蓝牙、GPRS 等。

SigFox 的优势在于其没有传统无线网络的包袱，针对物联网的特点，压缩成本、广泛覆盖及提升速率，多适用于海外智能制造等场景。

至此，常见的几种物联网无线通信短距离和长距离技术便都介绍完了。表 4-12 从传输距离、传输速率、设备连接数、功耗和典型应用场景等几个维度对已经广泛使用的无线通信技术做了对比分析。

表 4-12 几种无线通信技术的对比分析

无线通信技术		传输距离	最高传输速率	设备连接数量	功耗	典型应用
近距离无线通信技术	蓝牙	10m	1Mbit/s	≤ 7	60mW	鼠标、耳机、音箱、手机、电脑等
	WiFi	300m 或 10～50m	9.6Gbit/s	10～40	500mW	无线局域网，家庭、室内场所高速上网
	RFID	5～10m	100kbit/s	200	30mW	生产、物流、跟踪、资产管理
	NFC	10cm	424kbit/s	点对点	10mW	消费类电子领域，如门禁、公交、手机支付等
	ZigBee	10～75m	250kbit/s	254	1mW	家庭、楼宇自动化、远程检测控制
低功耗广域通信技术	NB-IoT	10km	100kbit/s	10k+	1mW	远程抄表、资产跟踪、智能停车、智慧农业等
	eMTC	10km	1Mbit/s	10k+	1mW	智能物流、楼宇安防、可穿戴通话等
	LoRa	20km	50kbit/s	10k+	1mW	智慧社区、智能家居和楼宇、智能抄表、智慧农业、智慧物流等
	Sigfox	50km	100bit/s	10k+	1mW	智能抄表、移动医疗、海外智能制造等

4.4.3 物联网无线通信技术在智能网联汽车中的应用

物联网无线通信技术在智能网联汽车中的应用主要有几种场景，人 - 车通信、车 - 车通信、车 - 路通信、车 - 云通信。

1. 人 - 车通信场景

汽车智能钥匙系统采用了 RFID 无线射频技术和车辆身份编码识别系统，并融合了遥控系统和无钥匙系统。驾驶人携带智能钥匙进入感应区时，汽车智能钥匙系统就能够识别你是否是授权的驾驶者，如果是授权的驾驶者，车门就会自动打开。

驾驶人坐上座位之后，启动汽车，手机的蓝牙就会自动与之前已经适配过的车载蓝牙系统连接上，提供车载系统拨打和接听电话，播放手机音乐的功能。同时，手机 WiFi 也可以自动与之前适配过的车载 WiFi 自动连接上，手机可通过车载流量卡套餐进行上网，节省手机流量费用。

2. 车 - 车通信场景

在智能交通中，装载了带 V2X 功能的车载单元（OBU）的两台车之间，可以通过直连通信接口（PC5）进行通信，实现多种 V2X 场景，如前向碰撞预警、交叉路口碰撞预警、左转辅助、盲区预警 / 变道预警、紧急制动预警、异常车辆预警、车辆失控预警等。

3. 车 - 路通信场景

在智能交通中，装载了带 V2X 功能的车载单元（OBU）的汽车，可以跟带 V2X 功能的路侧单元（RSU）通过直连通信接口（PC5）进行通信，实现多种 V2X 场景，如道路危险状况提示、限速预警、闯红灯预警、滤波车速引导、车内标牌等。

4. 车 - 云通信场景

在智能交通中，装载了带 4G/5G 功能的车载主机、智能后视镜、行车记录仪等设备，可通过 4G/5G 网络连接云平台，实现车辆数据上传云平台备份，同时云平台也可下发配置、升级等增值服务到车辆。

知识链接

无线通信技术

知识链接

第三代合作伙伴计划（Third Generation Partnership Project，3GPP）是一个成立于 1998 年 12 月的通信行业标准化组织。其最初的工作目标是旨在为第三代移动通信系统（WCDMA，TD-SCDMA 及 CDMA2000）制定全球统一的技术规范。

随着通信技术的不断发展，其工作范围也随之扩大，增加了第四代（LTE FDD，TD-LTE）及 5G（LTE 演进及 NR）系统的研究和标准制定。在多代通信系统研究与标准化制定的过程中，3GPP 卓有成绩的工作获得通信业界系统厂商、终端设备厂商、芯片厂商和仪表厂商的广泛认可和支持，成功推动了 3G、4G 标准的制定，并成为 5G 标准的唯一制定者。

目前该组织已有中国的 CCSA、欧洲的 ETSI、美国的 TIA、日本的 TTC 和 ARIB、韩国的 TTA、印度的 TSDSI 这 7 个组织伙伴（OP），以及 TD-SCDMA 产业联盟（TDIA）、TD-SCDMA 论坛、CDMA 发展组织（CDG）等 13 个市场伙伴（MRP）和 300 多个独立成员。

思考题

1.车载网络有哪些类型，分别应用于哪些方面？

2.车载以太网在汽车中的应用有哪些？请举例说明。

3.未来车载网络将如何发展，车载以太网是否会成为主流的车载网络？请谈谈你自己的观点。

4.我国为什么会选用 C-V2X 技术而不是 DSRC 技术？

5.C-V2X 相对 DRSC 有什么优势？

6.C-V2X 应用场景是如何实现的？

7.LTE-V2X 和 5G NR-V2X 是什么关系，未来两者如何共存？

8.从 1G 到 5G，移动通信技术发展各有什么特点？

9.为什么说 5G 是万物互联的时代？

10.5G 网络技术如何在 V2X 中应用？

11.物联网无线通信技术都有哪些类型，有什么区别？

12.物联网无线通信技术在智能网联汽车中应用有哪些，请举例说明。

13.车载移动互联网的特点是什么？

14.车载移动互联网有哪些应用场景？谈谈你的想法。

第**5**章　高精度地图和定位技术

本章首先介绍高精度地图的基本知识，即高精度地图的基本概念、高精度地图采集与生产过程、国内外的发展现状以及高精度地图的应用；其次介绍智能网联汽车的定位技术，包括全球定位系统、北斗卫星导航系统、车载导航定位系统和通信基站定位技术。

 学习目标

1. 掌握高精度地图的概念、采集与生产过程和应用。
2. 了解高精度地图国内外发展现状。
3. 掌握全球定位系统、北斗卫星导航系统的概念、组成、原理、特点和应用。
4. 掌握车载导航系统的概念、组成、原理和应用。
5. 了解通信基站定位的 AOA 定位法、TOA 定位法和 TDOA 定位法。

5.1　高精度地图

要实现智能网联汽车的自动驾驶功能，离不开车辆的高精度地图和定位导航。一方面，它是自动驾驶汽车规划道路行驶路径的重要基础，能为车辆提供定位、决策、交通动态信息等依据。另一方面，当自动驾驶汽车传感器出现故障或者周围环境较为恶劣时，它也能确保车辆的基本行驶安全。那么，什么是高精度地图？高精度地图的采集和生产过程如何？其在哪些方面得到了应用呢？

5.1.1　高精度地图的基本概念

在传统的导航系统中，数字地图根据起始位置、目标位置为使用者规划行驶路径，辅助驾驶人驾驶。对于由驾驶人来观察环境并进行控制的车辆，道路级导航就能满足使用要求。因此，传统的导航地图通常仅需描述一些典型的道路交通特征（限速、测速、红绿灯等）、路口指引（左转、右转、直行等）等道路级的导航信息，导航过程中 10m 级的定位精度即可满足系统要求。

对于自动驾驶系统，导航系统需要提供更高精度的行驶路径，引导车辆驶向目的地，需要将环境中尽可能丰富的信息提供给自动驾驶系统。作为存储静态、准静态交通信息的数据库，为了满足自动驾驶系统的导航、路径规划要求，高精度地图需要提供更精细、精确的交通信息，

图 5-1 所示为高精度地图与传统地图信息对比示意图。

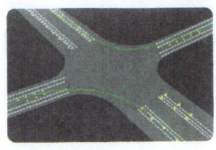

图 5-1　高精度地图与传统地图信息对比示意图

在自动驾驶中，高精度地图不仅可以用于导航、路径规划，还可以为环境感知和理解提供先验知识，辅助车载传感器实现高精度定位。高精度地图被普遍认为是 L3 级及以上自动驾驶不可缺少的关键技术。

高精度地图就是精度更高、数据维度更多的电子地图。与传统地图相比，高精度地图信息的丰富性和准确性都有显著的提升。表 5-1 为高精度地图与传统电子地图的性能对比。

表 5-1　高精度地图与传统地图的性能对比

分类	传统地图	高精度地图
要素和属性	道路、POI	详细的道路模型、车道模型、道路部件、道路属性和其他定位图层信息
所属系统	信息娱乐系统	车载安全系统
用途	导航、搜索	环境感知、定位、路径规划、车辆控制
使用者	人	机器
服务型要求	相对低	高
更新频率	低（每季度）	高
精度	米级	亚米级
地图的生产	卫星地图 +GPS 定位	使用陀螺仪、轮测距器、GPS、光学雷达等多种技术的数据采集车，与车厂合作的众包方式

高精度地图的信息有以下内容和特点：

1）道路参考线。为了实现车道级导航、路径规划功能，需要在原始地图数据中抽象道路结构，形成由顶点组成的拓扑图形结构，同时为了优化数据的存储，需要将道路用连续的曲线段来表示。

2）道路连通性。除道路参考线外，高精度地图还应描述道路的连通性。比如路口中没有车道线的部分，需要将所有可能的行驶路径抽象成道路参考线，在高精度地图数据库中体现。

3）车道模型。除了记录道路参考线、车道边缘（标线）和停车线外，高精度地图数据库还需要记录无车道道路的拓扑结构，且除车道的几何特性外，道路模型还包括车道数、道路坡度、功能属性等。

4）对象模型。如图 5-2 所示，对象模型记录道路和车道行驶空间范围边界区域的元素，模型属性包括对象的位置、形状和属性值。这些地图元素包括护栏、车道中心、轮廓标线及道路漆、合并处理、车道宽度、车道分割、宽度变化、上方障碍物、交通标牌等。

图 5-2 高精度地图的对象模型元素

在智能网联汽车应用领域，高精度地图在高精度定位、辅助环境感知、规划和决策各环节都发挥着重要作用。

1）规划决策。高精度地图可以看成一种超视距传感器，它提供了极远距离的道路信息，用于智能驾驶系统的全局路径规划，并对局部路径规划做出有效的辅助。

2）辅助高精度定位。高精度地图可以提供道路中特征物（如标志牌、龙门架等）的形状、尺寸、高精度位置等语义信息，车载传感器在检测到响应特征物时，就可根据检测到的特征物信息去匹配上述语义信息，由车辆与特征物间的相对位置推算出当前车辆的绝对高精度位置信息（图 5-3）。高精度定位是高精度地图有效应用的重要方向，也是自动驾驶系统自主导航、自动驾驶的重要前提。在车载传感器定位受限情况下，高精度地图可以为自动驾驶系统提供有效的辅助定位信息。

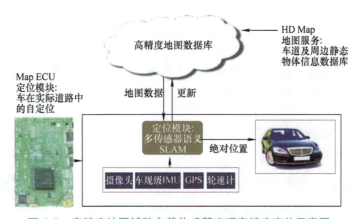

图 5-3 高精度地图辅助车载传感器实现高精度定位示意图

3）辅助环境感知。高精度地图能够提高自动驾驶车辆数据处理的效率。自动驾驶车辆感知重构周围三维场景时，可以利用高精度地图作为先验知识减少数据处理时的搜索范围。在高精度三维地图上标记详细的道路信息，可以为自车感知系统提供有效的辅助识别，可以优化感知系统的计算效率，提高识别精度，减少误识别的发生等。

高精度三维地图是在高精度地图静态信息基础上，添加动态交通信息的地图，如图 5-4 所示。这些动态信息如行驶的车辆、道路交通拥挤、打滑的道路、行走的行人、自行车等。

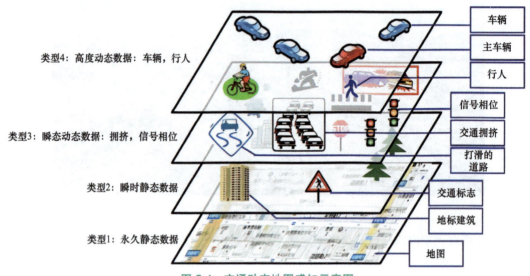

图 5-4　交通动态地图感知示意图

　　不同于准静态信息的更新，如翻修、道路标志磨损和重新刷漆、交通标志改变等准静态信息，可以通过周期性的高精度地图更新完成。动态交通信息的更新需要实时反映在地图上，以确保智能网联汽车驾驶的安全，实现实时高精度地图在技术上存在诸多难点，大量信息安全、信息完整、数据更新、高速传输等问题需要解决。但是，随着智能网联汽车的广泛应用、车联网技术的发展，更丰富的动态交通信息分享可以使汽车更智能。

 知识链接

自动驾驶与高精度地图

　　高精度地图是自动驾驶车辆"脑子"里的地图，能够让车辆知道接下来"看不见"的路况是什么样的。自动驾驶的四个关键功能（图 5-5）：感知、高精定位、规划决策、车辆控制。这里面至少有三个功能都强依赖于高精度地图。

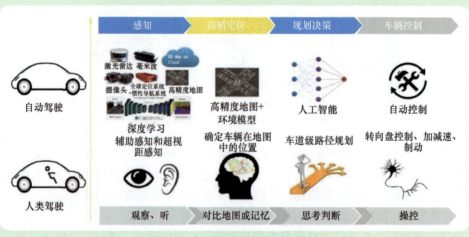

图 5-5　自动驾驶的四个关键功能

　　感知：人类驾驶汽车时要观察周边的车道线、交通牌、杆等信息。智能车上的传感器会感知道路周边的物体信息。高精度地图提供了超视觉感知能力，尤其是在车前方有大货车等遮挡物导致人眼和传感器无法看清前方车道线等信息的时候，高精度地图数据可以告知车辆前方道路信息。

　　高精定位：自动驾驶汽车要精确知道车在地图中的位置，就要依靠高精度地图所提供的底图。自动驾驶汽车基于 GNSS、惯导等定位能力所提供的绝对位置信息与地图经纬坐标相匹配，可以判定得到车辆在地图中的具体位置（依赖于传感器进行绝对位置定位的能力）。

　　但仅有绝对位置定位还不够，在特殊区域，例如高楼、峡谷等会发生遮挡信号的时候，绝对定位精度会变差，自动驾驶需要借助于观察周围的车道线、信号牌、杆等进行的相对定位来辅助，需要与高精度地图中的地图数据进行匹配判断。比如，高精度地图厂商通过和主流车厂的深度合作，一起来判断通过哪些技术能获得更加精准的相对定位能力。

　　规划决策：自动驾驶要符合驾驶规则，就要高度依赖对车道线、交通限制设施、红绿灯等道路元素的判断。

5.1.2　高精度地图的采集和生产

　　高精度地图与传统地图相比，具有不同的采集原理和数据存储结构。传统地图依赖于拓扑结构和传统的数据库，将各种元素作为对象堆放在地图上，将道路存储为路径。而高精度地图为了提高存储效率和机器可读性，在存储地图时将其分为矢量层和对象层。

 **知识链接**

面向自动驾驶的高精度地图

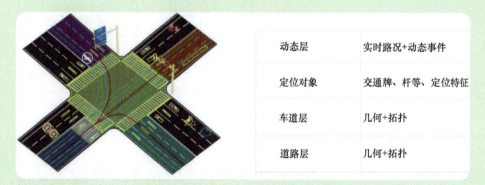

动态层	实时路况+动态事件
定位对象	交通牌、杆等、定位特征
车道层	几何+拓扑
道路层	几何+拓扑

图 5-6　面向自动驾驶的高精度地图

　　面向自动驾驶的高精度地图如图 5-6 所示，包括如下部分：

　　道路层：HD（高精度地图）和 SD（普通地图）的数据是紧密匹配的。目前几乎所有自动驾驶都是先由用户告诉智能系统，我要从某地开往某地，这两个地点之间的驾驶路线规划由 SD 道路数据来支持。HD 数据并不孤立，要和 SD 数据连接。

车道层：所有的自动驾驶底层对车辆的控制都依赖于高精度地图数据。

定位对象：如高德与车厂密切合作，车厂基于哪些技术来做相对定位，选择哪些参考对象，精度做到什么水平等，双方一起沟通联合研发。

动态层：未来的高精度地图一定会含动态层，包括实时数据，如某条车道在某个时刻发生哪些动态交通事件。

1. 高精度地图的采集

以某一厂商高精度地图为例，如图 5-7 所示。该高精度地图基于国际通用 Open Drive 规范，并做了一定的修改。一个 Open Drive 节点背后，是一个 Header 节点、Roader 节点与 Junction 节点，每个类型的节点背后还有各自的细分。而道路线、道路连接处、道路对象都从属于 Roader 节点下。Junction 节点下，有着较为复杂的数据处理方式：通过 Connection road 将不同的两条道路连接起来，从而实现路口的数据呈现。介于路口的类型种类复杂，Junction 也常常需要多种连接逻辑。Open Drive 为高精度地图提供了矢量式的存储方式，相比传统的堆叠式容量更节省空间，在未来的云同步方面拥有优势。

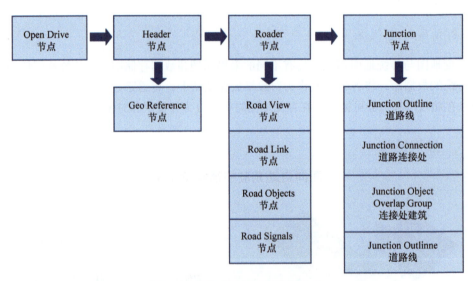

图 5-7　高精度地图矢量数据格式

知识链接

Open Drive 是一个开放的、标准的高精度地图规范格式，用于描述静态道路网络及街道网络周围的静态对象，例如信号灯、交通标志、基础设施等。即在制作地图时按照规范方式写入地图数据，就可获得一张 opendrive 格式的高精度地图，然后将 opendrive 导入仿真软件中进行仿真，如 preScan、VTD、Sumo 等仿真软件。下面通过一个编程示例（可扫二维码获取程序）了解什么是节点。

编程示例

2. 高精度地图数据采集过程

在高精度地图生产过程中，通过提取车辆上传感器采集的原始数据，获取高精度地图特征值，构成特征地图；在此基础上，进一步提取、处理和标注矢量图形，包括道路网络信息、道路属性信息、道路几何信息和道路上主要标志的抽象信息。高精度地图数据采集过程包括三个环节，如图 5-8 所示。

图 5-8　高精度地图数据采集过程

（1）实地采集

实地采集通常称为"外业"，是制作高精度地图的第一步，主要通过采集车的现场采集来完成。采集的核心设备是激光雷达、高精度差分 - 惯导 - 卫星定位系统，它通过激光反射形成点云，完成对环境中各种物体的采集，并通过高精度定位系统记录行驶轨迹和环境中物体的高精度位置信息。

（2）处理

处理通常称为"内业"，是指通过对采集到的数据进行加工，提取高精度地图所需要表达的信息，并形成高精度地图数据库。处理的过程包括人工处理、深度学习的感知算法等，获取的信息如图 5-9 所示。

道路和车道		对象	
道路几何	驾驶车道	路肩	收费站
坡度/等级	车道数	护栏	排水沟
横向坡度	车道宽度	过街天桥	杆
曲率	车道限速	隧道	警示区
航向	车道开始/结束	龙门架	交通灯
可控出入口	交换区	交通标牌	墙
多样数字化	车道连接	可变交通信息牌	路面标记
出入口特征	车道类型	轮廓标/反光标	停车区
桥	车道边界	停止线	人行横道
隧道	车道边界类型	公交车站/交通区	
基础设施分离	十字路口属性		
条件限速			

图 5-9　高精度地图综合数据内容采集

采集的设备越精密，采集的数据越完整，就可以降低算法的不确定性；收集到的数据不完整，就需要更复杂的算法来补偿数据缺陷，且容易产生更大的误差。因此，实地采集所用到的设备成本高昂，目的是保证获取数据的精确性以及提高采集数据的利用率。图 5-10 是集成了卫星定位、激光雷达、惯性导航与数据处理系统的高精度地图采集设备。

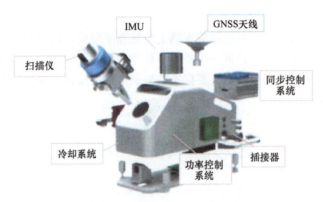

图 5-10　高精度地图采集设备

（3）后续更新

通常随着时间的变化，道路会由于破损、翻修、规划等原因发生变化。为保证高精度地图中信息的可靠性和有效性，需要对地图进行周期性，或者由一定原因触发的更新。可以采取的高精度地图更新方式有：众包方式、与政府实时交通处理部门合作等。图 5-11 描述了一种基于智能网联交通系统的地图更新模式。

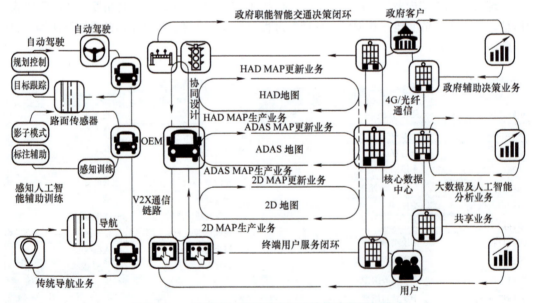

图 5-11　一种基于智能网联交通系统的地图更新模式

规模化、市场化的高精度地图由于其生产和维护的复杂性、高成本，需要通过标准化实现高精度地图行业的持续发展和有效应用。目前，涉及高精度地图的标准有 ADASIS（ADAS Interface Specification）、OpenDive 等，它们都提供了标准的格式和数据内容，保证不同地图企业生产的高精度地图在应用方面的一致性。ADASIS 是通过被称为"电子地平线"的地图信息片形式提供车辆周围的高精度地图信息；OpenDrive 的初衷是建立统一的路网逻辑，以 XML 格式提供车道级地图信息，并提供各编程语言的解析接口，方便开发者快速整合到自有环境，后来由于智能网联汽车发展的需求，也被作为高精度地图的标准格式。

3. 高精度地图模型

高精度地图维护道路网络的拓扑结构，将车道信息以及道路周边交通引导、提示、交通通行区域边界等对象信息附着在道路拓扑关系上，以形成高精度地图模型。地图模型的属性包括空间位置属性、形状属性，还有基本的静态属性、可扩展的静态属性、动态属性、实时性及与动态相关的属性，如图 5-12 所示，通常完整的高精度地图通过三个层次来完整表达真实道路信息，第一个层次是参考线，它代表传统导航地图的道路；第二个层次是车道线，它代表车道信息；第三个层次是与路网车道相关的对象，如限速标牌等。因此在定义高精度地图数据模型时通常分为道路模型、车道模型、对象模型三大块。

（1）道路模型

道路模型如图 5-13 所示，为了实现和提高路径规划功能，需要将现实世界的道路结构进行抽象，形成以顶点与边组成的拓扑图形结构，图中的边以弧形线段表示，线段中由一系列顺序的点表示线的基本形状走势。在道路拓扑模型中除了要标示出道路走势，还要描述道路的连通关系，这种连通关系通过顶点确定。道路模型除了图形属性，还包括车道数量、道路等级、功能属性等。

图 5-12 高精度地图模型属性

图 5-13 道路模型

（2）车道模型

如图 5-14 所示，车道模型记录了车道的行驶参考线及车道的边线（标线）及停止线等。车道模型还记录了车道与道路拓扑的关系。

（3）对象模型

如图 5-15 所示，对象模型是记录道路和车道行车空间范围边界区域内的要素，模型属性包括对象的位置、形状及属性值。这些地图要素包括路牙、护栏、立交、隧道、龙门架、交通标牌、可变信息标牌、轮廓标、收费站/杆、交通灯、墙面、箭头、文本、符号、警示区、导流区等。对象模型中的数据通常用于辅助环境感知，并辅助于高精度定位。

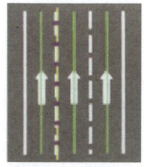
图 5-14 车道模型

图 5-15 对象模型

知识链接

高精度地图由多层数据组合而成，其数据逻辑结构应能准确反映道路环境，实现地图数据的多尺度标定和高效存储，支持感知、高精度定位、决策规划，并能满足导航中基于空间索引的需求。

根据高精度地图数据逻辑结构的分层特点（图 5-16），将其划分为四层：静态地图层、实时数据层、动态数据层和用户模型层。其中，静态地图层用于精准刻画静态驾驶环境，提供丰富的道路语义信息约束与控制车辆行为，主要包含道路网、车道网、交通设施网与定位图层；实时数据层用于动态路径规划和车辆决策，主要包含交通限制信息、交通流量信息、服务区信息等更新频率较高的实时路况信息；动态数据层用于弥补在能见度低的交叉盲点上车载传感器的视野盲区，保证行驶安全，主要包含车辆、行人、交通信号灯等高度动态信息；用户模型层提供行车经验信息，用以辅助车辆实现特定约束条件下的最优行驶策略，主要包含驾驶记录数据集和驾驶经验数据集。

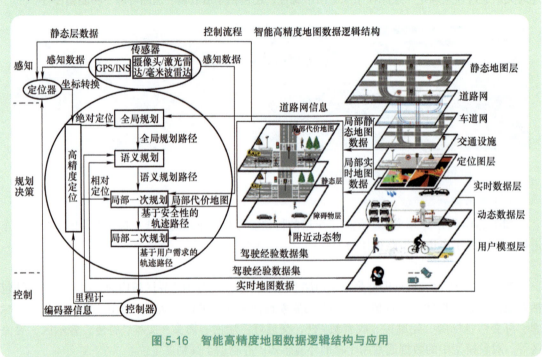

图 5-16　智能高精度地图数据逻辑结构与应用

5.1.3　高精度地图的发展现状

1. 发展现状

（1）高精度地图国际发展现状

由于世界各国监管政策不同，发展速度也就不一样，高精度地图市场企业比较多且杂，几家有代表性的高精度地图巨头企业竞争格局呈现两极分化的态势，一方面是大型互联网科技巨头、车企，如谷歌、英特尔、宝马等，这些企业在高精度地图研发上更多采取集中采集方式，合作伙伴数量相对多而且更为稳定，在市场上影响力更强；另一方面则是自动驾驶行业算法集成层面的初创公司，此类公司成本预算有限，对现金流较为迫切，基本采用成本较低的众包采集，并且积极地探索高精度地图的商业化变现模式。

发达国家从 20 世纪 70 年代就开始进行自动驾驶汽车研究，在可行性和实用性方面，美国和德国走在前列。早在 80 年代，美国就提出了自主地面车辆计划。美国在自动驾驶领域的研究处于世界领先地位，由于具备自动驾驶所必需的高精度地图，以及政策法规对自动驾驶的包容与开放，自动驾驶车辆的测试很早就开始进行，自动驾驶相关企业可以将研究与实验相互结合，极大促进了自动驾驶技术的发展。美国也成为拥有自动驾驶技术、高精度地图初创企业最多的国家。

德国虽然是全球汽车工业企业主要城市，但由于互联网行业发展状况的原因，并没有像美国和中国一样拥有大量的高精度地图开发企业，HERE 是目前比较有代表性的复合体企业。

2013 年日本内阁政府启动了名为 SIP（战略性创新创造方案）的项目计划，其中自动驾驶是它的核心之一，自动驾驶系统构建也自然是国家战略的一部分。从课题的调研到政府、企业、协会、团体、民间的协调，都由 SIP 统筹。为了将 SIP 成果（基础地图的数据格式，精度管理方式）产业化，设立了 Dynamic Map Platform Co., Ltd.（以下称 DMP）公司。DMP 成立代表日本动态高精度地图开始走向产业化。

（2）高精度地图国内发展现状

国内投入高精度地图市场的企业同样比较多，既有百度、高德、四维、易图通等传统图商，也有华为、滴图、初速度、中海庭、晶众、宽凳、全道等科技新势力。自 2018 年来，国内高精度地图厂商已陆续和汽车整车制造企业的合作，其中高德、百度、四维图新、易图通均已进入全球主要汽车厂商供应名单。从场景上来看，目前高精度地图落地场景主要是高速公路和停车场，对应支持高速 HWP 和停车场 AVP 的自动驾驶功能。

在中国，高精度地图的行业准入门槛很高，主要是受限于资质、技术、资金三方面。首先，尽管中国拥有地图业务的单位众多，但严格的审核制度，导致拥有制作高精度地图资质（甲级导航电子地图制作）的机构寥寥无几。截至 2020 年 11 月，仅有 28 家企业获得导航电子地图甲级资质。虽然这些机构获批高精度地图资质，但真正具有高精度地图采制能力的公司屈指可数。目前业界公认具有高精度地图采制能力的公司包括四维图新、高德地图、百度地图、易图通等。四维图新在 2019 年初与宝马中国签署自动驾驶地图及相关服务许可协议，为后者提供 L3 以上自动驾驶系统地图产品及服务，是国内首个用于 L3+ 自动驾驶的高精度地图量产订单，也意味着四维图新高精度地图已开始走向量产；百度也与多家车企签署高精度地图的商业化定制项目，包括北汽、现代等，百度地图的自动化程度已超过 90%，算法识别率达 98% 以上，基于 Apollo 开放平台，自主研发了一套完备的高精度地图制作、生产、发布及更新流程，产业优势明显；高德地图是国内首家实现高精度地图商业化的公司，已建立了自主采集的高精度地图用户生产内容（User Generated Content, UGC）体系及自动化数据生产模型，并基于阿里生态的物流配送、车路协同、城市大脑等业务实现高精度地图的数据更新。2019 年，高德宣布以 "成本价" 向合作伙伴提供标准化高精度地图；易图通的智慧生产线利用大数据分析、众包数据采集和人工智能等新型制图技术，以满足自主泊车、自动驾驶、V2X 及智慧城市等多种场景的高精度地图需求，易图通 2016 年支撑了国内首个自主泊车 POC 项目完成技术储备，并于 2019 年拿到国内首个自主泊车地图定点，2020 年成为某一国际 OEM 中国市场的唯一定点服务供应商，同时与德国大陆集团、地平线等产业知名企业建立战略合作关系。

高精度地图的主要成本分为两个部分：一是采集成本，主要包括设备成本、采集车辆的行驶耗材、过路费及人力成本等，仅一辆高精度地图采集车需要配置的设备就包括：激光雷达、摄像头、陀螺仪、GPS 接收机、数据存储和计算设备等；二是编译制作成本，主要是人力成本，编译制作过程需要高精度地图制作企业投入相当多的人力。编译制作过程的"内业"人员的主要任务有地图绘制、校正地图信息、更新兴趣点（Point of Interest, POI）信息、更新互联网用户报错等。相对于巨头公司，初创公司面临着成本、资源短缺、经验不足的压力。在地图采集上，传统地图企业多采用激光雷达的方案，而初创科技公司采取了以人工智能技术为基础的纯视觉方案，通过搭载价格较低的摄像头以降低数据采集成本；摄像头在精度上不如激光雷达，因此在数据更新环节，一些初创公司会利用众包的方案，以高精地图为底图，与物流企业、车企等合作，通过视觉传感器多次拍摄积累数据，提升整体更新精度。

从收费模式上也将改变原有电子地图的 License 授权模式，高精度地图的收费模式主要有按单位时间和按数据量收费两种，核心区别在于收费稳定，初期阶段基本以服务功能开发费 + License 组合为基础；此外，还存在一种"免费"模式，即图商向客户免费提供现有数据产品，但同时客户需向图商提供收集到的数据，地图的价格即为客户收集数据的价值。由于高精度地图对数据更新的实时性提出很高的要求，从高精度的产品形态和服务方式角度，通过云服务平台对实时更新的高精度地图数据进行实时分发是一种可行的方式，且云平台还能通过实时收集各车的行驶数据来补充道路情况形成信息闭环，增强收集数据密度而降低收集成本。

基于高精度地图的生产成本高和更新频率高等问题，第三种方式可能是未来收费模式发展的大方向，同时，在国内建设公共的地图云服务平台，为自动驾驶汽车搭载的微控制单元（MCU）、地图盒子、域控制器等提供高精度地图支持，不仅可以节省量产应用的成本，也便于采取信息防护措施，保证国家战略信息的安全，这将是一条符合中国国情、通达 L5 级自动驾驶的高效路径。

2. 发展趋势

高精度地图是行业发展热点，也受到行业上下游的关注，预计会有以下几方面的趋势。

（1）高精度地图的管理和市场主体演变

2013 年，HERE 就开始制造高精度地图，其研发最早开始于与戴姆勒的一个合作项目，后来被奔驰、宝马、奥迪收购后，先后引入了 Intel、博世、大陆、先锋等产业投资，涵盖了芯片、传感器等解决方案。2016 年 6 月，日本相关 OEM 和供应厂商发起成立了 DMP，作为高精度地图数据平台的建设主体，负责地图基础数据的采集和相关技术研发。2017 年，中国成立了国家智能网联汽车创新产业联盟（国汽智联），专门设立了智能汽车基础平台工作组，原国家测绘局在"放管服"政策指导下增加审批导航电子地图制作甲级资质到 28 家，并进一步调整测绘资质管理办法，这些措施都会影响高精度地图市场主体的演变。

（2）高精度地图标准研讨和建立

在国内，智能网联汽车和高精度地图行业的深入融合和技术的成熟，不断推动高精度地图向标准化方向发展。工信部、交通运输部、自然资源部、标准委等不断加快编制和发布智能网联汽车、车联网、高精度地图等相关标准规范。国际上，ISO、NDS、ADASIS、SENSORIS、OADF、TISA、Open LR、SAE-International、ETSI 等标准化组织发布了自动驾驶和高精度地图相关的数据交换格式、物理格式、动态信息存储格式、位置参考等标准规范。

（3）新型地图和新型测绘技术的发展和应用

随着各类传感器在车上成为标配的部件，量产车成为地图数据采集和更新入口的趋势越来越显著，未来汽车既是地图的使用者，也是地图的生产者。基于高精度地图也会延伸出各类扩展服务，例如 AR 导航、城市基础设施更新、车道级定位服务等。

（4）图商的角色从交付向服务演变，客户从 B 端向 C 端扩展

高精度地图需要实时更新的特性打破了过去图商只是向主机厂或者车载信息娱乐企业销售授权费的商业模式，开始向地理信息数据服务商转型。图商在产业链中的角色正在逐渐从传统汽车时代的供应商转变为自动驾驶时代的重要参与者、合作者、服务商。除了向车厂或者自动驾驶出行服务商提供地理信息数据服务这种 B 端的业务，高精度地图也会向 C 端延伸。

5.1.4　高精度地图的应用

1. 广汽新能源 Aion LX 高速公路驾驶辅助系统

2019 年 10 月 17 日，广汽新能源首款纯电动 SUV 车型 Aion LX（埃安 LX，图 5-17）上市销售，这款车拥有高达 650km 的 NEDC 续航能力，并在其顶配车型中实现了高速公路驾驶辅助功能（High Way Assist Hands Free，HWAHF），该车搭载了高精度地图，使得 Aion LX 更安全、更可靠、更智能。

图 5-17　Aion LX（埃安 LX）

Aion LX 高速公路驾驶辅助系统在高精度地图方面具有以下功能：

1）实现高可用的高精度定位能力。高精度地图通过提供高精度定位需要的特征图层，与视觉、毫米波雷达、IMU 等多传感器进行融合，能够帮助车辆实现车道级和车道内定位，是一个成本低、可用性高、鲁棒性好的方案。

2）中近距离下提升车辆的感知效率，优化规划控制，增强安全性。高精度地图提供的先验信息，有助于感知系统缩小计算区域、提升计算效率、优化识别精度，从而在同等条件下有效增强感知能力；同时，高精度地图还能优化规划控制系统以及增强自动驾驶系统的安全性，例如在车辆传感器意外致盲时协助车辆安全停车，保障自动驾驶车辆在极端环境下的安全。

3）长距离下优化导航路径规划。高精度地图提供的静态数据和动态数据，有助于自动驾驶系统对导航路径规划进行优化。广汽新能源提出了符合高精度地图的要素需求（覆盖车道级要素和定位要素）和精度需求（2σ 相对精度优于 20cm）。同时为提高系统的易用性和扩展性，广汽新能源提出高精度地图能够支持先进驾驶辅助系统接口规范（Advanced driver assistant Systems interface Specifications，ADASIS）规范，提供电子视野线系统。

2. L4 级别智能载重货车量产项目

为了提高传统港口的集装箱转运的效率，上汽集团通过自主研发的 5G 无人驾驶技术实现

各个码头之间的无人运送。目前首批车辆（图5-18）已经开始试运营，车辆从深水港出发经东海大桥到达洋山港，实现了涵盖高速、城市、收费站、港口、园区等全场景下的自动驾驶。

图 5-18　上汽集团 5G 无人驾驶载重货车

从洋山深水港物流园经东海大桥到洋山码头，来回 72km 的环线上涵盖了普通道路、高速公路、码头、堆场、隧道、高架、收费站等复杂场景。中海庭基于 AI 识别、绘制配合人工后期质检，快速完成包括地面箭头采集、车道标线采集、道路杆件采集，以及路口模式化标注和路口拓扑关系编辑。从采集到地图发布只用了不到 2 周的时间，洋山港高精度地图结果示意图如图 5-19 所示。

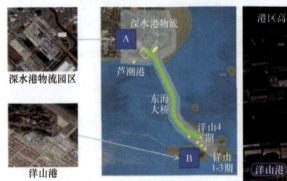

图 5-19　洋山港高精度地图结果示意图

为了保证高精度地图中路口引导轨迹符合不同载重货车的动力学参数，在洋山港项目上中海庭创新开发了动态引导线功能，如图 5-20 所示。首先在仿真环境下结合车辆动力学参数计算出最优轨迹，同步在驾驶测试中学习车端驾驶人的驾驶习惯，通过云端轨迹的融合挖掘更新优化引导线形状，极大程度地提升了车辆在变道/转弯等场景下的驾驶体验。

3. 小鹏 P7 高速公路驾驶辅助系统

小鹏 P7 的 XPILOT3.0 自动驾驶辅助系统搭载高精度地图，与小鹏 P7 强大的硬件能力深度融合，共同打造自动驾驶辅助系统的两大核心能力——厘米级高精定位和智能规划引导，联手为用户带来安全、便捷、智能的出行体验。在特定高速公路设定导航目的地，P7 将根据路线指引，实现自主变道、切换高速路线，并在行车中实时选择最优路线。

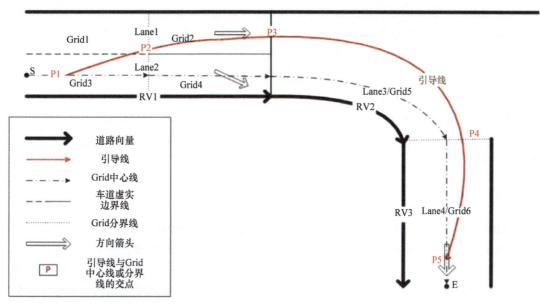

图 5-20 动态引导线

小鹏 P7 配备了 14 个摄像头、5 个毫米波雷达和 12 个超声波传感器，组成了业内唯一的 360° 双重感知融合系统，就像人的眼睛，可以准确识别并观察外部环境。图 5-21 所示为高精度地图盘桥。

图 5-21 高精度地图盘桥

5.2 定位技术

无人驾驶汽车是智能网联汽车发展的终极目标，未来无人驾驶汽车将是一个移动的办公场所。

无人驾驶汽车在行驶时首先要知道自己在哪里，这就需要进行定位。那么什么是导航定位？无人驾驶汽车是如何导航定位的？又采用了什么方法进行导航定位呢？对导航定位精度有什么要求？导航定位涉及哪些坐标系？通过对本章节的学习，便可以得到答案。

5.2.1 全球定位系统

全球定位系统（Global Positioning System，GPS）又称为全球卫星定位系统，是由美国国防部建设的基于卫星的无线电导航定位系统。它能连续为世界各地的陆海空用户提供精确的位置、速度和时间信息，最大的优势是覆盖全球且全天候工作，可以为高动态、高精度平台服务，目前应用普遍。

 **知识链接**

GPS 的前身为美军研制的子午仪卫星导航系统，1958 年研制，1964 年正式投入使用，属于第 1 代卫星导航系统。子午仪系统显示了卫星导航的巨大优越性，但其定位精度不尽人意，难以满足美国军方的发展需求。于是，美国海军和美国空军根据自身需要，同时着手下一代卫星导航系统，并各自提出方案。由于同时研制两个系统费用巨大，且都是为全球定位设计，所以 1973 年美国国防部牵头将二者合二为一，共同研制 GPS。1978 年首次发射卫星时，GPS 星座的最初设计方案是 24 颗星放置在互为 120° 的 3 个轨道面上，每个轨道面 8 颗星。但是，由于 GPS 开发阶段常遭国会质疑，预算经费被压缩，不得不减少卫星数量，改为 18 颗星分布在 6 个轨道面上，然而这一方案使系统的可靠性得不到保障。1988 年最终修改为 21 颗工作卫星和 3 颗备用卫星分布在互成 60° 的 6 个轨道面上，这也是 GPS 星座现在使用的方式。1994 年，GPS 全面建成。

1. 全球卫星定位系统的组成

GPS 是由导航卫星、地面监控设备和 GPS 用户组成的，如图 5-22 所示。

（1）导航卫星

导航卫星由分布在 6 个地球椭圆轨道平面上的 21 颗工作卫星和 3 颗在轨备用卫星组成，相邻轨道之间的卫星彼此呈 30°，每个轨道面上都有 4 颗卫星，在距离地球约 20200km 的高空上进行监测。这些卫星每 12h 环绕地球一圈，在地球上的任何地方、

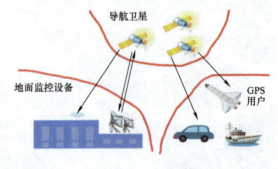

图 5-22　GPS 的组成

任何时间都可以观测到 4 颗以上的 GPS 卫星，保持定位的精度，从而提供连续的全球导航能力。导航卫星的任务是接收和存储来自地面监控设备发送来的导航定位控制指令，通过微处理器进行数据处理，以原子钟产生的基准信号和精确的时间为基准向用户连续发送导航定位信息。

（2）地面监控设备

地面监控设备由 1 个主控站、3 个注入站和 5 个监测站组成，它们的任务是实现对导航卫星的控制。

主控站具有以下作用。

1）管理、协调地面监控设备各部分的工作。

2）收集各监测站的数据，编制导航电文，送往注入站将卫星星历注入卫星。

3）监控卫星状态，向卫星发送控制指令。

4）卫星维护与异常情况的处理。

注入站的作用是将导航电文注入卫星。

监测站的作用是接收卫星数据，采集气象信息，并将所收集到的数据传送给主控站。

（3）GPS 用户

GPS 用户主要由 GPS 接收机和 GPS 数据处理软件组成。

GPS 接收机的主要功能是接收、追踪和放大卫星发射的信号，获取定位的观测值，提取导航电文中的广播星历以及卫星时钟改正参数等。

GPS 数据处理软件的主要功能是对 GPS 接收机获取的卫星测量记录数据进行预处理，并对处理的结果进行平差计算、坐标旋转和分析综合处理，计算出用户所在位置的三维坐标、速度、方向和精确时刻等。

2. GPS 的定位原理

GPS 卫星不断地传送轨道信息和卫星上的原子钟产生的精确时间信息，GPS 接收机上有一个专门接收无线电信号的接收器，同时也有自己的时钟。当 GPS 接收机收到第 1 颗卫星传来的信号时，GPS 接收机可以测定该卫星与 GPS 用户的空间距离，GPS 用户就位于以观测卫星为球心、以观测距离为半径的球面与地球表面相交的圆弧的某一点；当 GPS 接收机接收到第 2 颗卫星的信号时，以第 2 颗卫星为球心、以第 2 个观测距离为半径的球面也与地球表面相交于一个圆弧，上述两个圆弧在地球表面会有两个交会点，但是还不能确定出用户唯一的位置；当 GPS 接收机接收到第 3 颗卫星的信号时，以第 3 颗卫星为球心、以第 3 个观测距离为半径的球面也与地球表面相交于一个圆弧，上述三个圆弧在地球表面相交于一点，该点即为 GPS 用户所在的位置。

如果没有时钟误差，那么 GPS 接收机只要利用接收到的 3 颗卫星的信号，就可以唯一确定出 GPS 用户所在的位置。但由于 GPS 接收机的时钟有误差，从而使测得的距离含有误差，所以定位时要求 GPS 接收机至少接收到 4 颗卫星的信号才能同时确定出 GPS 用户所在空间位置及接收机时钟差。当 GPS 接收机接收到 4 颗以上的卫星信号时，就可以得到更为精确和可靠的位置、速度和时间信息。

GPS 定位的基本原理是三球交汇原理，GPS 用户位置在 A 点，GPS 用户到卫星 O_1 的距离是 R_1，到卫星 O_2 的距离是 R_2，到卫星 O_3 的距离是 R_3，如图 5-23 所示。

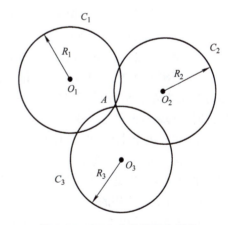

图 5-23　GPS 定位的基本原理

以卫星为球心，GPS 用户到卫星的距离可以表示为

$$R = \sqrt{(x_1 - x)^2 + (y_1 - y)^2 + (z_1 - z)^2} \tag{5-1}$$

式中，R 为卫星与接收机的距离，是已知量；(x_1, y_1, z_1) 为卫星坐标，也是已知量；(x, y, z) 表示接收机位置，是未知量。

如果有 3 颗卫星，则可以解出方程，然而实际上用户接收机的时钟不是十分准确，不与卫星同步，所以卫星与用户之间的距离 R 不是真实距离，称作伪距。设 GPS 接收机和卫星的时钟差为 d_t，则公式改为

$$R = \sqrt{(x_1 - x)^2 + (y_1 - y)^2 + (z_1 - z)^2} + c_0 d_t \qquad (5-2)$$

式中，c_0 为光速。

式（5-2）中含有 4 个未知量，所以 GPS 接收机需要接收到 4 个以上卫星的信号才能解算方程得到 GPS 接收机的位置，如图 5-24 所示。

GPS 定位可以分为绝对定位和相对定位两种。绝对定位又称为单点定位，是直接得到 GPS 接收机相对于地心位置的定位方法，这种定位方法只需要一个 GPS 接收机，但是其精度受卫星轨道误差、时钟差和信号传播误差等影响，一般为米级。伪距差分定位作为相对定位中的一种，精度可达厘米级，现在广泛用于精密导航、大地测量等。

图 5-24　4 颗卫星定位原理

伪距差分定位基本原理是利用两个或多个位置相近的 GPS 接收机各自与卫星信道相关的特性，使用差分定位算法减少信道误差的影响，从而提高定位精度。

3. GPS 的特点

GPS 具有以下特点：

1）能够全球、全天候定位。GPS 卫星的数目较多，且分布均匀，保证了地球上任何地方、任何时间至少可以同时观测到 4 颗 GPS 卫星，确保实现了全球、全天候连续的导航定位服务。

2）覆盖范围广，能够覆盖全球 98% 的范围，可满足位于全球各地或近地空间的用户连续精确地确定三维位置、三维运动状态和时间的需要。

3）定位精度高。GPS 相对定位精度在测量范围内可达 6～10m。

4）观测时间短。20km 以内的相对静态定位仅需 15～20min；快速静态相对定位测量时，当每个流动站与基准站相距 15km 以内时，流动站观测时间只需 1～2min；采取实时动态定位模式时，每站观测仅需几秒。

5）可提供全球统一的三维地心坐标，可同时精确测定测站平面位置和大地高程。

6）测站之间无须通信，只要求测站上空开阔。这既大大减少了测量工作所需的经费和时间，也使选点工作更灵活，省去了经典测量中的传算点、过渡点等的测量工作。

GPS 作为最常用的一种定位系统，如果用于智能网联汽车的定位，则存在以下不足：

1）开放的民用精度不能满足 L4 和 L5 级智能网联汽车定位的要求，通常在 10m 左右。

2）更新频率较低，通常只有 10Hz，当车辆高速行驶时，不能提供实时的准确位置信息。

3）受建筑物、树木的遮挡，如在天桥、隧道、地下车库等场景中，GPS 的定位精度严重降低，甚至无法提供定位信息。

为解决 GPS 存在的问题，在实际应用中，常采用以下方案提高定位精度：

1）采用差分 GPS，利用基站的准确定位信息校正 GPS 的误差，其精度可提高到厘米级。

2）结合惯性测量单元、里程计及航迹推算等技术，提高定位更新频率和精度。即使在 GPS 信号受建筑物遮挡时，也能短时间内提供相校准确的定位信息。

3）在地下车库等无法接收到 GPS 信号的场景中，利用视觉 SLAM、激光 SLAM 等定位手段，提供较为准确的定位信息。

4. GPS 的作用

车载 GPS 具有以下作用：

1）车辆定位。GPS 通过接受卫星信号，能够准确定位车辆所在的位置，误差保持在 10m 以内。

2）车辆跟踪。利用 GPS 和电子地图可以实时显示出车辆的实际位置，并可任意放大、缩小、还原、换图；可以随目标移动，使目标始终保持在屏幕上；还可实现多窗口、多车辆、多屏幕同时跟踪。利用该功能可对重要车辆和货物进行跟踪运输。

3）出行路线规划和导航。提供出行路线规划是车载 GPS 一项重要的辅助功能，它包括自动线路规划和人工线路设计。自动线路规划是由驾驶人确定起点和目的地，由计算机软件按要求自动设计最佳行驶路线，包括对最快的路线、最简单的路线、通过高速公路路段次数最少的路线的计算。人工线路设计是由驾驶人根据自己的目的地设计起点、终点和途经点等，自动建立路线库。线路规划完毕后，显示器能够在电子地图上显示设计路线，并同时显示汽车运行路径和运行方法。

4）信息查询。为用户提供主要物标如旅游景点、宾馆、医院等数据库，用户能够在电子地图上显示其位置。同时，监测中心可以利用监测控制台对区域内的任意目标所在位置进行查询，车辆信息将以数字形式在控制中心的电子地图上显示出来。

5）话务指挥。指挥中心可以监测区域内车辆运行状况，对被监控车辆进行合理调度。指挥中心也可随时与被跟踪目标通话，实行管理。

6）紧急援助。通过 GPS 和监控管理系统可以对遇有险情或发生事故的车辆进行紧急援助。监控台的电子地图显示求助信息和报警目标，规划最优援助方案，并以报警声光提醒值班人员进行应急处理。

图 5-25 所示为车载 GPS 定位终端实物。图 5-26 所示为车载 GPS 导航工作过程。

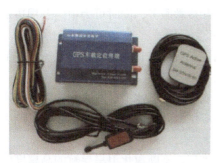

图 5-25　车载 GPS 定位终端实物　　　　图 5-26　车载 GPS 导航工作过程

1）设备中的 GPS 模块接收 GPS 卫星数据，获得经纬度信息。

2）导航定位软件通过设备中的 GPS 模块得到位置信息，不停地刷新电子地图。

3）导航定位软件计算、规划路径，然后引导车辆前往目的地。

5.2.2 北斗卫星导航定位系统

✎ 小贴士

深邃夜空，斗转星移。北斗星，自古为中华民族定方向、辨四季、定时辰。我国全球卫星导航系统以"北斗"命名，恰如其分。昔有指南之针，今有北斗导航，这是中国智慧遥隔时空的接力。

从双星定位系统概念的提出到北斗一号系统从无到有，到北斗二号系统正式提供区域服务，到北斗三号以昂扬的姿态走向世界，北斗全球系统全面建成，中国北斗的"三步走"发展战略，历经了20多年的峥嵘岁月。这是我国自主创新、团结协作、攻坚克难、追求卓越的独特发展之路。

1. 北斗卫星导航定位系统的发展历程

北斗卫星导航系统（BeiDou Navigation Satellite System，BDS）是中国着眼于国家安全和经济发展需要，自主建设、独立运行的全球卫星导航系统，是为全球用户提供全天候、全天时、高精度定位、导航和授时服务的国家重要时空基础设施。

中国高度重视北斗卫星导航系统建设发展，自20世纪80年代开始探索适合国情的卫星导航系统发展道路，形成了"三步走"发展战略。

第一步，建设北斗一号系统。1994年，启动北斗一号系统工程建设；2000年，发射2颗卫星，建成系统并投入使用，采用有源定位体制，为中国用户提供定位、授时、广域差分和短报文通信服务；2003年，发射第3颗卫星，进一步增强系统性能。

第二步，建设北斗二号系统。2004年，启动北斗二号系统工程建设；2012年，完成14颗卫星发射组网。北斗二号系统在兼容北斗一号系统技术体制基础上，增加了无源定位体制，为亚太地区用户提供定位、测速、授时和短报文通信服务。

第三步，建设北斗三号系统。2009年，启动北斗三号系统工程建设；2020年已完成30颗卫星发射组网，全面建成北斗三号系统。北斗三号系统继承了有源服务和无源服务两种技术体制，为全球用户提供定位导航授时、全球短报文通信和国际搜救服务，同时可为中国及周边地区用户提供星基增强、地基增强、精密单点定位和区域短报文通信等服务。

按照计划，2035年，我国还将建设更加融合、更加智能的综合定位导航授时体系。北斗卫星导航系统将以更强的功能、更优的性能服务全球。

北斗卫星导航系统自提供服务以来，已在交通运输、农林渔业、水文监测、气象测报、通信时统、电力调度、救灾减灾、公共安全等领域得到广泛应用，融入国家核心基础设施，产生了显著的经济效益和社会效益。

未来，中国北斗卫星导航系统将持续推进海内外应用推广，不断深化卫星导航的高精度服务与云计算、物联网、大数据的继续融合，加快卫星导航领域与高端制造业、软件业的融合，推动生产方式和发展模式的变革，服务国民经济和社会信息化发展。

北斗卫星导航系统也将助推智能网联汽车向自动驾驶、无人驾驶方向快速发展。

2. 北斗卫星导航系统的组成

北斗卫星导航系统由空间段、地面段和用户段三部分组成，如图5-27所示。

图 5-27　BDS 的组成

1）空间段。北斗卫星导航系统空间段由若干高轨道卫星，倾斜地球同步轨道卫星和中圆地球轨道卫星组成的。

2）地面段。北斗卫星导航系统地面段包括主控站、时间同步／注入站和监测站等若干地面站。

3）用户段。北斗卫星导航系统用户段包括北斗兼容其他卫星导航系统的芯片、模块、天线等基础产品，以及终端产品、应用系统与应用服务等。

BDS 与 GPS 具有以下差别：

1）BDS 是一个有源系统，用户在定位过程中必须发射信号，具备通信能力，这是它与 GPS 最大的不同。北斗卫星导航系统具有低速通信功能，可以在中心站与任意一个用户机之间或任意两个用户机之间一次发送包含 36 个汉字字符的信息，经过授权的用户一次可以发送包含 120 个汉字字符的信息，这个功能是 GPS 无法具备的。

2）BDS 每次定位作业都是由用户机发出请求，经过中心站解算出坐标，然后发给用户机。这种工作方式使得 BDS 存在用户容量限制，凡是未经授权的用户都无法利用 BDS 进行定位作业，因而具备极好的保密性。

3）BDS 一次定位需要测距信号经中心站—卫星—用户机往返两次，因此费时比较长，从用户机发出定位请求到收到定位数据大约需要 1s，因此它不适合飞机、导弹等高速运动的物体，而更适合船舰、车辆、人员等低速运动目标的定位。

4）BDS 采用国家 2000 坐标系，而 GPS 采用 WGS-84 经纬坐标系。

3. 北斗卫星导航定位系统的定位原理

BDS 的定位原理与 GPS 的定位原理基本相同。

BDS 在进行定位时，所采用的原理是通过对卫星信号站点之间的传播时间进行推算，进而确立相应的卫星站点距离，这样就能够对接收机进行较为准确的定位。一般采用载波相位测量法进行定位，其原理大致如下：用 a 来表示卫星所发射的载波信号相位数值，用 b 来表示地面基站所接收的载波信号相位数值，卫星站点之间的距离为

$$X = n(a + b)$$

式中，n 是载波信号的波长。

在实际操作中 a 值是无法进行测算的，往往采用接收机所产生的基准信号来代替。因为该基准信号的频率与卫星所发射的载波信号相位是一致的，所以并不会影响到后续定位的精准程度。

通过载波相位测量法进行定位，在整个定位过程中会受到多种误差因素的影响，进而降低定位精度。由于在相同的时间点、不同观测站观测同一卫星时，在进行信号接收时所受到的误差影响具有较强的关联性，通过不同方式对同步观测量进行差值计算，就能够最大化地减少误差。对常用的载波相位进行差值计算，通常被叫作差分，而差分主要有三种方法：单差，双差以及三差。差分模型示意图如图 5-28 所示。

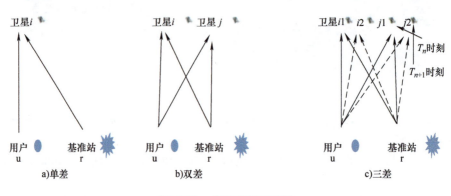

图 5-28　差分模型示意图

4. 北斗卫星导航定位系统的特点

BDS 具有以下特点：

1）空间段采用三种轨道卫星组成，与其他卫星导航系统相比，高轨卫星更多．抗遮挡能力更强，在低纬度地区性能优势更为明显。

2）提供多个频点的导航信号，能够通过多频信号组合使用等方式提高服务精度。

3）创新融合了导航与通信功能，具备定位导航授时、星基增强、地基增强、精密单点定位、短报文通信和国际搜救等多种服务能力。

5. 北斗卫星导航系统的服务类型和性能指标

（1）BDS 的服务类型

北斗卫星导航系统具备导航定位和通信数据传输两大功能，提供以下 7 种服务。

1）定位导航授时。

2）全球短报文通信。

3）国际搜救。

4）星基增强。

5）地基增强。

6）精密单点定位。

7）区域短报文通信。

其中，1）～3）面向全球范围，4）～7）面向中国及周边地区，中国及周边地区即东经 75°～135°，北纬 10°～55°。

（2）性能指标

1）定位导航授时服务性能指标（表 5-2）。北斗卫星导航系统利用 3 颗高轨道（GEO）卫星、3 颗倾斜地球同步轨道（IGSO）卫星、24 颗中圆地球轨道（MEO）卫星，向位于地表及其以上 1000km 空间的全球用户提供定位导航授时免费服务。

表 5-2　定位导航授时服务性能指标

性能特征		性能指标
服务精度 （95%）	定位精度	水平 ≤ 10m，高程 ≤ 10m
	授时精度	≤ 20nm
	测速精度	≤ 0.2m/s
服务可用性		≥ 99%

2）全球短报文通信服务性能指标（表 5-3）。北斗卫星导航系统利用 MEO 卫星，向位于地表及其以上 1000km 空间的特许用户提供全球短报文通信服务。

表 5-3　全球短报文通信服务性能指标

性能特征		性能指标
服务成功率		≥ 95%
响应时延		一般优于 1min
终端发射功率		≤ 10W
服务容量	上行	30 万次 /h
	下行	20 万次 /h
单次报文最大长度		560bit（约相当于 40 个汉字）
使用约束及说明		用户需进行自适应多普勒补偿，且补偿后上行信号到达卫星频偏需小于 1000Hz

3）国际搜救服务性能指标（表 5-4）。北斗卫星导航系统利用 MEO 卫星，按照国际搜救卫星组织标准，与其他搜救卫星系统联合向全球航海、航空和陆地用户提供免费遇险报警服务，并具备反向链路确认服务能力。

表 5-4　国际搜救服务性能指标

性能特征	性能指标
检测概率	≥ 99%
独立定位概率	≥ 98%
独立定位精度（95%）	≤ 5km
地面接收误码率	≤ 5 × 10^{-5}
可用性	≥ 99.5%

4）星基增强服务性能指标。北斗卫星导航系统利用 GEO 卫星，向中国及周边地区用户提供符合国际民航组织标准的单频增强和双频多星座增强免费服务，旨在实现一类垂直引导进近（APV-Ⅰ）指标和一类精密进近（CAT-Ⅰ）指标。

5）地基增强服务性能指标（表 5-5）。北斗卫星导航系统利用移动通信网络或互联网络，向北斗基准站网覆盖区内的用户提供米级、分米级、厘米级、毫米级高精度定位服务。

表 5-5　地基增强服务性能指标

性能特征	性能指标				
	单频伪距增强服务	单频载波相位增强服务	双频载波相位增强服务	单频载波相位增强服务（网络RTK）	后处理毫米级相对基线测量
支持系统	BDS	BDS	BDS	BDS/GNSS	BDS/GNSS
定位精度	水平 ≤ 2m 高程 ≤ 3m （95%）	水平 ≤ 1.2m 高程 ≤ 2m （95%）	水平 ≤ 0.5m 高程 ≤ 1m （95%）	水平 ≤ 5cm 高程 ≤ 10cm （RMS）	水平 ≤ 5mm+$10^{-6} \times D$① 高程 ≤ 10mm+$2 \times 10^{-6} \times D$① （RMS）
初始化时间	秒级	≤ 20min	≤ 40min	≤ 60s	—

① D 为已知点与待测点之间的水平距离，简称平距。

6）精密单点定位服务性能指标（表 5-6）。北斗卫星导航系统利用 GEO 卫星，向中国及周边地区用户提供精密单点定位免费服务。

表 5-6　精密单点定位服务性能指标

性能特征	性能指标	
	第一阶段（2020 年）	第二阶段（2020 年后）
播发速率	500bit/s	扩展为增强多个全球卫星导航系统，提升播发速率，视情拓展服务区域，提高定位精度、缩短收敛时间
定位精度（95%）	水平 ≤ 0.3m，高程 ≤ 0.6m	
收敛时间	≤ 30min	

7）区域短报文通信服务性能指标（表 5-7）。北斗卫星导航系统利用 GEO 卫星，向中国及周边地区用户提供区域短报文通信服务。

表 5-7　区域短报文通信服务性能指标

性能特征		性能指标
服务成功率		≥ 95%
服务频度		一般 1 次 /30s，最高 1 次 /s
响应时延		≤ 1s
终端发射功率		≤ 3W
服务容量	上行	1200 万次 /h
	下行	600 万次 /h
单次报文最大长度		14000bit（约相当于 1000 个汉字）
定位精度（95%）	RDSS	水平 20m，高程 20m
	广义 RDSS	水平 10m，高程 10m
双向授时精度（95%）		10ns
使用约束及说明		若用户相对卫星径向速度大于 1000km/h，需进行自适应多普勒补偿

6. 北斗地基增强系统

自动驾驶的发展推动了高精度定位技术在汽车领域的应用，L3 级自动驾驶需要达到分米级精度，L4 级以上自动驾驶则需要达到厘米级精度。除了依靠车辆自身传感器进行精准定位之外，车外的高精度定位系统也不可或缺。地面道路正形成以 5G、北斗（或 GPS）卫星、地基增强系统为主的高精度定位系统，停车场则有可能形成以 V2X（或 UWB）为主的高精度定位支持系统。

北斗地基增强系统是按照"统一规划、统一标准、共建共享"的原则建设国家级地基增强系统。北斗地基增强系统主要包括基准站、通信网络系统、国家数据综合处理系统、行业数据处理系统、数据播发系统、应用终端六个分系统。该系统具备在全国陆地范围内提供实时米级、分米级、厘米级、后处理毫米级高精度定位基本服务的能力。

（1）北斗高精度位置服务平台

着眼于把北斗高精度定位能力变成公共服务，致力于打造物联网时代的新时空基础设施，基于国家北斗地基增强系统，采用市场化运作，建设北斗高精度位置服务平台，构建北斗高精度位置服务生态圈，其示例如图 5-29 所示。

北斗高精度位置服务平台是连接 BDS/GNSS 与互联网的重要桥梁。该平台是以"互联网 + 位置（北斗）"为基础，基于云计算和大数据技术构建的空天一体高精度北斗位置开放服务系统，以满足国家、行业、大众市场对精准位置服务的需求，并致力于将 BDS/GNSS 高精度服务推向全球。该平台突破了新一代网络 RTK 高精度多模组合定位算法、星基增强关键技术、多模

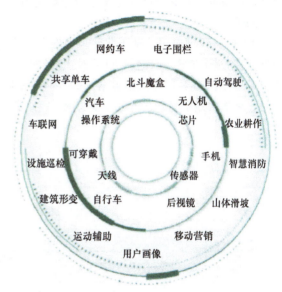

图 5-29　北斗高精度位置服务生态圈示例

多频卫星导航组合定位算法、多传感器融合定位算法、"BDS/GNSS+人工智能"融合定位技术、A-GNSS 加速定位技术等多项关键技术，并相继攻克了情景感知智能化判别、海量数据接入和存储、大规模分布式计算、高并发实时处理、安全服务策略及机制等一系列核心技术。

该平台开展北斗高精度增值服务商业运营，面向全国提供千寻跬步（米级）、知寸（厘米级）、见微（毫米级）、云踪、优航、A-北斗等高精度位置服务产品，已在危房监测、铁路应用、精准农业、共享单车、自动驾驶、智能手机、物流监控等领域得到应用，推动了北斗高精度服务能力向公共服务产品的转化，促进形成北斗产业自主创新生态圈。

依托北斗地基增强系统及北斗高精度位置服务平台，我国自主研发了全球首个"A-北斗"快速辅助定位系统，大幅提高了北斗卫星导航首次定位时间和定位精度。

知识链接

北斗系统

（2）北斗地基增强系统高精度应用

1）交通行业应用。开发交通行业应用软件和服务测试评估子系统，采集和制作公路高精度车道级导航数据，车道线特征点坐标精度小于 20cm，具有监视非法连续并线违章等行为的能力，如图 5-30 所示。

通过对车载终端改造升级，利用北斗地基增强系统提供的高精度定位服务，车载终端支持车道级导航应用。车载终端设备如图 5-31 所示。

2）智能驾驶应用。基于北斗星地融合一张网的智能汽车高精度位置感知方案，以网络 RTK 形式播发数据至车载 ECU 端。为自动驾驶汽车客户提供覆盖全国的实时高精度位置解算服务。同时，星基增强系统方案可进一步实现双链路数据的播发，满足未来自动驾驶的冗余度要求。

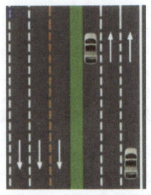

图 5-30　车道级导航数据

图 5-31　车载终端设备

5.2.3　车载导航定位系统

1. 惯性导航系统

（1）惯性导航系统的定义与原理

GPS 可以为车辆提供精度为米级的绝对定位，差分 GPS 可以为车辆提供精度为厘米级的绝对定位，然而并非所有的路段在所有时间都可以得到良好的 GPS 信号。因此，在自动驾驶领域，差分 GPS 的输出一般都要与惯性测量单元（IMU）、汽车自身的传感器（如轮速计、转向盘转角传感器等）进行融合。

惯性导航系统是一种利用惯性传感器测量载体的角速度信息，并结合给定的初始条件实时推算速度、位置、姿态等参数的自主式导航系统。具体来说，惯性导航系统的导航方式是推算，即从一已知点的位置根据连续测得的运动载体航向角和速度推算出其下一点的位置，因而可连续测出运动体的当前位置。

惯性导航系统主要采用加速度传感器和陀螺仪来测量载体参数，其原理如图 5-32 所示。

为什么要采用陀螺仪？下面举例说明。

假设一辆车正以恒定速度直线行驶，已知汽车的初始位置、速度及行驶时长，则可以算出汽车的当前位置，如图 5-33 所示。再进一步，可以根据加速度、初始速度和初始位置计算出汽车在任何时间点的车速和位置。而在这个计算过程中，需要解决一个问题：如何测量加速度。

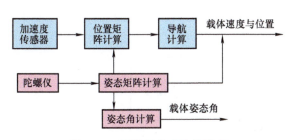

图 5-32　惯性导航系统的原理

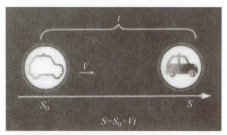

图 5-33　汽车位置计算

为了测量加速度，需要三轴加速度传感器，它可以精确测量加速度。但加速度传感器本身不足以计算车辆的位置和速度。加速度传感器采用车体坐标系记录测量结果，而后这些测量值被转换成世界大地坐标，为了实现这种转换需要借助陀螺仪。三轴陀螺仪的三个外部平衡环一直在旋转，但三轴陀螺仪的旋转轴始终固定在世界大地坐标系中，车辆通过测量旋转轴和三个外部平衡环的相对位置来计算其在世界大地坐标系中的位置，如图 5-34 所示。

加速度传感器和陀螺仪一个测量速度，一个测量方向，二者结合就是惯性测量单元（IMU）。IMU 的一个重要特征在于它以高频率更新，其频率可达到 1000Hz，所以 IMU 可以提供接近实时的位置信息。

惯性导航系统可以看成 IMU 与软件的结合。IMU 产品示例 1 如图 5-35 所示，通过内置的微处理器，能够以最高 200Hz 的频率输出实时的高精度三维位置、速度、姿态信息。

IMU 产品示例 2 如图 5-36 所示。

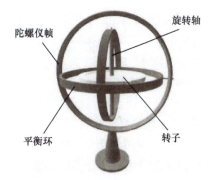

图 5-34　三轴陀螺仪的工作原理

图 5-35　IMU 产品示例 1

图 5-36　IMU 产品示例 2

在无人驾驶系统中，GPS 的更新频率一般为 10Hz，IMU 的更新频率一般为 100Hz。两者共同工作时，可以给出频率 100Hz 的定位输出。GPS 和 IMU 数据融合的原理如图 5-37 所示。

控制器上的软件对信息的处理流程在时间维度上类似图 5-38 所示。在 0~100ms 的周期中，使用 IMU 进行 9 次位置的估计，待新的 GPS 定位数据进来时，则进行修正，以此实现高频率的定位结果输出。GPS 与 IMU 相辅相成，实现了无人驾驶汽车的准确定位。

有了 100Hz 的准确定位，无人驾驶汽车在处理路径跟随问题时，就能像图 5-39 所示的一样，保持极高频率的定位和控制。每走一小步便重新进行转向盘转角的计算，进而控制无人驾驶汽车沿着既定的轨道行驶。

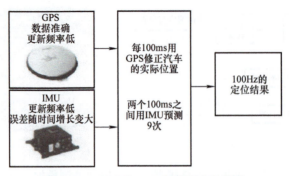

图 5-37　GPS 和 IMU 数据融合的原理

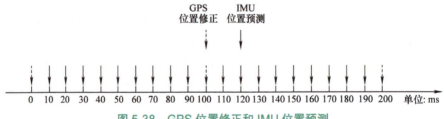

图 5-38　GPS 位置修正和 IMU 位置预测

（2）加速度传感器和陀螺仪

1）加速度传感器。

加速度传感器已被广泛应用于汽车电子领域，主要应用于车身操控、安全系统和导航，典型应用有汽车安全气囊、ABS、ASR、ESP、电控悬架系统、导航等。

加速度传感器有多种分类方式：按检测方式可以分为电容式加速度传感器、压阻式加速度传感器和压电式加速度传感器；按敏感轴数量可以分为单轴加速度传感器、双轴加速度传感器和三轴加速度传感器；按输出信号类型可以分为模拟式加速度传感器和数字式加速度传感器。

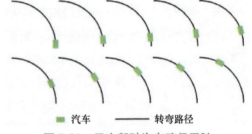

图 5-39　无人驾驶汽车路径跟随

下面对电容式加速度传感器、压阻式加速度传感器和压电式加速度传感器进行简要介绍。

① 电容式加速度传感器。电容式加速度传感器的原理：将电容的可动极板用运动的质量块来代替，当质量块在加速度的作用下发生位移时，质量块与固定极板间的电容量也随之发生变化，通过外围的检测电路即可测出电容的变化量，由此便可间接地测量出物体的加速度。电容式加速度传感器的结构示意图如图 5-40 所示。

电容式加速度传感器与其他类型的加速度传感器相比，其优点是具有较高的灵敏度和测量精度、良好的稳定性、较小的温度漂移、极低的功耗；缺点是工作带宽窄、信号处理电路复杂、抗电磁干扰能力差等。

② 压阻式加速度传感器。压阻式加速度传感器是利用压阻材料的压阻效应制成的。当压阻

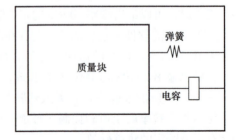

图 5-40　电容式加速度传感器的结构示意图

材料在敏感轴方向受到压力的作用而发生形变时，压阻材料的电阻率也随之发生变化，该现象称为压阻效应。利用该效应制成的加速度传感器被称为压阻式加速度传感器，其结构示意图如图 5-41 所示。

当质量块在压阻材料敏感轴方向，在加速度作用下，对压阻材料施加一定的压力时，相应地，压阻材料的电阻值就会发生变化，利用惠更斯电桥电路可以对电阻值变化进行测量，以达到间接测量物体加速度大小的目的。

压阻式加速度传感器具有加工工艺简单、成本低、结构和输出电路简单、线性度好等优点，但同时也存在温度漂移过大、灵敏度较低的缺点。

③ 压电式加速度传感器。压电式加速度传感器的结构与压阻式加速度传感器结构类似，只是将压阻材料替换为压电材料，以此来完成对物体加速度的测量。压电式加速度传感器利用了压电材料的压电效应，其结构示意图如图 5-42 所示。

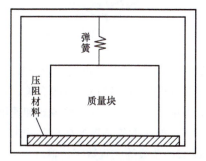

图 5-41　压阻式加速度传感器的结构示意图

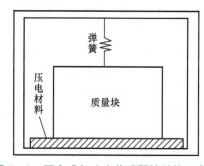

图 5-42　压电式加速度传感器的结构示意图

当质量块受到加速度作用以后，会对压电材料产生一定的压力，这压力使得压电材料的表面积累一定量的电荷，通过外围放大电路可对这些电荷加以检测。由于输出电荷信号与物体加速度大小成比例，因此便可达到测量物体加速度大小的目的。

压电式加速度传感器具有结构简单、稳定性好、耐高温、输出线性好等优点；但由于压电材料极化产生的是直流电荷，故在低频下进行压电测量时就变得很困难，而且很难对压电材料进行 COMS 工艺集成。

除上述三种应用广泛的加速度传感器之外，由于测量原理的不同，还有一些新型的加速度传感器正在成为人们关注和研究的对象。

① 谐振式加速度传感器的工作原理：作用在谐振器上的应力大小会随着加速度的不同而发生变化，该谐振器频率也会相应地发生变化。此类加速度传感器的优点是可以直接数字输出测量结果，测量精度高，但热激励源偶尔引起的热应力也会影响测量精度，而且结构复杂。

② 隧道电流式加速度传感器的工作原理：质量块会因加速度作用导致其尖端和衬底间的常电流发生变化。它具有极高的灵敏度、固有频率和测量精度，但在低频下却存在噪声。

③ 光纤加速度传感器是利用加速度会导致光纤形变而引起反射光的强度、偏振面、光波长等随之改变的原理制成的。

④ 电磁式加速度传感器利用磁钢、铜环及线圈之间的相对振动来感生出与加速度成正比的电压信号，以此来完成对加速度的测量。

⑤ 霍尔加速度传感器的结构示意图如图 5-43 所示，其主要由霍尔传感器、永久磁体、弹簧、阻尼板等组成。图 5-43 中 a 为检测到的横向加速度，Φ 为磁场，U_0 为供电电压，U_H 为霍

尔电压，I_W 为阻尼板上的电流。

霍尔加速度传感器有一个竖放的带状弹簧，一端夹紧，另一端固定着永久磁体，以作为振动质量。永久磁体上面是带有信号处理集成电路的霍尔传感器，下面是一块铜阻尼板。如果霍尔加速度传感器感受到横向加速度，则霍尔加速度传感器的弹簧质量系统离开它的静止位置而产生偏移，偏移程度与加速度大小有关。运动的永久磁体在霍尔传感器中产生霍尔电压，经过信号处理集成电路处理后输出信号电压，它随加速度增加而线性增加。加速度范围约在 ±1g，霍尔加速度传感器频率很低，只有几赫兹，并具有阻尼作用。

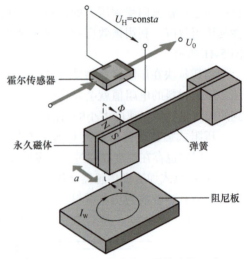

图 5-43　霍尔加速度传感器的结构示意图

加速度传感器针对不同的应用场景，在特性上体现为不同的规格。用户需根据自身的具体需要选取最适合的产品。加速度传感器的选取还需要考虑满量程、灵敏度及解析度等传感器的特性。满量程表示传感器可测量的最大值和最小值间的范围；灵敏度与模数转换器等级有关，是产生测量输出值的最小输入值；解析度则表示了输入参数最小增量。除此之外，模拟式加速度传感器输出值为电压，还需要在系统中添加模数转换器；数字式加速度传感器的接口芯片中已经集成了模数转换电路，可直接通过 SPI（串行外设接口）或 I2C 总线等实现数字传输。

2）陀螺仪。

陀螺仪是一种能够敏感载体角度或角速度的惯性器件，在姿态控制和导航定位等领域有着非常重要的作用。陀螺仪正朝着高精度、高可靠性、微型化、多轴测量和多功能测量的方向发展。

微机械陀螺仪属于微电子机械范畴，它是利用科里奥利力现象制成的。科里奥利力现象是对旋转体系中进行直线运动的质点由于惯性相对于旋转体系产生的直线运动偏移的一种描述。

科里奥利力来自物体所具有的惯性，在旋转体系中进行直线运动的质点，由于惯性的作用，有沿着原有运动方向继续运动的趋势，但由于体系本身是旋转的，在经历了一段时间的运动之后，体系中质点的位置会有所变化，而它原有运动趋势的方向，如果以旋转体系的视角去观察，就会发生一定程度的偏离。

微机械陀螺仪可以根据制作材料、振动方式、有无驱动结构、检测方式及加工方式等进行分类。

① 按制作材料可将微机械陀螺仪分为硅陀螺仪和非硅陀螺仪。非硅陀螺仪包括压电陶瓷陀螺仪和压电石英陀螺仪。压电陶瓷陀螺仪不采用微加工工艺，但其需要微光刻技术来保证陀螺的几何尺寸，其尺寸大小与微加工陀螺的尺寸大小相当；压电石英陀螺仪精度高，但生产加工工艺复杂，成本高。硅陀螺仪是微机械陀螺仪的发展方向，硅材料又分单品硅材料和多品硅材料。

② 按振动方式可将微机械陀螺仪分为角振动陀螺仪和线振动陀螺仪。角振动陀螺仪围绕一个轴来回振动，线振动陀螺仪沿一条线来回振动。

③ 按有无驱动结构可将微机械陀螺仪分为有驱动结构和无驱动结构两种，其中前者又可根据驱动方式分为静电驱动陀螺仪、电磁驱动陀螺仪和压电驱动陀螺仪。静电驱动陀螺仪采用在

驱动电极上施加变化电压产生变化的静电力作为驱动力；电磁驱动陀螺仪采用在电场中给陀螺内部的质量块施加垂直于电场方向的变化电流产生的力作为驱动力；压电驱动陀螺仪是在陀螺的驱动电极上施加变化的电压，陀螺随之发生形变。无驱动结构微机械陀螺仪主要利用旋转体自身旋转作为动力来源，省略了驱动装置，结构简单，成本低，可靠性高，它是专用于旋转体的陀螺仪。

④ 按检测方式可将微机械陀螺仪分为压电式陀螺仪、压阻式陀螺仪、电容式陀螺仪和光学陀螺仪。

⑤ 按加工方式可将微机械陀螺仪分为体加工工艺微机械陀螺仪、表面加工工艺陀螺仪及微电子加工工艺陀螺仪。体加工工艺和表面加工工艺与微电子加工工艺兼容，是可以与微电子电路实现单片集成制造的工艺，适合低成本的大批量微型零件和微系统器件的加工制造，但可用的材料种类相对比较少，能加工的零件尺寸范围窄，适合尺寸在 $0.1~100\mu m$ 范围内的零件的加工，能制造的零件形状相对简单，形状复杂的结构和部件需要用微电子等其他加工工艺来制造。

微机械陀螺仪的发展方向是将多维角速度和加速度传感器集成于一个封装中，并进一步提高产品的抗冲击能力，其目标是能够在三维空间里检测任意方向的角速度和加速度的通用传感器。

（3）惯性导航系统的作用

惯性导航系统主要有两个作用。

1）在 GPS 信号丢失或很弱的情况下，暂时填补 GPS 留下的空缺，用积分法取得最接近真实的三维高精度定位，如图 5-44 所示。即便是 BDS、GPS 和 GLONASS 组合，卫星导航信号还是有很多无法覆盖的地方，所以无人驾驶汽车必须配备惯性导航系统。

2）与激光雷达组合定位，如图 5-45 所示。GPS 和 IMU 为激光雷达的空间位置和脉冲发射姿态提供高精度定位，建立激光雷达点云的三维坐标系。惯性导航系统可用于定位，与其他传感器融合时，也需要统一到一个坐标系下。当激光雷达实时扫描单次的点云数据后，结合单次的点云数据进行匹配，并进行特征提取。这些特征包括路沿、车道线、高度等周围点线面的特征。对于高精度地图，通过将提取过的特征与实时提取的特征匹配，最终得到精准的车辆位置，这是激光雷达的定位过程。

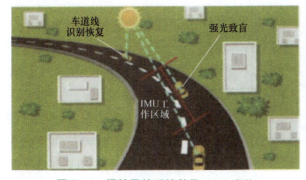

图 5-44　惯性导航系统替代 GPS 定位

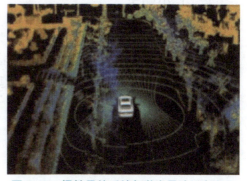

图 5-45　惯性导航系统与激光雷达组合定位

（4）惯性导航系统的特点

惯性导航系统主要具有以下优点。

1）不依赖于任何外部信息，也不向外部辐射能量的自主式导航系统，故隐蔽性好，也不受外界电磁干扰的影响。

2）可全天候在全球任何地点工作。

3）能提供位置、速度、航向和姿态角数据，所产生的导航信息连续性好而且噪声低。

4）数据更新率高，短期精度和稳定性好。

惯性导航系统主要具有以下缺点。

1）由于导航信息经过积分产生，定位误差随时间而增大，长期精度差。

2）每次使用之前需要较长的初始校准时间。

3）不能给出时间信息。

GPS 或 BDS 和惯性导航系统的融合是智能网联汽车一种重要的定位技术。

GPS 和惯性导航系统在定位上有着各自的缺陷，但它们的缺陷均可利用对方的优点加以解决。即利用惯性导航系统根据最常用的卡尔曼滤波算法对下一时刻值进行估计，GPS 提供绝对位置坐标作为初始点，并不间断地提供一些连续的位置和速度用来作为惯性导航系统的更新参照值，以减少估计误差，并不断修正 IMU 估计值。两者融合进行检测的方式如图 5-46 所示。

GPS 与惯性导航系统的融合可以解决很多单纯传感器带来的误差，比如在隧道中行驶时可能出现 GPS 信号丢失，此时利用惯性导航系统也可以实现短暂的定位分析。GPS 与惯性导航系统融合实际能够达到米级精度的定位，但是对于自动驾驶来讲，需要定位达到分米级甚至厘米级精度，这就需要更加优化的策略进行建图定位。

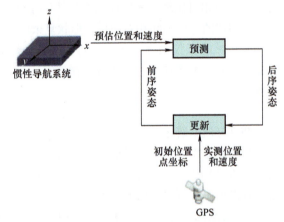

图 5-46　GPS 与惯性导航系统融合进行检测的方式

小贴士

陆元九：初心不改的"惯性导航"巨擘

2. 航迹推算定位
（1）航迹推算的定义

航迹推算（Dead Reckoning，DR）是一种常用的自主式车辆定位技术。相较于 GPS，它不用发射接收信号，不受电磁波影响，机动灵活，只要车辆能达到的地方都能定位。但是由于这种定位方法的误差随时间推移而发散，所以只能在短时间内获得较高的精度，不宜长时间单独使用。

DR 是利用载体上某一时刻的位置，根据航向和速度信息，推算得到当前时刻的位置，即根据实测的汽车行驶距离和航向计算其位置和行驶轨迹。它一般不受外界环境影响，但由于其本身误差是随时间积累的，所以单独工作时不能长时间保持高精度。

航迹推算系统一般由里程计和电子罗盘或惯性测量单元组成，其中里程计用于测量车辆的行驶距离和速度，电子罗盘或惯性测量单元用于测量车辆的姿态角和加速度。

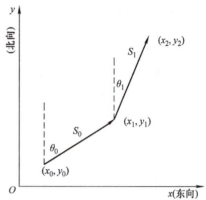

图 5-47　航迹推算原理图

（2）航迹推算的原理

DR 的主要原理是利用 DR 传感器测量位移矢量，从而推算车辆的位置。航迹推算原理图如图 5-47 所示。其中，(x_i, y_i)（$i = 0, 1, 2, \cdots$）是车辆在 t_i 时刻的初始位置，航向角 θ_i 和行驶距离 S_i 分别是车辆从 t_i 时刻到 t_{i+1} 时刻的绝对航向和位移矢量长度。

由图 5-47 可推得

$$x_k = x_0 + \sum_{i=0}^{k-1} S_i \sin \theta_i \tag{5-3}$$

$$y_k = y_0 + \sum_{i=0}^{k-1} S_i \cos \theta_i \tag{5-4}$$

式中，x_k，y_k（$k = 1, 2, \cdots$）是车辆在 t 时刻的位置。

由此可见，航迹推算必须通过其他手段提供车辆初始位置和初始航向角，位移和航向角的变化量要实时采样，而且采样频率要足够高，这样就可以近似认为采样周期内车辆加速度为零。

航迹推算的误差随距离和时间积累，不能长期单独使用，可以借助 GPS 对其定位误差进行补偿。

由于航迹推算是一个累积的过程，因此，所有的传感器误差均会造成位置误差的积累，产生位置误差累积的原因主要有：里程计误差、角速率陀螺漂移误差、航向误差。

减小航迹推算累积误差主要有以下方法。

① 利用 GPS 精准定位信息对导航传感器的误差进行校正。

② 采用卡尔曼滤波技术对陀螺仪信息进行滤波处理，减少干扰和漂移误差。

（3）电子罗盘

电子罗盘利用地磁场固有的指向性测量空间姿态角度，是一种重要的导航器件。

1）电子罗盘的类型。

电子罗盘的原理是通过测量地球磁场确定方位，按其测量磁场的传感器种类不同，电子罗盘主要分为磁通门式电子罗盘、霍尔效应式电子罗盘和磁阻效应式电子罗盘。

① 磁通门式电子罗盘。磁通门式电子罗盘是利用磁饱和原理制成的，其输出可以是电压，也可以是电流，还可以是时间差，主要用于测量稳定或低频磁场的大小或方向。从原理上讲，它通过测量线圈中磁通量的变化来感知外界的磁场大小，为了达到较高的灵敏度，必须要增加

线圈横截面积。因此，磁通门式电子罗盘的体积和功耗较大，响应速度较慢，处理电路相对复杂，成本高。

② 霍尔效应式电子罗盘。霍尔效应是指施加垂直于半导体中流过的电流的外磁场，就会在半导体中垂直于磁场和电流的方向产生电动势。霍尔效应式电子罗盘是利用霍尔效应原理制成的，适用于强磁场且精度要求不高的场合。

③ 磁阻效应式电子罗盘。磁阻效应是指某些金属或半导体在磁场中电阻值随着磁场大小的增加而升高的现象，这种现象在横向和纵向磁场中都能观察到，因此，可以通过测量电阻的变化来间接测量磁场的大小。磁阻效应式电子罗盘利用具有磁阻效应的传感器感知周围磁场变化，这些传感器在线性范围内输出的电压与被测磁场成正比，其灵敏度和线性度等优于霍尔传感器，同时体积小、功耗低、抗干扰能力强、温度特性好、易于与数字电路匹配，在测量弱磁场以及基于弱磁场的地磁导航、磁航向系统研制、位置检测等方面显示出巨大的优势，在航天、航空、航海、无人驾驶汽车等诸多领域有着广泛的应用。

电子罗盘也可以分为平面电子罗盘和三维电子罗盘。

① 平面电子罗盘。平面电子罗盘要求用户在使用时必须保持罗盘水平，当罗盘发生倾斜时，平面电子罗盘也会给出航向的变化，而实际上航向并没有变化。虽然平面电子对使用条件要求很高，但如果能保证罗盘所附载体始终水平的话，平面电子罗盘的性价比较高。

② 三维电子罗盘。三维电子罗盘内部加入测量倾斜角的传感器，如果罗盘发生倾斜，可对罗盘进行倾斜补偿，保证了航向数据的准确无误。

2）电子罗盘测量参数。

电子罗盘测量参数主要有磁偏角、航向角和姿态角。

① 磁偏角。磁偏角是指地球表面任一点的磁子午圈与地理子午圈的夹角。可以根据指北针的指向判断磁偏角的正负，通常情况下，偏东为正，偏西为负。磁针静止时，磁针所指的北方与真正北方之间的夹角称为磁偏角。磁偏角也被称为是磁场强度矢量在水平方向上的投影与正北方向的夹角，即磁子午线与地理子午线的夹角。可以根据磁场强度矢量指向的偏向来判断是东偏还是西偏，其指向正北方向以西称西偏，指向正北方向以东称东偏。利用磁偏测量仪可以将各个地方的磁偏角测出来，它们是不同的，并且某一地点的磁偏角也会随时间而改变。在地磁极处的磁偏角是90°。磁偏角的度数不是计算出来的，而是测量出来的。

地球本身是块大磁铁，地球内部的稳定磁场决定了地磁南北极；地理南北极则位于地球自转的轴线上，其两极是地球上经线的汇聚处，以子午线形式在地图上标出。实际上，地磁南北极与地理南北极并不重合，它们之间存在一个夹角，大约为11.5°，被称为磁偏角。随着电子罗盘所处的纬度和经度变化，磁偏角也产生变化，可根据以地理位置为基础的查找表确定。磁偏角示意图如图5-48所示。

② 航向角。磁阻效应式电子罗盘用在载体上时，载体纵轴方向在水平面上的投影与地理北极（真北）的夹角被定义为地理航向角，用 α 表示；载体纵轴方向在水平面上的投影与地磁北极（磁北）的夹角被定义为地磁航向角，用 β 表示，如图5-49所示。

③ 姿态角。对载体倾斜姿态的描述称为姿态角，它包括横滚角和俯仰角。横滚角是指电子罗盘在水平面的投影与其前进方向的垂直方向之间的夹角，用 θ 表示，并指定右转为正，左转为负；以水平面为基准，电子罗盘载体的前进方向同水平面之间的夹角称为俯仰角，用 φ 表示，并指定上仰为正，下俯为负，如图5-50所示。

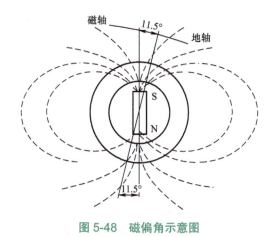

图 5-48　磁偏角示意图

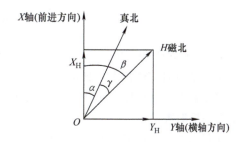

图 5-49　航向角示意图

3）三维磁阻式电子罗盘。

三维磁阻式电子罗盘的结构框图如图 5-51 所示，其主要由磁阻传感器、加速度传感器、微处理器和显示模块组成。磁阻传感器用于测量三维磁阻式电子罗盘所在区域的磁场情况；加速度传感器用于测量三维磁阻式电子罗盘的姿态信息；微处理器将磁阻传感器及加速度传感器的数据融合，计算并输出方位结果，显示模块用于显示方位结果。

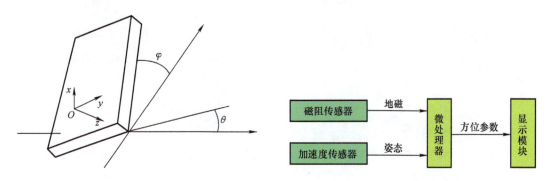

图 5-50　姿态角示意图　　　　　图 5-51　三维磁阻式电子罗盘结构框图

可通过三轴重力加速度传感器测出载体 x、y、z 三个轴的重力加速度分量 A_x、A_y、A_z，结合空间几何，可计算出横滚角 θ 和俯仰角 φ 分别为

$$\theta = \arctan\left(\frac{A_x}{\sqrt{A_y^2 + A_z^2}}\right) \tag{5-5}$$

$$\varphi = \arctan\left(\frac{A_y}{\sqrt{A_y^2 + A_z^2}}\right) \tag{5-6}$$

利用三轴磁阻传感器可测出载体坐标系下的三个轴的磁场强度分量 x、y、z，可将其转换为地球坐标系中的水平磁场强度 X_H 和 Y_H。

$$X_H = x\cos\varphi + y\sin\theta\sin\varphi - z\cos\theta\sin\varphi \tag{5-7}$$

$$Y_{\mathrm{H}} = y\cos\theta + z\sin\theta \tag{5-8}$$

地磁航向角为

$$\beta = \arctan\left(\frac{Y_{\mathrm{H}}}{X_{\mathrm{H}}}\right) \tag{5-9}$$

4）电子罗盘的应用。

电子罗盘具有体积小、航向精度高、倾斜范围宽、频响高、功耗低等优点，很适合用于对航向精度要求较高同时又对功耗、体积有限制的场合，广泛应用于航天、航空、航海、机器人、车辆自主导航等领域。

霍尼韦尔电子数字罗盘如图 5-52 所示，其所有部件都被安装在密封盒中，而密封盒被紧紧地粘在车辆上。密封盒能够防水、防雨和防潮。应尽量避免将磁性物体包括进去，例如汽车引擎、电动机、音频扬声器、钢铁螺母或螺栓。推荐使用铜、塑料或铝作为其安装和封装的材料。

博世公司的 BMC156 电子罗盘如图 5-53 所示。它是一款整合三轴地磁传感器与三轴加速度传感器于一体的传感器，采用 $2\mathrm{mm}\times2\mathrm{mm}$ 紧凑型封装，能够确定使用设备的精准姿态，具备高精确度和低功耗的特性，能延长使用设备的电池寿命。

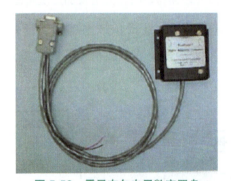 

图 5-52　霍尼韦尔电子数字罗盘　　　　图 5-53　博世公司的 BMC156 电子罗盘

5）GPS/DR 组合导航定位系统。

GPS/DR 组合导航定位系统由 GPS、电子罗盘、里程计和导航计算机等组成，如图 5-54 所示。

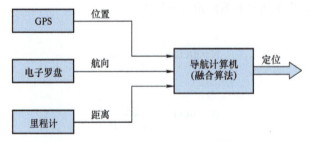

图 5-54　GPS/DR 组合导航定位系统的组成

GPS 独立给出车辆所在位置的绝对经度、纬度和海拔；电子罗盘作为航向传感器测量车辆的航向；里程计测量汽车单位时间内行驶的里程；导航计算机采集各传感器数据，并做航迹推算、GPS 坐标变换及相关数据预处理，由融合算法估计出车辆的动态位置。GPS/DR 组合导航定位系统是一种相对低成本的导航系统，在这个系统上进行 GPS/DR 数据融合，可以实现较高精度的导航定位。

实现 GPS/DR 组合导航定位的关键在于将两者的数据融合以达到最优的定位效果。目前，关于 GPS/DR 组合的数据融合方法很多，最常见也是使用最广泛的就是卡尔曼滤波方法。将卡尔曼滤波应用于 GPS/DR 组合导航定位系统当中，就是将 GPS 和 DR 的定位信息综合用于定位求解，通过卡尔曼滤波来补偿修正 DR 系统的状态，同时滤波之后的输出又能够为 DR 系统提供较为准确的初始位置和航向角，从而能够获得比单独使用任意一种定位方法都更高的定位精度和稳定性，其结构图如图 5-55 所示。

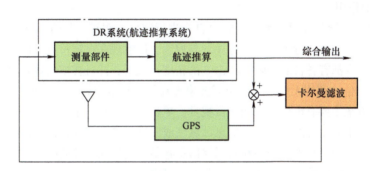

图 5-55　基于卡尔曼滤波的 GPS/DR 组合导航定位系统

3. 视觉定位

在智能车辆的行驶过程中，对车辆实时位置的检测更新是必不可少的，换句话说，在无人驾驶算法框架中，定位算法是非常重要的一部分。定位有很多种实现方式：GPS、磁感应、惯导、视觉和激光雷达的 SLAM 等多种方法，每种方法都有其优缺点。随着计算机视觉的发展，基于视觉传感器信息的车辆定位算法越来越受到重视。常用的视觉传感器分为单目、双目、深度摄像头等，相对于其他定位方案，视觉定位算法有许多优势。首先视觉定位可以直接测量旋转平移，且不会受到车辆打滑等影响；其次，视觉传感器普遍体积较小，在车辆上布置方便；最后，相对于激光等传感器，视觉传感器成本更低，且能提供非常丰富的信息，获取到的图像更能运用在目标检测、障碍物识别等算法中，还能实现远程监控。但视觉定位方案并不是万能的，它同时面临一些困难需要克服。首先，图像信息易受遮挡、运动物体和天气等因素干扰，如 Orb-SLAM 算法，就对运动物体非常敏感；其次，快速运动时容易丢失信息；最后，视觉信息的处理非常消耗计算资源，如何提高处理的速度，减少资源占用也是一个需要考虑的问题。这些问题在实际算法研究中需要研究者们解决，也是当前视觉定位技术中重要的研究方向。视觉定位的直接性，特别是与深度学习技术相结合，使其具有较好的应用前景。

（1）SLAM 简介

1）SLAM 的定义。

即时定位与地图构建（Simultaneous Localization and Mapping，SLAM）是指搭载特定传感器的主体，在没有环境先验信息的情况下，于运动过程中建立环境的模型，同时估计自己的运动。如果这里的传感器为摄像头，则为"视觉 SLAM"；如果传感器为激光雷达，则为"激光 SLAM"。

SLAM 包含了感知、定位、建图三个过程。

① 感知。感知是指通过传感器获取周围的环境信息。

② 定位。定位是指通过传感器获取的当前和历史信息，推测出自身的位置和姿态。

③ 建图。建图是指根据自身的位姿以及传感器获取的信息，描绘出自身所处环境的样貌。

感知是 SLAM 的必要条件，只有感知到周围环境的信息才能可靠地进行定位以及地图构建。定位和建图则是两个相互依赖的过程：定位依赖于已知的地图信息，建图依赖于可靠的定位。当然定位和建图的数据必然包含了感知到的自身相对位移以及对位移的修正。

SLAM 基本上可以分为前端和后端两个部分。前端主要处理传感器获取的数据，并将其转化为相对位姿或其他交通参与者可以理解的形式；后端则主要处理最优估计的问题，即位姿、地图等的最优估计。

2）SLAM 的作用。

自动驾驶汽车在行驶过程中需要实时对自身进行定位与跟踪，只有知道了自身位置以及周围环境信息，才能对车辆的行驶路线进行规划与控制。虽然现在在定位方面已经有很多成熟的技术，但它们或多或少都有各自的局限性。GPS 的精度比较低，并且在室内或者是严重遮挡的室外环境中无法进行定位；利用无线信号定位需要事先在使用场景中做好相应布置，普及性比较差；基于视觉的定位方案主要有单目视觉和双目视觉，单目视觉得到的主要是二维的地图信息，双目视觉可以利用两个不同位置的单目视觉信息计算完成三维环境的建立，但无论是双目视觉还是单目视觉都是以摄像头为传感器，采集到的图像信息容易受到光线等环境因素干扰；而基于激光雷达的即时定位与地图构建技术能够在光线较差的环境中工作，具有能够生成便于导航的环境地图等优势。

SLAM 技术作为机器人领域的关键技术之一，已经被研究了几十年，SLAM 的基本框架基本已经固定。但是想要做出一个高效可行的 SLAM 系统仍然是一项十分困难的任务，并且大多数 SLAM 研究都是以室内作为应用场景，基于周围环境静止这一假设。而当这项技术应用于室外时，不可避免地需要考虑到复杂环境，这无疑给 SLAM 研究带来了许多新的挑战。一旦攻克这道难关，无论是对于无人驾驶汽车，还是特定场景的无人物流车、无人清洁车等服务型小车，都有十分重大的理论意义和实际价值。近年来，由于激光雷达的高精度和主动感知能力，基于激光雷达的 SLAM 在自动驾驶汽车上的应用吸引了研究者们广泛的关注。

对于自动驾驶汽车，要想实现自主导航，必须要解决三个问题，即"我在哪儿""我要去哪儿""我该如何去那里"。这三个问题分别对应自动驾驶技术中的自定位、路径规划和控制策略。自动驾驶汽车首先必须利用传感器感知周围环境，并对周围环境进行重建，然后根据观测数据计算自动驾驶汽车当前的位姿，并融合自动驾驶汽车的加速度传感器等传感器推算得到的位姿改变，以此对自动驾驶汽车进行精准的定位。与此同时，通过自动驾驶汽车的定位信息以及外部传感器的观测信息，对地图进行增量式更新，再以建好的地图作为先验信息进行下一步的定位与建图，周而复始。在这个过程中，自动驾驶汽车得到环境地图的同时也对自身位置做出了准确判断，为后续的路径规划与控制奠定了基础。

通俗来讲，SLAM 回答两个问题："我在哪儿""我周围是什么"。就如同人到了一个陌生环境中一样，SLAM 试图要解决的就是恢复出观察者自身和周围环境的相对空间关系，"我在哪儿"对应的就是定位问题，而"我周围是什么"对应的就是建图问题，给出周围环境的一个描述。回答了这两个问题，其实就完成了对自身和周边环境的空间认知。有了这个基础，就可以进行路径规划到达要去的目的地，在此过程中还需要及时地检测躲避遇到的障碍物，保证行驶安全。

3）SLAM 的基本流程。

如图 5-56 所示，图中的圆圈表示大地坐标系的路标点，也可以认为是环境中的特征点。车辆在某一位置点观测到一些路标点，在下一时刻车辆在新的位置点又观察到一些路标点，这些路标点包括之前部分已经观测到的路标点和新发现的路标点。由于两个时刻下两个位置观测到了一些相同的路标点，这样就可以估算出两个相邻时刻下车辆位姿的变换，依此类推就可以推断出其他时刻的位姿。同时根据车辆位姿，将车辆不同时刻观测的环境信息融合在一个统一的坐标系下，从而实现了环境地图的创建。

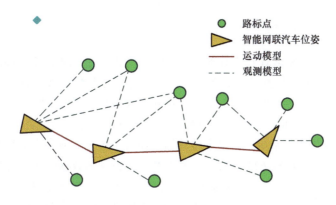

○　路标点
▶　智能网联汽车位姿
—　运动模型
----　观测模型

图 5-56　SLAM 的基本流程

4）SLAM 的研究方法。

传统的 SLAM 研究都假定环境是静止不动的，然而，实际环境往往都是动态的。现在大多数 SLAM 方法在静态场景中表现良好，而在充满移动对象的动态场景中有时会失败。典型的场景包括道路、办公室和工厂，场景中的人、动物、机器或车辆处于运动状态。随着 SLAM 研究的深入，以及日渐增长的自动驾驶、智能机器人等产业的需求，动态环境下的 SLAM 研究逐渐被重视起来。但目前这方面的研究还处于一个起步阶段，仍然是一个待解决的难题。

在动态环境中进行定位以及密集地图重建通常需要进行动态目标检测。动态环境中的 SLAM 方法主要有深度学习方法、多视图几何方法以及二者的结合。

① 深度学习方法有语义分割和实例分割技术等。视觉 SLAM 方法将语义分割网络与移动一致性检验方法相结合，滤除了动态对象，从而在动态环境中提高了定位精度。语义地图构建效果图如图 5-57 所示。

图 5-57　语义地图构建效果图

② 多视图几何方法是利用一定的多视图几何约束，构造一个多视图几何模型。静态像素满足该多视图几何模型，而动态像素不满足，因此可以将动态目标与静态目标分割开来。

图 5-58 对比了使用深度学习方法、多视图几何方法以及二者相结合的动态目标检测与分割的效果。可以看出，多视图几何方法不能检测到桌子后面的人，深度学习方法不能将人拿着的书也分割出来，而二者结合的方法有最好的动态目标检测与分割效果。

a) 多视图几何方法　　　　b) 深度学习方法　　　　c) 多视图几何方法与深度学习方法结合

图 5-58　不同方法动态目标检测与分割效果对比图

但是，自动驾驶汽车 SLAM 技术并不十分成熟，仍然有许多问题需要去解决。

① 目前大多数 SLAM 方法在短距离、短时间内的实验中都能取得不错的效果，但是在长期 SLAM 过程对算法的鲁棒性要求就非常高。目前的大多算法仍然很脆弱，容易受到异常值的干扰，当构建的地图比较大时，后端优化算法优化能力有限，建图以及定位容易失败。

② 由于自动驾驶汽车上常会配备多个传感器，而各个传感器或多或少都有各自的缺点，所以目前常用多传感器融合的 SLAM 方法。这就涉及多传感器间数据格式的转换问题，包括同一类传感器不同配置下采集到的点云信息如何匹配，目前还没有特别好的方法。另外，SLAM 过程还应提前做好应对传感器"失灵"的措施，这就要求 SLAM 系统能够处理来自多个传感器互相矛盾的测量信息。

③ 尽管目前的芯片已经很强大，但是大规模建图的计算量以及记忆量还是很大的负担。因此 SLAM 系统不仅需要实现建图与定位功能，还需要处理好地图更新频率以及过时信息的舍弃问题，解决好这些问题的首要条件就是能够知道哪些新信息是有价值的，哪些旧信息已经无法描述当前环境信息。

④ 目前大多数 SLAM 方法都假设周围环境是静态的，而实际上自动驾驶汽车周围的环境大多是动态的，动态环境对 SLAM 效果影响还是非常大的，如何实现动态环境下的 SLAM 效果亟待解决。而在目前已有的动态目标检测与分割研究中，基本也都是针对视觉传感器提出的方法，激光点云没有图像那么丰富的信息，大多数方法都并不适用于基于激光雷达的 SLAM。

5）SLAM 的系统架构

SLAM 技术发展到今天，结构框架已经基本固定，主要包括传感器数据、前端里程计、后端非线性优化、回环检测和建图，如图 5-59 所示。

其建图过程包括以下步骤：

① 传感器信息读取。在激光 SLAM

图 5-59　SLAM 系统架构

中，主要为激光点云信息的读取和预处理；在视觉 SLAM 中，主要为摄像头图像信息的读取和预处理。在智能网联汽车实际应用中，还可能包含车速里程计、惯性传感器等信息的读取和同步。

② 前端里程计。实际使用过程中分为激光雷达里程计和视觉里程计，任务是估算位姿以及建立局部地图等、又称为前端（Front End）检测。里程计一般包含两个方面的信息，即位姿

（包括位置和转角）和速度（前进速度和转向速度）。

③ 后端非线性优化。后端接收不同时刻里程计测量的位姿，以及回环检测的信息，对它们进行优化，得到全局一致的轨迹和地图。由于接在前端里程计之后，因此又称为后端（Back End）。

④ 回环检测。回环检测判断车辆是否到达先前的位置。如果检测到回环，就会把信息提供给后端进行处理。

⑤ 建图。它根据估计的轨迹，建立与任务要求对应的地图。

6）SLAM 的地图种类。

按照地图的特性，SLAM 的地图可以分为栅格地图、拓扑地图、特征地图、点云地图四类，如图 5-60 所示。

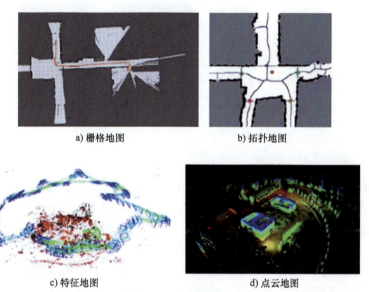

a) 栅格地图　　　　　　　　　b) 拓扑地图

c) 特征地图　　　　　　　　　d) 点云地图

图 5-60　地图种类

① 栅格地图。把周围环境划分成大小相等的正方形栅格结构，每个栅格赋予一个表示的属性值、表示栅格被占据的概率和没被占据概率之间的比例。

② 拓扑地图。拓扑地图是一种基于拓扑结构的地图表示方法，节点代表环境的地点或者状态信息，用节点之间的连线表示它们之间的关系。

③ 特征地图。特征地图是从传感器的感知信息中提取的几何特征，如点、线和面等，并把很多环境特征的集合定义为地图。

④ 点云地图。点云地图是将密集的点云形成地图，能够反映丰富的环境信息。

（2）视觉 SLAM

通常所说的定位，是在环境地图已知的情况下进行的，此时智能车辆是根据里程计、地图等信息计算更新自身当前在环境地图中的位置。由于不可能拥有每一个地方的环境地图，因此当车辆面临一个全新的环境时，如何计算车辆的位置就是一个问题。SLAM 即所谓的即时定位与地图构建算法，其作用是将对象车辆放入未知环境中的未知位置，而能让车辆一边移动一边逐步描绘出此环境完全的地图。通俗地说，一个健全的 SLAM 系统需要让车辆在一个未知环境中逐步绘制此环境的增量式地图，并同时根据地图与传感器信息计算自身的位置信息。建图与定位是 SLAM 最重要的两个功能，环境地图的创建需要计算车辆实时的位置，而定位需要当前环境下的地图，它们之间联系紧密，是不可分离的关系，而视觉 SLAM 就是利用视觉传感器信息实现的 SLAM，在当下 SLAM 研究中极具应用前景。

1）视觉 SLAM 的分类与特点。

目前，视觉 SLAM 可分为单目摄像头、双目摄像头、深度摄像头（RGB-D）三个大类，如图 5-61 所示。另外还有鱼眼、全景等特殊摄像头，但目前在研究和产品中还属于少数。此外，结合惯性测量单元（IMU）的视觉 SLAM 也是现在的研究热点之一。

视觉 SLAM 的特点如图 5-62 所示。

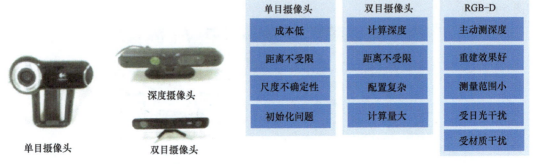

图 5-61　视觉 SLAM 的分类　　　　　图 5-62　视觉 SLAM 的特点

① 单目摄像头仅用一个摄像头就能完成 SLAM。最大的优点是传感器简单且成本低廉，但同时也有个大问题，就是不能确切地得到绝对深度。一方面是由于绝对深度未知，单目摄像头不能得到目标的运动轨迹及地图的真实大小，如果把轨迹和房间同时放大两倍，那么单目相机看到的图像是一样的，因此，单目摄像头只能估计一个相对深度。另一方面，单目摄像头无法依靠一张图像获得图像中物体与自己的相对距离。为了估计这个相对距离，单目摄像头要靠运动中的三角测量来求解摄像头运动并估计像素的空间位置。也就是说，它的轨迹和地图只有在摄像头运动之后才能收敛，如果摄像头不进行运动就无法得知像素的位置。单目摄像头不受环境大小的影响，因此既可以应用于室内，又可以应用于室外。

② 双目摄像头和深度摄像头能够通过某种手段测量深度，克服了单目摄像头无法知道深度的缺点。如果知道了深度，那么场景的三维结构就可以通过单个图像恢复出来，也就消除了尺度不确定性。尽管都能测量深度，但双目摄像头与深度摄像头测量深度的原理不一样。

双目摄像头由两个单目摄像头组成，但这两个摄像头之间的距离（基线）是已知的，可通过这个基线来估计每个像素的空间位置。计算机上的双目摄像头需要大量的计算才能估计每一个像素点的深度。双目摄像头测量到的深度范围与基线相关。基线距离越大，能够测量到的范围就越远，所以自动驾驶汽车上搭载的双目摄像头通常会较大。双目摄像头不依赖其他传感设备，所以它既可以应用于室内，也可应用于室外。

③ 深度摄像头的最大特点是可以通过红外结构光或 TOF 原理，直接测出图像中各像素与摄像头的距离。因此，深度摄像头较传统摄像头能够提供更丰富的信息，也不必像单目摄像头或双目摄像头那样费时费力地计算深度。深度摄像头主要应用于室内，室外则较难应用。

双目摄像头的缺点是配置与标定均较为复杂，其深度量程和精度受基线与分辨率限制，而且视差的计算非常消耗计算资源，使用图形处理器（GPU）和高速数据采集系统加速后才能实时输出整张图像的距离信息。

2）视觉 SLAM 的框架。

视觉 SLAM 的框架如图 5-63 所示，它由视觉传感器数据、视觉里程计、后端非线性优化、回环检测和建图构成。

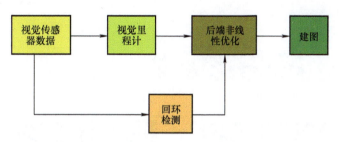

图 5-63　视觉 SLAM 的框架

① 视觉传感器数据。视觉传感器数据在视觉 SLAM 中的主要作用为摄像头图像信息的读取和预处理，在机器人中还可能有码盘、惯性传感器等信息的读取和同步作用。

② 视觉里程计。视觉里程计又称前端，能够通过相邻帧间的图像估计摄像头运动，并恢复场景的空间结构。被称为视觉里程计是因为它只计算相邻时刻的运动，而和再往前的过去信息没有关联。一方面，相邻时刻运动串联起来，就构成了自动驾驶汽车的运动轨迹，从而解决了定位问题；另一方面，根据每一时刻的摄像头位置，计算出各像素对应的空间点的位置，就得到了地图。

视觉里程计的任务是估算相邻图像间摄像头的运动以及局部地图的样子，最简单的是两张图像之间的运动关系。在图像上，只能看到一个个的像素，知道它们是某些空间点在摄像头的成像平面投影的结果。所以必须先了解摄像头与空间点的几何关系。

③ 后端非线性优化。后端非线性优化主要是处理 SLAM 过程中噪声的问题。任何传感器都有噪声，所以，除了要处理"如何从图像中估计出摄像头运动"，还要关心这个估计带有多大的噪声。

前端给后端提供待优化的数据，以及这些数据的初始值，而后端负责整体的优化过程，得到全局一致的轨迹和地图。在视觉 SLAM 中，前端和计算机视觉研究领域更为相关，比如图像的特征提取与匹配等，后端则主要与滤波和非线性优化算法相关。

④ 回环检测。回环检测也可以称为闭环检测，是指自动驾驶汽车识别曾到达过场景的能力。如果检测到回环，它会把信息提供给后端进行处理。回环检测实质上是一种检测观测数据相似性的算法。对于视觉 SLAM，多数系统采用目前较为成熟的词袋模型。词袋模型把图像中的视觉特征聚类，然后建立词典，进而寻找每个图中含有哪些"单词"。也有研究者使用传统模式识别方法，把回环检测建构成一个分类问题，训练分类器进行分类。

⑤ 建图。建图主要是根据估计的轨迹，建立与任务要求对应的地图。地图是对环境的描述，但这个描述并不是固定的，依视觉 SLAM 的应用而定。地图主要有 2D 栅格地图、2D 拓扑地图、3D 点云地图和 3D 网格地图，如图 5-64 所示。

a）2D 栅格地图。2D 栅格地图将环境划分为一系列栅格，其中每个栅格给定一个属性，如可以通行的区域、不可以通行的区域、有障碍物的区域、未知区域等。这种方法常应用于以激光雷达为传感器的小范围场景。但是在描述大环境信息时，随着地图规模的扩张，栅格数量增加很快，导致难以实时在线维护地图。

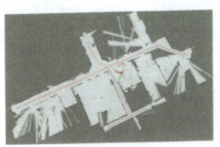

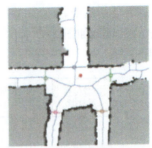

a) 2D栅格地图　　　　　　　　　　　　　b) 2D拓扑地图

c) 3D点云地图　　　　　　　　　　　　　d) 3D网格地图

图 5-64　地图的种类

　　b）2D拓扑地图。2D拓扑地图将环境简化为一张由节点构成的拓扑图，拓扑图中的不同节点用来表示不同时刻自动驾驶汽车的位姿，两个不同节点间的连线用来表示不同时刻自动驾驶汽车位姿的约束关系。2D拓扑地图具有很高的抽象性，适合不需要描述具体细节的大环境。同时，在完成拓扑地图的构建后，有很多已经发展成熟的高效算法可以应用于路径规划。但是由于拓扑图的构建是基于对拓扑节点的准确识别，如果环境中存在多个比较相似的节点，就需要考虑如何将它们区分开来。

　　c）3D点云地图。3D点云地图在视觉 SLAM 中用得比较多，主要用于真实场景的视觉重建，重建的地图非常直观漂亮。但是3D点云地图通常规模很大，比如一张 VGA 分辨率（640×480）的点云图像，就会产生 30 多万个空间点，这会占据非常大的存储空间，而且存在很多冗余信息。

　　d）3D网格地图。3D网格地图近似为真实的 3D 地图，可以清楚地看到周围的环境，主要应用于激光 SLAM 中。

　　3）视觉 SLAM 的工作原理。

　　大多数视觉 SLAM 系统的工作方式是通过连续的帧，跟踪设置关键点，以三角算法定位其 3D 位置，同时使用此信息来逼近推测摄像头自己的位姿。简单来说，这些系统的目标是绘制与自身位置相关的环境地图。这个地图可以用于自动驾驶汽车在该环境中的导航。视觉 SLAM 与其他形式的 SLAM 不同，只需一个 3D 视觉摄像头，就可以做到这一点。

　　通过跟踪摄像头视频帧中足够数量的关键点，可以快速了解传感器的方向和周围物理环境的结构。所有视觉 SLAM 系统都在不断地工作，以使重新投影误差或投影点与实际点之间的差异最小化，通常是通过一种称为 BA（Bundle Adjustment）的算法方案来解决。视觉 SLAM 系统需要实时操作，这涉及大量的运算，因此位置数据和映射数据经常分别进行光速法平差（BA）。

视觉 SLAM 主要用于 GPS 缺失场景（如室内、楼房中）中的长时间定位，补偿行驶过程中 GPS 信号不稳定（如经过山洞、高楼群、野外山区等）造成的定位跳跃。

4. 激光定位

（1）激光 SLAM 的特点

激光 SLAM 就是根据一帧帧连续运动的点云数据，推断出激光雷达自身的运动以及周围环境的情况。激光 SLAM 根据其所用的激光雷达的线束不同可细分为 2D- 激光 SLAM 和 3D- 激光 SLAM。图 5-65 所示为典型激光 SLAM 建图。

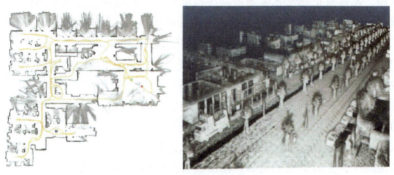

图 5-65　典型激光 SLAM 建图

激光 SLAM 能够准确测量环境中目标点的角度与距离，不需要预先布置场景，可融合多个传感器，能在光线较差环境中工作，能够生成便于导航的环境地图，已经成为目前自动驾驶汽车重要的定位方案之一。

在 SLAM 过程中，自动驾驶汽车通过激光雷达感知周围环境，并对周围环境进行重建，然后通过观测数据计算自动驾驶汽车当前的位姿，并融合自动驾驶汽车内部里程计、加速度传感器等传感器推算得到的位姿改变，以此对自动驾驶汽车进行精准的定位。与此同时，通过自动驾驶汽车的定位信息以及外部传感器在当前时刻的观测信息，对地图进行增量式更新，再以建好的地图作为先验信息进行下一步的定位与建图，周而复始。

激光 SLAM 主要分为定位与建图两个部分，主要解决三个基本问题：第一，环境中信息量如此之大，不可能全部拿来使用，如何从周围环境中提取出有用的信息，也就是特征提取问题；第二，不同时刻观测到的环境信息之间有什么联系，即数据关联问题；第三，如何描述周围环境，即地图表示问题。

（2）激光 SLAM 的框架

激光 SLAM 的框架如图 5-66 所示。

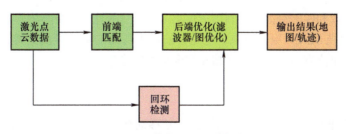

图 5-66　激光 SLAM 的框架

1）激光点云数据。激光雷达通过发射激光束来测量周围环境中障碍物对应的角度和距离信息，再通过一定的算法转换为以激光雷达为坐标系的三维坐标点，构成点云数据。

2）前端匹配。前端匹配实际上就是寻找前后两帧点云的对应关系，在给定自动驾驶汽车移动前后的两组激光测量点数据的条件下，从点云数据中提取出比较有用的信息，并通过迭代运算求得激光雷达的旋转平移参数，使得前后两帧数据尽可能地校准。

3）后端优化。因为数据会受到噪声的影响，所以前端匹配一定会存在一定的误差，在这些噪声的影响下，希望通过带噪声的数据推断位姿和地图，这构成了一个状态估计问题。过去主要使用滤波器，尤其是扩展卡尔曼滤波器进行求解。卡尔曼滤波器关心当前时刻的状态估计，而对之前的状态则不多考虑。近年来普遍使用的非线性优化方法使用所有时刻采集到的数据进行状态估计，被认为优于传统的滤波器，成为目前的主流方法。

4）回环检测。虽然后端能够估算最大后验误差，但只有相邻关键帧数据时，能做的事情并不很多，也无法消除累积误差。但是，回环检测模块能够给出除了相邻帧之外的一些时间间隔更加长的约束。回环检测的关键就是如何有效地检测出激光雷达经过、到达过的地方这件事。如果能够成功地检测，就可以为后端的位姿优化提供更多的有效数据，使之得到更好的估计。

5）输出结果。通过上述过程中得到了每帧点云数据以及其对应的位姿，就可以将每帧点云拼接到全局地图中，完成地图的更新，输出六自由度位姿和所需格式的地图。

激光 SLAM 的基本原理就是点云拼接。

（3）激光 SLAM 与视觉 SLAM 的比较

下面从成本、应用场景、地图精度、易用性四个方面对视觉 SLAM 与激光 SLAM 进行比较。

1）成本。激光雷达普遍价格较高，但目前国内也有低成本的激光雷达解决方案，而视觉 SLAM 主要通过摄像头来采集数据信息，与激光雷达相比，成本显然要低很多。但激光雷达能更高精度地测出障碍点的角度和距离，方便定位导航。

2）应用场景。视觉 SLAM 与激光 SLAM 相比应用场景要丰富很多。视觉 SLAM 在室内外环境中均能开展工作，但是对光的依赖程度高，在暗处或者一些无纹理区域是无法进行工作的。而激光 SLAM 目前主要应用于室内，用来进行地图构建和导航工作。

3）地图精度。激光 SLAM 构建地图时的精度较高，可达到约 2cm；视觉 SLAM，比如深度摄像头的测距范围为 3 ~ 12m，构建的地图精度约 3cm。所以，激光 SLAM 构建的地图精度一般来说比视觉 SLAM 高，且能直接用于定位导航。

4）易用性。激光 SLAM 和基于深度摄像头的视觉 SLAM 均是直接获取环境中的点云数据，根据生成的点云数据测算哪里有障碍物以及自身与障碍物的距离。但是基于单目和双目的视觉 SLAM，则不能直接获得环境中的点云数据，而是形成灰色或影色图像，需要通过不断移动自身的位置，通过提取和匹配特征点，利用三角测距的方法测算出自身与障碍物的距离。

总体来说，激光 SLAM 更为成熟，也是目前最为可靠的定位导航方案；而视觉 SLAM 仍是今后研究的一个主流方向，未来两者相互耦合是发展趋势。

5.2.4 通信基站定位技术

基站作为移动通信网络不可缺少的网元，是移动终端与移动网络之间交互的重要组成部分。随着移动通信网络的迅速发展，更多的移动终端接入到移动通信网络中，越来越多的基站被建立起来，几乎遍布世界的每一个角落，为终端用户提供通信服务。所以移动通信网络中最基本的定位技术就是基于基站的定位技术。

常用的无线定位技术包括到达角（AOA）定位法、到达时间（TOA）定位法、到达时间差（TDOA）定位法等。

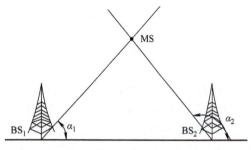

图 5-67　AOA 定位原理

1. AOA 定位法

AOA 定位方法也称方位测量定位方法，是由两个或多个基站接收到移动台的角度信息，然后对其计算移动台的位置，如图 5-67 所示。

假设有两个基站 BS$_1$ 和 BS$_2$，α_1 和 α_2 分别是移动台 MS 到达两个基站 BS$_1$ 和 BS$_2$ 的角度，则

$$\tan \alpha_i = \frac{x - x_i}{y - y_i} \qquad (5\text{-}10)$$

求解式（5-10），可估算出移动台的位置 (x, y)。

2. TOA 定位法

TOA 是基于时间的定位方法，称为圆周定位。它通过测量两点间电波传播时间来计算移动台的位置。如果能够获取三个以上基站到移动台的传播时间，那么移动台在以 (x_i, y_i) 为圆心、以 $c \times t_i$ 为半径的圆上就能得出移动台的位置，如图 5-68 所示。

BS$_1$、BS$_2$、BS$_3$ 是三个基站，R_i 表示基站 i 与移动台之间的直线距离，则移动台应该位于半径为 R_i、圆心在基站 i 所在位置的圆周上。记移动台的位置坐标为 (x_0, y_0)，基站的位置坐标为 (x_i, y_i)，则两者之间满足如下关系

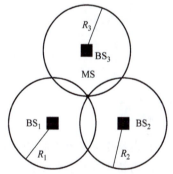

图 5-68　TOA 定位原理

$$(x_i - x_0)^2 + (y_i - y_0)^2 = R_i^2 \qquad (5\text{-}11)$$

在实际无线电定位中，已知电磁波在空中的传播速度 c，如果能够测得电磁波从移动台到达基站 i 的时间 TOA 为 t_i，则可以求出基站与目标移动台的距离 $R_i = ct_i$，取 $i = 1$、2、3，代入相关值到式（5-11）构成三个方程组，可以求得移动台的位置坐标 (x_0, y_0)。

3. TDOA 定位法

TDOA 定位也称双曲线定位，定位原理如图 5-69 所示。它是利用移动台到达不同基站的时间不同，获取到达各个基站的时间差，然后建立方程组并求解移动台位置，这种定位要求各个基站时间必须同步。移动台位于以两个基站为交点的双曲线上，通过建立两个以上双曲线方程，求解双曲线交点即可得到移动台的二维坐标位置。

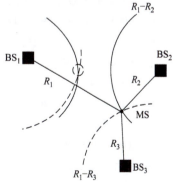

图 5-69　TDOA 定位原理

基站与移动台之间的距离差，通过测量信号从两个基站同时出发到达移动台或从移动台出发到达两基站的时间差 t_{21} 和 t_{31} 来确定，即 $R_{21} = R_2 - R_1 =$

ct_{21}，$R_{31} = R_3 - R_1 = ct_{31}$。移动台坐标 (x_0, y_0) 和基站坐标 (x_i, y_i) $(i = 1、2、3)$ 之间的关系为

$$\left(\sqrt{(x_0 - x_2)^2 + (y_0 - y_2)^2} - \sqrt{(x_0 - x_1)^2 + (y_0 - y_1)^2} \right) = R_{21}^2 \tag{5-12}$$

$$\left(\sqrt{(x_0 - x_3)^2 + (y_0 - y_3)^2} - \sqrt{(x_0 - x_1)^2 + (y_0 - y_1)^2} \right) = R_{31}^2 \tag{5-13}$$

求解式（5-12）和式（5-13）能获得移动台坐标，然后根据先验信息消除位置的模糊性，求得移动台的真实位置。TDOA 定位法是目前各种蜂窝网络中主要采用的定位方法。

另外还有混合定位法，混合定位技术就是把各种不同的测量信息和特征值进行融合对移动台进行定位的技术。常见的混合定位技术有 TDOA/AOA、TDOA/TOA、TOA/AOA 以及 TDOA/ 场强定位等。

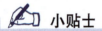 小贴士

刻苦求学，报效祖国，紧跟前沿的领跑者

思考题

1. 高精度地图的作用有哪些？应用在什么地方？
2. 高精度地图未来发展方向和趋势？
3. 全球卫星定位系统有哪些特点？
4. 北斗卫星导航定位系统有哪些特点？
5. 北斗卫星导航定位系统的定位原理。
6. 全球卫星定位系统与北斗卫星导航定位系统的区别。
7. 惯性导航定位系统有哪些作用？
8. 通信基站定位方法有哪些？
9. 北斗系统为我们导航，谁又为北斗导航？
10. 解释如下名词：
① 高精度地图
② 全球卫星定位系统
③ 北斗卫星导航定位系统
④ 惯性导航系统
⑤ 车辆航位推算
⑥ SLAM 技术
⑦ 视觉定位
⑧ 激光定位

第6章　智能网联汽车安全技术

本章首先介绍智能网联汽车信息安全技术的基本概念以及国内外智能网联汽车信息技术安全现状，其次介绍智能网联汽车信息安全的技术要求，包括信息安全的技术架构、信息安全测试评价，信息安全政策及管理体系，信息安全测试设备，最后介绍功能安全技术及其他安全技术。

 **学习目标**

1. 了解智能网联汽车信息安全技术概念。
2. 了解智能网联汽车信息安全技术发展现状。
3. 掌握智能网联汽车信息安全技术要求。
4. 掌握智能网联汽车信息安全技术、功能安全技术。

6.1　智能网联汽车信息安全技术概述

2019年，欧洲和美国相继爆出多起通过中继攻击的方式对高端品牌车辆实施盗窃的事件。尤其是在英国，仅 2019 年前 10 个月就有 14000 多起针对 PKES 系统的盗窃事件，且小偷的作案时间通常不到 30s，作案工具中继设备和攻击教程甚至在网络上也可以购买，这对车主的人身和财产安全构成极大的威胁。此类事件的发生，警醒我们智能网联汽车安全防护的重要性。

6.1.1　智能网联汽车信息安全技术介绍

全国汽车标准化技术委员会智能网联汽车分技术委员会（SAC/TC114/SC34）归口的推荐性国家标准《汽车信息安全通用技术要求》（报批稿）中明确了汽车信息安全定义：汽车的电子电气系统、组件和功能被保护，使其资产不受威胁的状态。

UN/WP 29《信息安全与信息安全管理体系》中，"信息安全"指保护道路车辆及其功能的电子或电气部件免受网络威胁的状况。

《智能网联汽车生产企业及产品准入管理指南（试行）》（征求意见稿）中明确汽车信息安全定义为：汽车的电子电气系统、组件和功能被保护，使其资产不受威胁的状态。

6.1.2　智能网联汽车信息安全技术现状

1. 国外智能网联汽车信息安全现状

（1）联合国

2020 年 6 月 24 日，联合国世界车辆法规协调论坛（WP29）正式通过了网络安全和软件升级两项新法规。这两项法规制定的目的是通过建立清晰的实施和审核要求来帮助整车企业解决网络安全风险，提出的技术要求包含以下 4 个方面：

1）管理车辆网络风险。

2）通过设计保证车辆安全，缓解价值链上的风险。

3）监测和响应信息安全事件。

4）引入空中下载技术（OTA）法规要求，提供安全可靠的软件更新，确保不会损害车辆功能安全。

（2）欧洲

欧洲拥有众多整车及零部件企业，欧盟为适应汽车信息安全的新需求，在政策法规、行业规范两方面采取了重要举措；与此同时，欧盟各国也纷纷发布了智能网联汽车相关政策，引导智能网联汽车产业发展。在政策法规方面，欧盟机动车型式认可和市场监督系统的新法规 EU2018/858 于 2020 年 9 月 1 日起正式适用。其中，第 39 条明确针对 L3、L4 级的自动驾驶汽车，可通过豁免程序获得型式认证。此外，针对联合国发布的信息安全法规，欧盟将从 2022 年 7 月起对所有新车型强制实施，在行业规范方面，德国汽车工业协会（VDA）和 ENX 协会联合创建信息安全的评估和交换机制（TI-SAX），以实现汽车行业信息安全评估在组织内的相互认可、交换和信任。

德国作为传统汽车产业强国，对自动驾驶技术与产业发展持积极态度。2017 年 6 月，德国通过颁布《道路交通法第八修正案》与《自动驾驶道德准则》成为自动驾驶领域立法的"先行者"。

《道路交通法第八修正案》通过修订现有道路交通法案引入自动驾驶条款，旨在通过上位法的形式对自动驾驶的定义范围、驾驶人的责任与义务、驾驶数据的记录等进行原则性规定，为自动驾驶各方利益主体划定权利义务边界，提出政府监管的方向。作为德国首部自动驾驶相关法律，《道路交通法第八修正案》为自动驾驶汽车在德国"上路"提供了法律依据。虽然该法案在主体责任划分、数据使用与信息安全等方面还有待修订完善，但是在自动驾驶产业的立法进程中具有里程碑式的意义。

《自动驾驶道德准则》作为全球第一个自动驾驶行业的道德准则，通过在道路安全与出行便利、个人保护与功利主义、人身权益与动物或财产权益、法律对技术的规制方式等方面确立优先原则，同时设立不允许自动驾驶厂商提前对极端情境的选择问题进行标准化设定或编程等准则，为自动驾驶所产生的道德和价值问题立下规矩。

2017 年 8 月 6 日，英国政府对外发布了《智能网联汽车网络安全关键原则》。该指南细分出 8 大原则，29 个细则。该 8 项原则包括顶层设计、风险管理与评估、产品售后服务与应急响应机制、整体安全性要求、系统设计、软件安全管理、数据安全和弹性设计，强调在汽车全生命周期内考虑网络安全问题。其安全防护工作更是一个不断迭代完善的工作，需要产业链协同完成。

（3）美国

在谷歌、苹果、微软等互联网巨头以及福特、通用、特斯拉等汽车制造商的大力支持下，美国政府和行业对汽车信息安全关注较早。2015 年，美国交通部发布了《美国智能交通系统（ITS）战略规划（2015—2019 年）》，将发展智能网联汽车作为美国发展智能交通系统的重点。

2017 年 3 月，美国国会通过汽车安全和隐私草案（Security and Privacy in Your Car Act，SPY Car Act），由美国高速公路安全管理局（Na-tional Highway Traffic Safety Administration，NHTSA）制定机动车辆网络安全法规，要求在美国销售的机动车辆可以有效防止非法入侵，并规定了电子控制、驾驶数据和数据传输等安全条款。

2017 年 8 月，NHTSA 发布新版《联邦自动驾驶系统指南：安全愿景 2.0》，要求汽车厂商采取措施应对网络威胁和漏洞，对车辆高级驾驶辅助系统（ADAS）进行网络安全评估。

2020 年 1 月，美国发布《确保美国自动驾驶汽车技术的领导地位：自动驾驶汽车 4.0》，进一步明确政府工作方向，扩展并发布十大自动驾驶技术发展原则。其中提到保护用户和社区团体，优先考虑安全；强调安全和网络安全，确保隐私和数据安全，增强移动性和可及性。

（4）日本

日本从 20 世纪 90 年代开始研究智能交通系统。2013 年，日本政府制定建立最先进的信息化国家战略，包括智能网联汽车内容。2014 年，日本实施"自动驾驶系统研发计划"，提出到 2030 年实现完全自动驾驶汽车的目标。2018 年 3 月，《自动驾驶相关制度整备大纲》明确了 L3 级别的自动驾驶汽车发生事故时的责任界定。2018 年 9 月，日本国土交通省正式发布《自动驾驶汽车安全技术指南》，明确 L3、L4 级别自动驾驶汽车必须满足的安全条件。其中指出企业须根据 WP29 的最新规定，在进行车辆设计和开发时考虑网络安全问题。2020 年 4 月，日本实行新《道路交通法》，正式允许 L3 级自动驾驶汽车上路。

日本信息处理推进机构（IPA）从汽车可靠性的角度出发，通过对汽车安全的攻击方式和途径进行分析，定义了汽车信息安全模型（IPA Car）。信息安全产生的威胁不仅包括用户偶然引发的失误，还有攻击者恶意造成的威胁。针对此两类威胁，IPA 提出了信息加密、判定用户程序合法性、对使用者操作权限和通信范围实施访问控制管理等策略。同时，IPA 遵循汽车的全生命周期制定了安全管理方针：在设计阶段，根据各项功能安全性的重要程度实施预算划拨；在开发阶段，根据编码标准采用防漏洞的安全编码；在使用阶段，为消费者构筑信息安全快速应对的联络反馈机制；在废弃阶段，提供信息删除等功能，以保证用户的各项隐私。

2. 国内智能网联汽车信息安全现状

（1）政策动态

目前，我国车联网环境已初步形成，市场潜力巨大。政府主管部门已将车联网提升到国家战略高度，国务院及相关部委对车联网产业升级和业务创新进行了顶层设计、战略布局和发展规划，并形成系统的组织保障和工作体系。我国成立的国家制造强国建设领导小组车联网产业发展专项委员会，由 20 个部门和单位组成，负责组织制定车联网发展规划、政策和措施，协调解决车联网发展重大问题，督促车联网相关工作落实情况，统筹推进产业发展。从政策层面看，我国已经将发展车联网作为"互联网＋"和人工智能在实体经济中应用的重要方面，并将智能汽车作为汽车产业重点转型方向之一。

1）发展战略及产业规划类政策。

自 2015 年 4 月以来，国务院以及工信部、交通运输部、科学技术部、国家发展改革委、公安部等部委相继出台一系列规划及政策，旨在通过宏观引导促进智能汽车发展。我国利用产业政策倾斜、重点项目财政支持等方式，积极推动智能汽车行业发展，为汽车智能化发展起到良好的铺垫。《汽车产业中长期发展规划》《车联网（智能网联汽车）产业发展行动计划》《智能汽车创新发展战略》等指导性文件，旨在通过宏观引导促进智能汽车发展。《交通强国建设纲要》中明确要求加强智能汽车研发能力，形成自主可控完整的产业链。

2）标准体系建设类政策。

为规范车联网产业的发展，工信部、交通运输部、国家标准化管理委员会联合发布《国家车联网产业标准体系建设指南（智能交通相关）》，通过强化标准化工作推动车联网产业健康可持续发展，促进自动驾驶等新技术新业务加快发展。自 2016 年 10 月以来，国务院、工信部、交通运输部、国家发展改革委等相继出台一系列指导性文件，旨在通过宏观引导促进智能汽车发展。我国利用产业政策倾斜、重点项目财政支持等方式，积极推动智能汽车行业发展，为汽车智能化趋势起到良好的铺垫作用。

3）标准现状及趋势。

在《国家车联网产业标准体系建设指南》的指导下，全国汽车标准化技术委员会（TC114）、全国信息安全标准化技术委员会（TC260）、中国通信标准化协会（CCSA）、车载信息服务产业应用联盟（TIAA）、中国智能网联汽车产业创新联盟（CAICV）等各标准委员会及行业组织积极开展智能网联汽车共性基础、关键技术以及行业产业急需标准的研究制定，在车联网（智能网联汽车）网络安全标准研制方面已取得阶段性成果。

① 全国汽车标准化技术委员会。全国汽车标准化技术委员会下设智能网联汽车分标委（SAC／TC114／SC 34），负责归口管理我国智能网联汽车领域的国家标准和行业标准。2017年，智能网联汽车分标委秘书处正式设立汽车信息安全标准工作组。

为落实《中华人民共和国网络安全法》《车联网（智能网联汽车）产业发展行动计划》等相关要求，有效提升车联网网络安全保障能力，充分发挥标准在保障车联网网络安全、推动车联网行业健康有序发展中的引领和支撑作用，在主管部门指导下，智能网联汽车分标委秘书处组织开展了汽车信息安全标准体系框架研究工作。智能网联汽车分标委通过建立汽车安全标准体系梳理现有标准框架，明确具体标准项目名称及范畴，制定标准项目研究规划及工作实施计划，为国家制定汽车行业相关政策提供标准支撑；同时梳理我国现有汽车信息安全标准制定情况，根据具体标准应用的范围和对象，划分为强制性标准、推荐性标准及行业标准，区分不同层级，充分发挥不同性质的标准在安全保障、行业管理、产业引领及技术创新中的作用。

② 全国信息安全标准化技术委员会。全国信息安全标准化技术委员会（SAC/TC 260，简称"信安标委"）已立项汽车信息安全相关标准，着手于汽车电子系统本身，建立信息安全标准体系及网络安全指南。

③ 中国通信标准化协会。中国通信标准化协会（CCSA）也积极开展车联网安全领域的标准化制定工作，不断加强完善汽车信息安全标准体系。

4）智能网联汽车信息安全标准体系构建逻辑。

① 基础和通用类标准。基础和通用类标准主要包括术语和定义、概念和流程以及通用规范三部分。术语和定义标准主要用于统一汽车信息安全技术有关的专用术语及其定义；概念和流程标准主要围绕汽车产品全生命周期相关流程管理要求；通用规范主要包括汽车信息安全涉及的共性基础技术规范如数字证书与密码技术等。基础和通用类标准的研究与制定将为其他的信

息安全相关标准提供基础支撑作用。

② 共性技术类标准。共性技术类标准主要包括涉及汽车整车、系统、部件信息安全防护共性技术的风险评估、安全防护和测试评价三部分，涵盖了汽车信息安全的评、防、测各个关键环节。风险评估标准用于规范汽车专用的信息安全风险评估方法；安全防护标准用于规定包括认证、审计、完整性要求等在内的整车与系统的信息安全防护通用技术条件和汽车在遭受网络攻击时应具备的入侵事件检测能力，以及相应的应急响应措施技术标准，这类标准还包括各种车辆资产涉及的数据、软件方面的通用安全要求；测试评价标准主要用于指导整车、系统及其部件的信息安全测试与评价实施。该类标准旨在梳理各不同层级标准项目的共性技术特点，提出通用的共性安全技术要求。

③ 关键系统与部件类标准。关键系统与部件类标准主要针对车辆信息传输通路上采集、处理、通信与交互等各主要节点所涉及的系统和部件信息安全提出防护要求。根据汽车运行过程所涉及的信息传递节点，将该类标准细分为车辆内部通信及车辆与外部接口两个部分。

• 车辆内部通信主要是面向包括 CAN/LIN/MOST 总线、车辆内部通信协议以及信息交互网关等用于汽车专用部件和设备信息通信的安全防护要求。

• 车辆与外部接口标准主要是对汽车与外界通信的各类接口所应具备的信息安全功能的技术要求。

④ 功能应用与管理类标准。功能应用与管理类标准包括了汽车使用过程中的信息通信应具备的信息安全功能，以及汽车在各类具体应用场景下所应满足的安全防护要求（包括身份认证、空中下载技术（OTA）、电动汽车充电等具体标准）。

⑤ 相关标准类。主要包括车辆外部通信过程以及车联网平台和基础设施相应的一系列信息安全防护标准、规范和指南。这部分标准将与汽车信息安全标准相配合，实现汽车与外界通信的整体网络环境安全。

（2）行业建设

我国对于智能网联汽车试验场的建设处于初步探索阶段。

上海：国际汽车城，作为国内首个智能网联汽车试点示范区，致力打造六大功能性公共服务平台：前瞻、共性技术研发平台；标准、规范研究定制平台；通信、数据采集分析平台；产业孵化、创新集聚平台；交通示范与国际合作平台；公共基础建设与政策法律法规平台。

北京：交通运输部智能驾驶测试基地，定位在测试评价智能车与智能路的适应性，为修正道路设计参数提供依据，为平安交通和绿色交通建设提供支持，为交通专用短程通信、交通运输信息物理系统、信息安全提供保障。

重庆：i-VISTA 智能汽车测试评价基地，致力于打造先进的自动驾驶、V2X 和 ADAS 研发测试试验区。采取共筹、共建、共享的运营模式，形成基于车载环境下的 4G/5G 通信网络、LTE-V2X、北斗导航定位技术标准、测试验证和公共服务中心，形成较为完善的产品标准符合性验证、系统级测试评价以及应用示范等服务能力。

无锡：工信部、公安部以及江苏省人民政府共同在无锡建设国家智能交通综合测试基地，总体规划面积为 0.0178km^2，两年内扩展至 0.1387km^2，包括内部封闭测试场地和外部半开放式实际道路交通环境。其中封闭测试道路总长 3.53 km，分为公路测试区、多功能测试区、城市街区、环道测试区和高速测试区等，由不同类型的道路、隔离设施、减速设施、车道线、临时障碍物、交通信号、交通标志等组成不少于 150 个不同的实际道路测试案例。

在信息安全方面，近几年整车企业、检测机构和信息安全企业已经纷纷开始共同探索智能网联汽车信息安全实验室的建设，为汽车产业提供安全测试服务，参与汽车安全标准的制定与检验，深度参与汽车安全设计，为企业与院校提供汽车安全方向的人才平台，在社会长期开展安全教育与科普，为汽车产业未来的安全可持续发展提供内在支持。

6.2　智能网联汽车信息安全技术要求

当前网络空间安全已上升至国家安全战略层面。随着汽车产业的电动化、智能化、网联化、共享化发展，智能网联汽车的信息安全问题所带来的影响逐步扩大至公共安全乃至国家安全。根据 Upstream 的报告统计，2010—2020 年排前四项的车联网信息安全攻击分别为服务器攻击、数字钥匙攻击、App 攻击、OBD 攻击。当前，汽车信息安全攻击手段更多、范围更广、危害更大，已造成部分品牌产品召回。

6.2.1　智能网联汽车信息安全的目标与要求

通过传感器、计算节点（ECU）和通信模块、移动通信技术、汽车导航系统、智能终端和信息网络平台确保汽车和道路、汽车和汽车、人与汽车以及车辆和应用程序平台的全方面联网。采用信息网络平台来分析、处理和提取数据确保用户可以更安全、更丰富、更方便、更有效地使用汽车和信息服务。根据边界划分，我们可以将车辆网络安全系统分为车内外网络安全两方面并细分为下列类别：网络安全、通信终端安全、通信通道安全、信息平台安全以及手机应用安全（App）。本章节主要针对车身网络安全、T-BOX 安全和信息平台安全三个方面进行介绍。

1. 车身网络安全

车身网络安全也就是要求保证车辆总线安全。由于 CAN 在网络各节点间通信实时性强、具有国际标准、开发周期短等特点，可以为分布式控制系统中的实时可靠通信提供技术基础。CAN 作为汽车环境中各设备的信息传递通信协议，目前也用于通过各车载电子控制装置 ECU 的信息传递来形成分布式或实时控制的串行通信网络。

（1）整体安全目标与要求

通过 CAN 节点、CAN 网络通信、CAN 网关和对外接口通信四个层面的安全防护来加固车辆 CAN 网络信息安全，防止汽车 CAN 网络因受监听、篡改、重放、注入等攻击导致汽车关键信息泄露及影响行车安全。需要从车辆电子电气架构设计阶段就开始考虑，而且必须在车辆的整个生命周期中进行维护。

（2）CAN 节点安全目标与要求

安全目标：提高 CAN 节点自身的完整性和可靠性，尽可能降低 CAN 节点被入侵或者破坏的风险，防止因 CAN 节点自身的软硬件设计缺陷而对整个 CAN 网络的信息安全构成威胁。

CAN 节点安全的具体要求见表 6-1。

（3）CAN 网络通信安全目标与要求

安全目标：保证 CAN 网络上传输数据的完整性和可用性需求，防止通信数据被篡改、伪造、重放。

整体要求：CAN 网络通信应该采用必要的安全通信机制和安全防护措施，针对关键节点和信息应采用身份认证、信息加密、数字签名等方式对 CAN 总线上传输的数据进行安全保护。

表 6-1　CAN 节点安全要求

名　称	具体安全要求
芯片安全	CAN 节点所使用的与 CAN 通信功能相关的芯片（包括中央处理器、CAN 控制器、CAN 收发器），宜选择具备一定安全防护功能设计的芯片产品
CAN 通信模块电路安全	CAN 通信模块相关电路应具备必要的防护机制，满足车规级相关标准的要求，如 GB/T 28046 对道路车辆电气及电子设备的相关要求 针对可能发生的 ESD 静电放电和浪涌过电压等有害现象，设计相应的防护措施 能够防御诸如时钟和电压毛刺、激光、电磁和热辐射注入等针对嵌入式系统的故障注入攻击 调试接口应在量产产品中禁用
数据安全	应采用适当的措施，提升数据的安全性，包括采用完整性校验手段，对 CAN 节点的代码和数据进行完整性保护 将关键代码／数据和普通代码／数据在逻辑上分开，对关键代码和数据进行安全存储
启动安全	CAN 节点在启动上电时首先进行自我校验和安全引导，执行安全引导程序，防止固件程序遭到非法的篡改 为了增强程序自身和所处运行环境的安全性，CAN 节点应用程序在启动时应检查程序运行时所必须的条件 CAN 节点应用软件运行期间，应具备运行验证及综合编译能力，明确应用程序对系统资源的访问和操作权限，防止运行数据被非法分析或代码被非法执行

节点身份认证主要包括：

1）具备 CAN 节点间的双向认证机制。

2）CAN 节点接收到 CAN 通信报文后，应对通信对方身份进行认证，能够鉴别通信对方是否合法。

3）对参与网络通信的各 ECU 节点的合法性进行验证，对 CAN 节点间的认证方法进行选择：在具备计算资源的 ECU 之间，宜采用数字证书方式认证；在计算资源有限的情况下，宜采用对称方式进行认证。

（4）CAN 网关安全目标与要求

安全目标：实现外部威胁与车内 CAN 网络的安全隔离，采用网络分段与隔离技术、路由控制与边界控制等手段提升车内信息交互的安全性。

CAN 网关通信信息安全要求：

① 访问控制，网关应在不同 CAN 网络间建立定义清晰的通信矩阵，并建立访问控制策略，对不符合定义的报文应丢弃或者记录。

② 抗拒绝服务攻击，网关应具有 CAN 总线抗拒绝服务攻击功能，当网关受到拒绝服务攻击时，需要确保自身正常的通信及其他功能不受影响，并能够阻断攻击源连续不断的泛洪攻击，对检测到的攻击报文要丢弃或者记录。

抗拒绝服务攻击防护功能应至少包括：

① 基于 CAN 报文 ID 的抗拒绝服务攻击。

② 基于网关上 CAN 总线接口的抗拒绝服务攻击。

③ 报文健康检查，网关应根据通信矩阵中的信号定义，对报文中的信号值进行严格检查，包括信号值长度、信号值有效性等，对不符合通信矩阵定义的报文要丢弃或者记录。

④ 报文异常检测，网关可具有报文异常检测功能，即用于检查和记录报文之间的发送与接收关系的机制，如一定时间段内数据帧的发送频率与预定义的数据差距较大，或相邻时间接收到数据帧的信号值内容冲突或者不正常跳跃，对检测到异常的报文要丢弃或者记录。

⑤ UDS 会话检查，网关宜在每个 UDS 会话中检查 CAN-TP 传输过程状态和 UDS 服务的协议规定，对不符合协议规定的报文要丢弃或者记录。网关宜检查 UDS 会话发起的 CAN 通道是否正常，对不正常通道发起的会话要拦截或者记录（注：正常通道通常包括连接 OBD-II 端口的通道和连接 T-Box 的通道）。网关宜对 UDS 服务（如 0x27）的认证过程进行检查，当发现不断对特定 ECU 进行认证试探行为时，要丢弃或者记录。网关宜对 UDS 物理寻址和功能寻址服务进行检查，对一定时间内大量的不正常寻址进行拦截或者记录。

网关系统信息安全要求：

① 安全启动，网关应支持安全启动，即通过对引导加载程序和关键操作系统文件的数字签名和密钥进行检测，从而使网关能够在可信基础上安全启动和运行。

② 安全日志记录，网关应具有安全日志记录功能，当探测到不安全的通信数据、关键配置变更、安全启动校验失败等各类事件时，应对其进行记录。网关的安全日志记录中，应包括触发日志的事件的发生时间、事件类型、具体执行的操作等。

③ 应对安全日志记录进行安全存储，防止日志记录的损毁，同时防止未授权的添加、访问、修改和删除。安全日志记录存储的位置可在网关或其他 ECU 内，也可在云端服务器内。网关安全日志记录，宜保存 7 天以上。

网关数据信息安全要求：

① 安全区域中一次性写入的敏感信息无法非授权获取或者篡改。

② 安全区域或安全模块应具备检测和处置非授权访问的能力，以对抗暴力破解。

（5）对外接口通信安全目标与要求

对外通信接口分为直接通信接口和间接通信接口，前者指直接与 CAN 网络相连的接口（如 OBD 接口、充电通信接口），此类接口采用 CAN 通信方式；后者指间接与 CAN 网络通信的接口（如 USB、WiFi、蓝牙、蜂窝移动通信网络），此类接口通常不是 CAN 通信方式。

安全目标：通过双向身份认证、资源访问控制和完整性检查等技术增强信息交互的可用性和完整性，实现车内 CAN 网络与外部接入设备或者网络的安全连接。

2. T-Box 安全

T-Box 被称为与云端通信的桥梁，主要功能是提供 OBD、MCU/CPU、FLASH、SENSOR、GPS、3G/4G、WiFi/ 蓝牙等模块，实现车辆和云平台之间的通信。它与车辆内部总线相连，通过云平台连接手机 /PC。T-Box 提供远程控制、远程访问、安全服务，如远程控制门窗和空调、远程定位车辆、搜索车辆状况、紧急救护等。为保护车载通信终端安全，其目标与安全要求如下。

（1）硬件安全目标

能够对抗针对加解密操作的密码分析攻击、侧信道攻击、故障注入攻击等破坏数据保密性和完整性的安全威胁，保证车载端所存储的关键数据不被泄露或篡改，芯片功能可以正常使用，保证电路和芯片安全实现数据运算和数据存储等功能。

（2）操作系统安全目标

正确地响应授权操作和处理异常行为，对抗针对操作系统的溢出攻击、暴力破解、中间人攻击、重放、篡改、伪造等多种安全威胁，保证操作系统文件和数据的可用性、保密性、完整性和可审计性，保证对各类资源的正常访问，系统能够按照预期正常运行或在各种操作情况之下处于安全状态，具有身份权限管理和访问控制机制。

（3）应用安全目标

可以对抗逆向分析、反编译、篡改、非授权访问等各种针对应用的安全威胁，并确保应用产生、使用的数据得到安全处理，车载端应用与相关服务器之间通信的安全性，保证应用为用户提供服务时，以及应用在启动、升级、登录、退出等各模式下的安全性，保证应用软件具备相应的来源标识，具有保证软件保密性、完整性的防护措施。

（4）数据安全目标

保证车载端各个阶段用户数据的安全性，同时具有清除机制，保护数据生命周期各环节的安全性，保证用户数据的机密性、完整性和可用性。

（5）通信安全目标

保证外部威胁与内部网络之间的安全隔离，避免车载端向内部关键系统发送伪造、重放等攻击数据，满足应用场景对通信和数据交换的需求，保证车内子系统和数据的保密性、完整性，保证汽车功能正常，不会非法占用内部总线资源。

3. 信息平台安全

车联网信息服务平台是面向汽车产业网联化、自动化、智能化需求，利用无线通信网络、互联网等信息通信技术，为车辆驾乘人员以及行业管理等提供的信息服务，支撑汽车和交通服务新模式、新业态的信息服务平台。车联网信息服务平台的体系架构，可以归纳为基础设施、平台和应用服务三个层次，具体安全目标及防护要求见表 6-2。

表 6-2　信息平台安全目标及防护要求

名称	安全目标	防护要求
基础设施安全	对基础设备资源以及虚拟化的计算、存储和网络资源等，利用实时监控、恶意代码防护、边界防护、身份鉴别、数据备份与恢复机制，以及虚拟化安全等实施安全防护	1）服务器安全防护要求 身份鉴别认证：a. 应对登录服务器的用户（如车联网服务平台、智能网联汽车、车联网移动终端等相关用户）进行身份区分和认证。b. 服务器管理用户身份标识应具有不易被冒用的特点，口令应有复杂度要求并定期更换。c. 应启用登录失败处理功能，可采取结束会话、限制非法登录次数和自由退出等措施。d. 应采取安全方式防止用户鉴别认证信息泄露，避免攻击者伪造合法身份 2）网络安全防护要求 ① 网络拓扑结构：a. 应绘制与当前运行情况相符合的网络拓扑结构图。b. 应保证关键网络设备的业务处理能力具备冗余空间，满足业务高峰期需要。c. 应保证接入网络和核心网络的带宽满足业务高峰期需要。d. 划分适用于多种服务类型、功能和用户的子网、网段或安全组 ② 访问控制：a. 在网络边界通过安全组或其他手段设置访问控制。b. 应能根据会话状态信息为数据流量提供明确的允许 / 拒绝访问的能力。 ③ 安全审计：a. 应对网络系统中的网络设备运行状况、网络流量、管理员和运维人员行为等进行日志记录。b. 审计记录应包括事件的日期和时间、用户、事件类型、事件是否成功及其他与审计相关的信息。c. 应保证所有网络设备的系统时间自动保持一致。d. 应对审计记录进行保护，有效期内避免受到非授权的访问、篡改、覆盖或删除等。e. 应按用户需求提供与其相关的审计信息及审计分析报告 3）虚拟化安全防护要求 ① 虚拟机安全：a. 应支持虚拟机之间、虚拟机与宿主机之间的隔离。b. 应支持虚拟机部署防病毒软件。c. 应具有识别并处置虚拟机恶意攻击等行为的能力。d. 应支持对虚拟机脆弱性进行检测的能力。e. 应支持虚拟机的安全启动 ② 虚拟网络安全：a. 应部署一定的访问控制安全策略，以实现虚拟机之间、虚拟机与虚拟管理平台之间、虚拟机与外部网路之间的安全访问控制。b. 应支持采用虚拟局域网（Virtual Local Area Network, VLAN）或者分布式虚拟交换机等技术，以实现网络的安全隔离。c. 应支持不同租户之间的网络隔离

（续）

名称	安全目标	防护要求
平台安全	确保车联网信息服务平台在数据管理、平台组件和开发环境等方面的安全防护要求	1）数据分析服务安全防护要求 ① 数据挖掘：a. 应针对不同接入方式的数据挖掘用户，采用不同的认证方式。需要检查使用数据的合法性和有效性。b. 算法提供者必须对算法提供必要的安全性和可靠性验证与测试方案。挖掘算法在使用前，须提交算法使用的数据范围、周期、目的以及结果的应用范围等内容。c. 对挖掘算法使用的数据范围、状态、格式、内容等进行监控。d. 禁止挖掘算法对原始数据进行增删改等操作，以保证原始数据的可用性和完整性。e. 禁止将挖掘算法产生的中间过程数据与原始数据存储于同一空间，以防数据使用的混乱、加大数据存储的管理难度。同时，应周期性地检查用户操作数据的情况，统一管理数据使用权限。f. 不同应用之间应进行数据关联性隔离，防止不同应用之间的 ECA 分析引发数据泄露。g. 应对挖掘内容、过程、结果、用户进行安全审计，主要包括挖掘内容的合理性、挖掘过程的合规性、挖掘结果的可用性，以及挖掘用户的安全性。h. 应对源数据和挖掘结果进行鉴别，防止数据被恶意删除、随意篡改、无约束地滥用。i. 如需将收集到的信息共享给第二方应用，应对信息进行脱敏处理，严格保护用户隐私不被泄露 ② 数据输出：a. 应对应用数据的各种操作行为、操作结果予以完整记录，确保操作行为的可追溯。b. 应对所有输出的数据内容进行合规性审计。c. 应对数据输出的接口进行规范管理，管理内容包括数据输出接口类型、加密方式、传输周期、使用用途、认证方式等。d. 如需将数据输出到平台以外的实体时，在输出前应对数据进行脱敏操作，确保输出的数据满足约定的要求且不泄露敏感信息。e. 应对所有审计行为留有记录并独立存储，严禁在任何情况下开放对审计结果的修改与删除权限 2）平台组件安全防护要求 ① 身份鉴别：a. 应对管理微服务组件的用户进行身份认证。b. 管理微服务组件的用户身份标识应具有不易被冒用的特点，口令应有复杂度要求并定期更换。c. 应启用登录失败处理功能，可采取结束会话、限制非法登录次数和自动退出等措施。d. 应采用安全方式防止用户鉴别认证信息泄露而造成身份冒用 ② 访问控制：在微服务组件权限配置能力内，根据用户的业务需要，配置其所需的最小权限 ③ 安全审计：a. 每个用户都在审计范围内。b. 审计内容应包括重要用户行为、微服务组件资源的异常使用和重要操作指令的使用等重要的安全相关事件。c. 审计记录应包括事件的日期、事件、类型、主体标识、客体标识和结果等。d. 保护审计记录，有效期内避免受到非授权的访问、篡改、覆盖或删除等。e. 应支持按用户需求提供与其相关的审计信息及审计分析报告 3）平台应用开发环境安全防护要求 ① 身份鉴别：a. 对保留用户个人信息或用户服务信息的业务，应对登录用户进行身份标识和鉴别。b. 对要求提供登录功能的开发环境，应提供并启用登录失败处理功能，可采取结束会话、限制非法登录次数和自动退出等措施。c. 应提供并启用用户身份标识唯一检查功能，保证开发环境中不存在重复用户身份标识。为保证身份鉴别信息不易被冒用，可以采用用户鉴别信息复杂度检查功能。d. 存储用户的账号和口令信息时应该加密 ② 访问控制：a. 应由授权主体配置访问控制策略，并严格限制默认用户的访问权限。b. 需要按安全策略要求严格限制各用户的访问权限。保证用户对业务、数据、网络资源等的访问符合策略规范 ③ 安全审计：a. 审计范围应覆盖每个用户的关键操作。b. 审计内容应包括用户的重要行为、资源使用情况等重要事件。c. 保护审计记录，有效期内避免遭到非授权的访问、篡改、覆盖或删除等。d. 相关审计记录应包括事件日期、时间、发起者信息、类型、描述和结果等，并且保留一定期限（至少 180 天）

（续）

名称	安全目标	防护要求
平台安全	确保车联网信息服务平台在数据管理、平台组件和开发环境等方面的安全防护要求	④ 资源控制：通信双方中的一方在一段时间内未作任何响应，另一方应能够自动结束会话 ⑤ 信息保护：a. 开发环境中各种功能的提供、控制和管理应保护用户的隐私。未经用户同意，不得收集、修改、泄露用户的相关敏感信息。b. 应保护相关信息的安全，避免篡改和破坏相关数据和页面。c. 禁止不必要的嵌入式网络服务与在客户端自动安装恶意软件和插件。d. 通信过程中的敏感信息字段应加密。e. 敏感信息（如用户信息、订单信息、应用软件下载路径等）应加密存储。f. 开发环境相关功能的关键数据（如业务数据、系统配置数据、管理员运维记录、用户信息等）应提供必要的容灾备份。g. 能够建立欺诈、虚假广告等信息的处理机制，防止类似信息扩散 ⑥ 上线前检测：a. 开发环境应在业务上线前对其进行安全审核，以确保其不包括恶意代码、恶意行为等，经过安全审核后才能进行上线处理、正式发布。b. 开发环境可提供用户数据同步功能，但开发环境同步的用户数量不应保存在位于境外的服务器上
应用服务安全	确保车联网信息服务相关业务应用的安全。通过建立统一的访问机制，明确用户的访问权限与可用的计算资源和网络资源，实现对车联网服务平台重要资源的访问控制和管理，防止非法访问，确保车联网信息服务的安全，如远程升级、车辆调度、车辆安全遥控等应用	业务应用安全防护要求主要涉及身份鉴别、访问控制、安全审计、资源控制等，具体要求如下 ① 身份认证：采用一种或多种认证技术组合进行身份认证 ② 访问控制：a. 严格限制用户的访问权限，按照安全策略的要求控制用户对业务应用的访问。b. 应严格限制应用程序之间相互调用的权限，并根据安全策略的要求控制应用程序对其他应用程序中的用户数据或特权指令等资源的调用 ③ 安全审计：a. 审计范围应涵盖业务应用中用户的关键操作、重要行为、业务资源使用等重要事件。b. 审核记录在有效期内不得擅自查阅、篡改、改写或删除。c. 应定期对审核日志进行手动审核。d. 支持根据用户需求提供相关审计信息和审计分析报告 ④ 资源控制：a. 限制访问的并发会话最大连接数等资源配置。b. 应提供不当资源控制的警报和响应。c. 会话连接应在会话处于非活动状态一段时间后或会话结束后终止

6.2.2　智能网联汽车信息安全技术架构

　　智能网联汽车的信息安全防护不只是指保障车辆本身的信息安全，而是一个由包含了通信、云平台和外部的新兴生态系统组成的整体性生态安全预警和防护，同时这种安全预警也需要长期地进行，需要定期地对整个生态系统做好安全性检测，以便于发现潜在的危害性。因此，智能网联汽车的信息安全整体架构可以依据国际普遍采用的"云端""通信端""车端""路侧单元"四个方面进行描述，如图 6-1 所示。

　　云平台肩负着控制指令的下达、信息汇集和存储等重要职责，其中对于信息安全进行防护的手段主要包括：利用成熟云平台安全技术保障车联网服务平台安全；部署云平台集中管控能力，保障云平台数据安全。

　　车联网通信信息安全防护主要针对"车 - 云"通信，以加强访问控制并开展异常流量监测为主。主要防护手段有：加强车载端访问控制、实施分域管理、降低安全风险；基于 PKI 和通信加密，构建可信"车 - 云"通信；网络侧进行异常流量监测，提升车联网网络侧信息安全防护能力。

　　车端的信息安全防护工作主要从硬件安全、操作系统安全、应用安全和对内对外通信安全四个层面开展，主要的防护措施有：利用硬件安全模块，保障车端硬件安全；通过身份权限管理和访问控制机制，保证操作系统层面安全；应用层具备安全更新、抵抗攻击、数据加密存储能力；对内对外通信层面保证数据的保密性、完整性及通信质量。

信息安全整体架构

云端信息安全架构	服务平台安全		数据存储安全			
	网络防火墙	入侵检测防护系统	云端安全检测	远程OTA更新	威胁情报共享	车联网证书管理

通信端信息安全架构	访问控制		通信加密		监测预警及应急处理	
	分级访问机制	分域管理	基于证书的车载端身份认证	基于证书的传输加密	监测预警	网络控制

车端信息安全架构	车载端硬件安全			操作系统层面安全		应用层面安全				对内对外通信层面安全	
	加密算法	访问控制	完整性检查	身份权限管理	访问控制	OTA更新	防火墙及访问控制	IVI系统签名认证	软件方式实现加密	车内总线通信安全	蜂窝网络通信安全

路侧单元信息安全架构	设备安全管理		业务功能安全管理
	配置专用硬件加密模块	通信加密	C-V2X消息认证鉴权

图 6-1　信息安全整体架构

路侧单元信息安全架构主要防护手段包括：对 RSU 配置专用的硬件加密模块并实施通信加密，保障设备安全管理；对 PC5 接口上的 C-V2X 消息认证签名，保障业务功能安全管理。

1. 云端信息安全架构

目前绝大多数车联网大量的数据都是通过分布式技术传输和存储的，其中，云平台主要完成信息的整合分析，并为车辆提供服务。智能网联汽车安全云计算平台正确应对复杂环境下的汽车数据安全以及网络安全时，暴露在各种恶意的数据威胁之下，除了采取必要的安全防护措施，如进行病毒数据防护、中间件安全数据保护以及数据访问和运行控制外，汽车数据安全以及风险防护的问题还应引起更多重视，防止部分车主将其所有临时存储在汽车云端上的个人信息（尤其是车主个人隐私信息数据）意外泄露遗漏，或被他人恶意窃取、非法下载使用。

因此，基于云平台的特点和需求，结合相应的安全威胁分析，智能网联汽车云端的信息安全架构包括服务平台以及数据存储两个层面的安全，如图 6-2 所示。

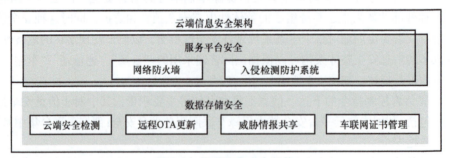

图 6-2　云端信息安全架构

（1）服务平台安全

使用成熟的汽车云计算平台和信息保护技术，在未来有效保障中国汽车行业互联网服务提供平台的内部信息安全。当前所有的移动车载互联网安全服务平台通过主动网络安全数据防护系统技术手段，对其网络进行安全和基础加固，部署有网络防火墙、入侵检测系统、入侵防护系统、Web 防火墙等安全设备。

（2）数据存储安全

部署云平台集中管控能力，强化智能网联汽车信息安全防护能力。车联网服务平台功能逐步强化，已成为集数据采集、功能管控等于一体的核心平台，并部署多类安全云服务，强化智能网联汽车安全管理。因此，数据存储方面相关技术手段具体包括设立安全检测服务、完善远程 OTA 更新功能、建立车联网证书管理机制、开展威胁情报共享。相关技术包括：

1）云端安全检测：通过分析云端储存的交互数据和车端记载的本地日志来检测汽车的移动终端上是否存在异常操作或隐私信息数据的泄露问题。

2）远程 OTA 更新：加强软件更新系统校验，支持软件信息安全认证，适配产品固件系统更新（FOTA）和软件系统更新（SOTA），在保证用户首次发现重大软件安全漏洞时迅速地自动更新软件系统，大幅度降低产品召回事件费用。

3）车联网证书管理：对注册用户进行真实身份验证，为用户车辆注册加密用户密钥和汽车注册用户登录信用凭证等相关服务信息提供了安全数据管理。

4）威胁情报共享：实现整车企业、政府部门、服务供应商之间的安全数据共享。

2. 管端信息安全架构

车联网系统由多个子系统组成，分别是平台层、网络层、车载终端等。其中，平台层与多个 App 服务商的子系统连接，网络层通过 WiFi、移动通信网、C-V2X、DSRC 等无线通信手段进行车 -X 通信。网络传输域主要完成信息的传输工作，车 -X 通信由于依托无线通信方式，也存在无线通信自身存在的网络加密、认证等方面的安全问题。同时，车联网的互联网应用平台也面临因互联网服务应用漏洞带来的安全威胁。

基于通信过程的特点和需求，结合相应的安全威胁分析，智能网联汽车通信的信息安全架构包括访问控制、通信加密、监测预警及应急处置三个方面，如图 6-3 所示。

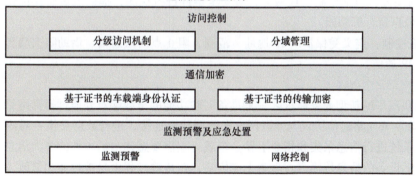

图 6-3　通信信息安全架构

（1）访问控制

访问控制方面，一般通过分级访问机制以及分域化管理来降低安全风险。

1）分级访问机制：智能网联汽车通常配备有两个 APN 接入网络。APN1 负责车辆控制域（Clean Zone）通信，主要传输汽车控制指令及智能汽车相关敏感数据，通信对端通常是整车厂商私有云平台，安全级别较高。APN2 负责信息服务域（Dirty Zone）通信，主要访问公共互联网信息娱乐资源，通信对端可能是整车厂公共云平台或者第三方应用服务器、IVI 系统中的车载应用（如新闻、娱乐、广播等通常通过 APN2 进行通信）。

2）分域管理：车辆控制域和信息服务域采用隔离的方式来加强安全管理。一是网络隔离，APN1 和 APN2 之间网络完全隔离，形成两个不同安全等级的安全域避免越权访问；二是车内系统隔离，车内网的控制单元和非控制单元进行安全隔离，对控制单元实施更强访问控制策略；三是数据隔离，不同安全级别数据的存储设备相互隔离，并防止系统同时访问多个网络，避免数据交叉传播；四是加强网络访问控制，车辆控制域仅可访问可信白名单中的 IP 地址，避免受到攻击者干扰，部分车型对于信息服务域的访问地址也进行了限定，加强网络管控。

（2）通信加密

通信加密方面则基于 PKI 和通信加密，构建可信"车 - 云"通信。目前企业普遍重视通信加密，部分厂商在软加密基础上建设 PKI 系统，搭建更便捷的"车 - 云"通信，采取的防护措施具体包括基于证书的车载端身份认证与基于证书的传输加密。

1）基于证书的车载端身份认证：传统的"车 - 云"通信通过车机编码绑定的方式进行认证，易被伪造。目前较完备的方式是基于 PKI 证书身份认证，智能网联汽车首次启动进行通信连接时，云平台签发可信证书写入车载安全芯片，用于"车 - 云"通信，确保仅有认证后的车辆可与私有云通信，同时基于 PKI 技术使得云平台具备证书撤销、更新的功能。

2）基于证书的传输加密：智能网联汽车在获取可信证书后，后续通信通过证书进行密钥协商并加密通信数据，加密协议通常采用 HTTPS 应用层加密或者 SSL、TLS 传输层加密，增加攻击者窃听破解的难度，保障通信安全。

（3）监测预警及应急处置

监测预警及应急处置方面，在网络侧进行异常流量监测，提升车联网网络安全防护能力。此方案采用异常流量监测对车联网业务进行流程监测，提供安全监测预警及应急处置服务，具体分为监测预警、网络控制两个方面。

1）监测预警：包括定制监控服务，对安全事件进行探测，提供流量监控优化、异常流量告警、历史数据留存等功能。

2）网络控制：定义受保护的 IP 地址／范围、阻止点对点通信、借助防火墙和入侵检测系统中断异常 IP 通信。

3. 车端信息安全架构

智能网联汽车的新型业务需求之一是具备网联功能的车载端对外通过蜂窝网络、短距离通信以及车 - 车／车 - 路通信协议与互联网、车际网建立连接，进行数据交换；对内与汽车总线及电子电气系统进行信息采集和指令下发。车载终端需要感知车辆内外的各类信息，而目前应用的各类传感设备的信息传输方式多为无线传输，在传输过程中易被拦截和篡改。缺失和错误的传感信息数据会对车辆的安全造成极大威胁。

基于这样的通信和数据交换需求，结合相应的安全威胁分析，智能网联汽车车载端的信息安全架构包括车端安全（硬件系统、操作系统和安装的 App）、车 -X 通信安全以及数据安全，如图 6-4 所示。

（1）车载端硬件安全

车载端硬件安全保证车载端系统使用的电路和芯片在实现数据运算和数据存储等功能时的安全性，能够对抗针对加解密操作的密码分析攻击、侧信道攻击、故障注入攻击等破坏数据保密性和完整性的安全威胁，保证车载端所存储的关键数据不被泄露或篡改，芯片功能可以正常使用。

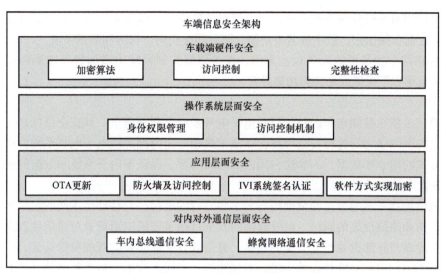

图 6-4 车端信息安全架构

硬件安全模块方面，硬件安全模块（Hardware Security Module, HSM）将加密算法、访问控制、完整性检查嵌入汽车控制系统，以加强 ECU 的安全性，提升安全级别。目前汽车安全芯片的主流设计规范有 SHE（Secure Hardware Extension）和 EVITA（E-safety Vehicle Intrusion Protected Applications）等，前者主要是宝马、通用大量采用，后者主要由欧洲其他的车企采用。SHE 以提供 AES-128 密码计算为主。EVITA 架构中，通过在 ECU 的 CPU 中配套部署密码协处理器 HSM，负责执行所有密码计算，包括加解密、完整性校验、数字签名等。EVITA 分为完整实现、中等实现和轻量级实现三个级别，不同级别实现的加密算法在种类、处理和存储单元访问控制策略上有所区别。

（2）操作系统层面安全

操作系统层面安全通过符合车载端应用场景的身份权限管理和访问控制机制，正确地响应授权操作和处理异常行为，对抗针对操作系统的溢出攻击、暴力破解、中间人攻击、重放、篡改、伪造等多种安全威胁，保证操作系统文件和数据的可用性、保密性、完整性和可审计性，保证对各类资源的正常访问，系统能够按照预期正常运行或在各种操作情况之下处于安全状态。

（3）应用层面安全

应用层面安全保证安装在车载端上的应用软件具备相应的来源标识和保密性、完整性的防护措施，可以对抗逆向分析、反编译、篡改、非授权访问等各种针对应用的安全威胁，并确保应用产生、使用的数据得到安全的处理、车载端应用与相关服务器之间通信的安全性，保证应用为用户提供服务时以及在启动、升级、登录、退出等各模式下的安全性。搭建自有 OTA 更新服务方面，提供智能网联汽车操作系统、固件、应用等软件服务的远程升级更新，进行功能更新或安全修复。

软件形式实现防火墙及访问控制功能方面，对智能网联汽车进出流量进行控制、过滤，典型做法是在 T-BOX 中配置安全策略，限定网络可访问地址、通信端口、通信协议，加强网络访问控制。部分车型通过部署 CAN 总线网关，对多路总线间的通信指令进行过滤，加强控制指令管理。

在 IVI 系统中加入签名认证服务方面，实行可信管理，仅允许运行经过可信签名的应用，避免第三方应用对车载操作系统造成危害。通过软件方式实现加密方面，包括固件加密、通信内容加密、数据存储加密、数字签名等功能，防范固件逆向、窃听和数据窃取。

针对传感器干扰等拒绝服务攻击方面，在传感器控制系统中增加智能监测和冗余处理机制，防止恶意用户干扰造成传感器功能异常。

（4）对内对外通信层面安全

对内通信是指车载端与车内总线以及电子电气系统之间的通信。其安全目标是将外部威胁与内部独立安全网络之间进行安全隔离，保证车载端不向内部关键电子电气系统发送伪造、重放等攻击方式的指令和数据，不非法占用内部总线资源，保证车内子系统和数据的保密性、完整性，保证汽车功能正常。

对外通信包括车载端通过蜂窝网络与云平台进行的通信，与移动终端间的短距离通信，以及与其他车辆和路侧设施的通信。对外通信的安全目标是根据应用场景对通信和数据交换的需求，保证车载端与外部设备建立安全的连接，通信双方采取必要的双向身份认证，以及对关键的传输数据使用加密和完整性校验手段，对抗嗅探、中间人攻击、重放等多种针对通信的安全威胁，保证数据的保密性、完整性和可认证性。

4. 路侧单元信息安全架构

路侧单元需要实现 RSU 主体业务并维护其日常运行，具体来说，其业务包括交通信息收发、设备接入、定时授时等，其日常运行时需要进行安全管理、配置管理、升级管理等操作。基于路侧单元的特点和通信需求，结合相应的安全威胁分析，智能网联汽车路侧单元的信息安全架构包括设备安全管理和业务功能安全管理，如图 6-5 所示。

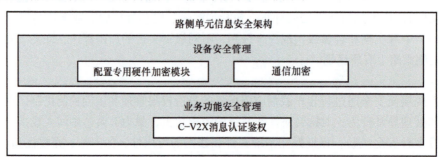

图 6-5　路侧单元信息安全架构

设备安全管理层面对 RSU 配置专用的硬件加密模块并实施通信加密。业务功能安全管理层面对 PC5 接口上的 C-V2X 消息认证鉴权，通过 PKI 数字证书认证体系来对 RSU 收发消息进行签名和验证签名操作。

6.2.3　智能网联汽车信息安全测试评价

1. 智能网联汽车信息安全评测概述

信息安全是万物互联的核心技术。近几年，智能网联汽车信息安全事件不断涌现，汽车行业对于信息安全问题愈加重视，主机厂、供应商、第三方机构纷纷在信息安全领域布局，而国内外政府部门也出台了信息安全相关法律法规，对于涉及个人信息的关键基础设施的信息安全要求做出规定。

评测是由评价机构证明产品、管理体系等符合强制性要求或相关技术规范标准的合格评定活动。智能网联汽车行业产业链上下游所涉及的企业众多、软硬件产品多样,主体涵盖元器件供应商、设备生产商、主机厂、软硬件技术提供商、通信服务商、信息服务提供商等。因此汽车的信息安全评测应该基于上述特点,面向目前行业信息安全威胁,针对汽车上下游企业信息安全管理体系、产品及人员开展信息安全评测。

（1）管理体系评测概述

信息安全管理体系作为整体的一部分,其管理对象主要是信息安全技术措施的部署实现,其安全措施包括管理措施和技术措施两个部分。对信息安全管理体系的评测就是对整个组织的安全管理水平进行评价。因此,信息安全管理体系评测提供了针对组织的信息安全状况的客观证据。通过信息安全管理体系评测,可以向监管机构、客户、合作伙伴等表明组织已经遵守了所使用的标准法规,已充分管理风险,增强相关方信心。管理体系评测对象、标准及评测模式见表6-3。

表 6-3　信息安全管理体系评测基本信息

项目	内容
评测对象	汽车主机厂、供应商、智能网联汽车系统或平台运营者等
评测标准	ISO/IEC27001:2013 信息安全管理体系要求、GB/T 22080—2016 信息安全管理体系要求以及汽车行业特殊要求
评测模式	企业自评价＋审核＋现场验证＋监督审核等

（2）产品评测概述

智能网联汽车上所搭载的 T-BOX、网关、IVI 等关键部件承载着用户的个人信息,因此这些关键部件本身以及由关键部件组成的电子电气系统的信息安全性决定了智能网联汽车的信息安全水平。通过一个统一的、标准化的部件级和整车级的信息安全评测,可以统一各厂商之间对信息安全水平的认知、减少产品间的互操作性问题、增强政府与市场对智能网联汽车相关产品信息安全性的信任度,以促进智能网联汽车行业的发展。产品评测对象、评测标准及评测模式见表6-4。

表 6-4　产品信息安全评测基本信息

项目	内容
评测对象	智能网联汽车关键部件（如 T-BOX、网关、IVI、ECU、域控制器等）及整车
评测标准	ISO/SAE 21434 道路车辆信息安全工程
评测模式	企业自评价＋审核＋产品测试＋监督审核等

（3）人员认证概述

人员作为组织中从事产品开发、检测、运维等工作的主体,其信息安全能力直接影响到管理体系与产品研发的水平,因此对于人员的信息安全能力应该予以统一的评价。《网络安全法》明确提出应设立专门的关键信息基础设施安全管理人员,并对负责人和关键岗位人员进行安全背景审查、网络安全教育和技术考核等。通过人员信息安全能力认证,可以为组织提供对内部人员能力判别的统一标准,并为不同组织间的人才互认提供基准。人员认证对象、认证标准及认证模式见表6-5。

表 6-5　人员认证基本信息

项目	内容
认证对象	智能网联汽车服务系统管理者或安全服务提供人员
认证标准	参考《网络安全专业人员评价指南》《网络空间安全人员岗位分类与能力要求》等
认证模式	考试培训合格后颁发人员认证证书

注：认证单位为中国网络安全审查技术与认证中心。

2. 智能网联汽车信息安全管理体系评测参考

国际标准 ISO/IEC 27001:2013 是国际标准化组织（International Standards Organization，ISO）在 2013 年发布的信息安全管理体系的"要求"部分，也是整个 ISO/IEC 27000 信息安全管理体系标准族的基础。我国在 2016 年等同采用该标准——GB/T 22080—2016《信息技术 安全技术 信息安全管理体系 要求》正式颁布，用于指导国内组织建立、实施、维护和持续改进自身的信息安全管理体系。

任何组织都可以依据 ISO/IEC 27001:2013《信息安全管理体系要求》中的条款来建立、实施、维护和持续改进自己的信息安全管理体系。

当组织建立、实施、维护和持续改进自己的信息安全管理体系（ISMS）都符合 ISO/IEC 27001:2013 标准的各项要求之后，可以向独立第三方评测机构申请进行管理体系的符合性认证审核，以获得认证证书作为其信息安全管理体系符合 ISO/IEC 27001: 2013 相关要求的证据。

（1）网络安全管理体系标准介绍

在网络安全方面，目前已经发布的网络安全框架为 ISO/IEC 27032: 2012《信息技术—安全技术—网络空间安全指南》（*Information Technology—Security Techniques—Guidelines for Cyber Security*）。此网络安全框架共有正文 13 章以及 3 个资料性附录。由于网络安全与已有的信息安全存在诸多一致之处，ISO/IEC 27032:2012 大量引用了已有的信息安全标准。该标准为改善网络空间安全的状态提供了指南，强调了其独有的活动以及对信息安全、网络安全（Network Security）、互联网安全（Internet Security）、关键信息基础设施保护（Critical Information Infra-structure Protection，CIIP）等其他安全领域的依赖性。

（2）管理体系评测要点

信息安全管理体系着重强调运用科学合理的方法，将企业的人员、设备、管理规则有机地整合起来以确保达成有效控制信息安全风险的目的，并且通过 PDCA 循环的方式不断优化提升信息安全管理体系的运作水平。对于信息安全管理体系的管理者来说，应当着重关注以下体系控制要求。

1）在当前信息安全管理体系覆盖的范围内，有哪些信息安全风险需要重点防范和控制？

2）要把这些信息安全风险管控到何种程度？

3）能有效防范和控制这些信息安全风险的方法或路径是什么？

4）由谁来参与对这些信息安全风险的防范和控制工作？他们各自的分工和职责是什么？

5）完成这项工作需要多少资源和预算？何时能够完成？

6）如何对这项工作的成果是否满足期望进行评价？

一套有效运作的信息安全管理体系应当对以上六项控制要求做出明确的说明。按照 ISO/IEC 27001:2013 标准的定义，企业信息安全管理体系的管理者可以自主决定上述 6 项控制要求的具体内容。第一项控制要求的内容强调企业宜根据自身的实际情况按照体系中设定的风险评估方法来识别需要重点关注的信息安全风险清单。第三项控制要求的内容宜参考 ISO/IEC 27001:2013 标准中所列出的 114 项控制措施。

（3）管理体系建立流程

信息安全管理体系是帮助组织从多个维度有效进行风险识别以制定风险处置计划，并通过实施诸多风险控制措施来达成保护信息资产安全的目的。

对于汽车行业内的各类企业来说，可以按照以下路径来建立符合 ISO 27001:2013 要求的信息安全管理体系。

　　由于网络安全管理体系建立在信息安全管理体系基础之上，需要考虑扩大现有信息安全管理体系的范围，以包括通过网络空间进行信息的传输和共享。一旦将信息安全管理体系的范围扩展到网络空间安全，ISO 27001 就将与 ISO 27032 的管理准则保持一致：和建立信息安全管理体系的过程一样，作为网络空间中的组织仍然需要识别关键资产、识别威胁和漏洞并确定风险的优先级。如果组织符合 ISO 27001 标准，可以简化实施技术控制的过程。企业建立信息安全管理体系步骤见表 6-6。

表 6-6　企业建立信息安全管理体系步骤

步骤	工作内容	建议
步骤 1	设立信息安全方针，制定明确的信息安全目标	企业应该根据自身的实际需求，在着于建立信息安全管理体系时首先明确： ① 建立信息安全管理体系的原因 ② 需要满足合理期望的对象 ③ 评测信息安全管理体系是否达到预期的方法
步骤 2	设立信息安全管理架构，明确管理职责	企业应当明确负责信息安全管理体系的有效运行的主要责任人、相关人员各自所担负的信息安全管理职责内容，并为信息安全管理体系的建立和有效运行提供必要的资源支持。在定义信息安全管理体系管理架构人员职能时，要遵循"职责分离"原则，避免发生"既当裁判员又当运动员"的情况
步骤 3	对员工进行信息安全意识和体系知识培训	作为信息安全管理体系内外部沟通交流的重要部分，企业应当对员工进行相关培训，使员工能够了解掌握： ① 企业建立信息安全管理体系的意义 ② 企业所制定的各项信息安全管理体系的管理制度和流程 ③ 每个员工自身所担负的信息安全职责 ④ 违反信息安全管理规定可能导致的纪律处理后果 企业应当有至少两名员工参加相关的外部培训以获得信息安全管理体系内审员资格
步骤 4	进行信息资产识别，完成《信息资产清单》	信息资产是信息安全管理体系所要保护的客体对象。企业应当对所拥有的信息资产进行梳理，并根据信息资产价值（而非财务资产价值）进行分类并给予必要的标识。对重要信息资产应当严加保护，指定专门的责任人，并制定相应的合理使用规范以防止信息资产被滥用
步骤 5	制定风险评估的方法和风险接受准则，并对信息资产进行风险评估	虽然 ISO 31000《风险管理原则与实施指南》介绍了多种常用的风险评估方法和工具，但是 ISO/IEC 27001：2013 并未对企业采用何种风险评估方法做强制规定。企业在制定风险评估方法时注意： ① 应当定义明确的、符合逻辑和常识的风险评估方法 ② 应当由不同的但是具备相应知识技能的人员遵循企业定义的风险评估方法分别进行风险评估，所得出的结论应当具备一致性 ③ 应当明确定义识别出的风险等级和风险接受准则 ④ 应当指定所识别出的风险的所有者 ⑤ 风险评估的过程和结果应当形成文件化记录
步骤 6	制作《适用性声明》	企业应参照 ISO/IEC 27001：2013 标准附录 A 的要求，从 14 个维度整理现有的风险控制措施并制定相关的管理流程，对附录 A 中企业不适用的控制项进行裁剪后发布《适用性声明》。企业也可以将认为有必要实施但是附录 A 中并未覆盖的控制措施纳入《适用性声明》

（续）

步骤	工作内容	建议
步骤 7	制定并实施风险处置计划	企业应针对已识别出的且现有风险控制措施不足以把风险程度降低到可接受范围的那部分信息安全风险来制定并实施相应的风险处置措施。常用的风险处置措施有以下四种类型： ① 降低风险发生的可能性，或减轻风险发生可能导致的不良后果的严重程度 ② 回避风险 ③ 转嫁风险 ④ 接受风险
步骤 8	对实施风险处置措施和风险控制措施的绩效进行有效性测量	企业应当明确： ① 需要监控和测量的内容 ② 应当采用什么方法和工具来进行监控和测量，以及后续的分析和评价 ③ 何时应当进行监控和测量，以及后续的分析和评价 ④ 由谁来进行监控和测量，以及后续的分析和评估结果 ⑤ 监控和测量的结果应当以文件形式予以保留
步骤 9	实施内审和管理评审，对于所发现的问题积极予以整改	内审和管理评审是 PDCA 循环中的 Check 环节，每年应当至少各进行一次。内审应当覆盖企业信息安全管理体系范围内的所有部门和 ISO 27001：2013 标准的全部适用条款，由具备内审员资格的员工来实施，并且内审员不能审核自己的工作。对于内审所发现的问题应当积极整改以使 PDCA 循环的 Action 环节实现闭环。内审和管理评审的过程及结果应当以文件形式予以保存

在这个基础上，ISO 27032 引入了网络安全技术控制措施，以防止社会工程、黑客、恶意软件（malware）、间谍软件、其他不需要的软件等。

所以，组织应该采取适当的技术控制措施，以防范已知的攻击。作为一般指南，应实施 ISO 27032 中定义的技术控制。在信息共享和事件处理方面，建议使用一个正式的框架来共享网络安全信息并处理事件。组织可参考使用 ISO 27032 提供的安全、可靠、有效和高效的信息共享和网络事件响应框架指南。

6.2.4　智能网联汽车信息安全政策及管理体系

1. 法律依据

我国高度重视信息安全领域的发展，从法律、标准及国家战略等多方面入手，开展信息安全治理，保障所有中国公民的信息安全。《中华人民共和国网络安全法》《中华人民共和国数据安全法》《中华人民共和国个人信息保护法》《中华人民共和国计算机信息系统安全保护条例》《中华人民共和国电子签名法》等一系列已经出台的法律法规已经初步形成了保障我国公民信息安全的法律体系。我国于 2016 年颁布《网络安全法》，首次在法律层面构建了个人信息保护法，形成了较为完整的法律制度闭环。2018 年，《电子商务法》在《网络安全法》基础上，在个人信息保护方面做了更加细致的要求，要求经营者对于用户查询、更正、删除用户信息以及用户注册的方式和程序进行明示，不得设置不合理的条件使上述权益无法实现。此外，备受关注的《数据安全法》在 2021 年 6 月 10 日第十三届全国人民代表大会常务委员会第二十九次会议通过，《个人信息保护法》在 2021 年 8 月 20 日全国人民代表大会常务委员会第三十次会议通过。此外，我国还颁布了针对智能汽车信息安全的相关法规《汽车数据安全管理若干规定（试行）》，与其他多部法律法规中的相关要求互相补充，总体实现了对汽车终端安全、云平台安全、网络安全、信息数据安全等方面的覆盖。智能网联汽车信息安全相关法律法规见表 6-7。

表 6-7　智能网联汽车信息安全相关法律法规

序号	法律层级	法律法规名称	发布部门	主要内容
1	法律	《中华人民共和国网络安全法》	全国人大	《网络安全法》与一些最常用的网络安全标准相类似，比如美国国家标准与技术研究所（NIST）的网络安全框架和 ISO 27000—27001，主要强调网络产品、服务、运营、信息安全以及监测、早期诊断、应急响应和报告等方面的要求
2	法律	《中华人民共和国数据安全法》	全国人大	规范数据处理活动，在保障数据安全，促进数据开发利用，保护个人和组织的合法权益，维护国家主权、安全和发展利益方面做出了相关规定。对于安全评估、数据出境、数据交易等常见问题做出了特别规定
3	法律	《中华人民共和国个人信息保护法》	全国人大	详细规定了处理个人信息的一般原则和包括安全方面在内的要求、处理者义务、个人权利等方面的要求
4	法律	《中华人民共和国电子签名法》	全国人大	明确电子签名法律效力，规范电子签名行为
5	法律	《中华人民共和国密码法》	全国人大	明确对核心密码、普通密码与商用密码实行分类管理的原则
6	行政法规	《中华人民共和国计算机信息系统安全保护条例》	国务院	计算机信息系统实行安全等级保护。制定安全等级的划分标准和安全等级保护的具体办法
7	行政法规	《中华人民共和国电信条例》	国务院	针对电信市场、电信服务、电信建设、电信安全等内容提出管理要求
8	行政法规	《中华人民共和国计算机信息网络国际联网管理暂行规定》	国务院	明确国际出入口信道提供单位、互联单位、接入单位和用户的权利、义务和责任，并负责对国际联网工作的检查监督
9	行政法规	《互联网信息服务管理办法》	国务院	为了规范互联网信息服务活动，促进互联网信息服务健康有序发展制定的办法，对经营性互联网信息服务实行许可制度，对非经营性互联网信息服务实行备案制度
10	行政法规	《商用密码管理条例》	国务院	为了加强商用密码管理，促进商用密码事业发展，保障网络与信息安全，对商用密码的科研、生产、销售、使用、安全保密提出管理要求
11	部门规章	《汽车数据安全管理若干规定（试行）》	国家网信办等五部委	对汽车数据处理全生命周期做出了针对性规定，明确了重要数据的范围、处理汽车数据的基本要求、汽车数据处理者的报告义务及内容等
12	部门规章	《电信设备进网管理办法》	工信部	保证公用电信网的安全畅通，加强电信设备进网管理，明确进网许可程序
13	部门规章	《电子认证服务管理办法》	工信部	对电子认证服务提供者实施监督管理，详细阐述电子认证服务及相关机构需要满足的要求
14	部门规章	《车联网（智能网联汽车）直连通信使用 5905—5925MHz 频段管理规定（暂行）》	工信部	明确 5905—5925MHz 频段作为基于 LTE-V2X 技术的车联网（智能网联汽车）直连通信工作频段
15	部门规章	《移动互联网应用程序信息服务管理规定》	国家网信办	规范移动互联网应用程序信息服务管理，提出 App 信息服务管理要求，明确 App 提供者、应用商店服务提供者信息安全管理责任

（续）

序号	法律层级	法律法规名称	发布部门	主要内容
16	部门规章	《网络安全审查办法》	国家网信办等十三部门	确保关键信息基础设施供应链安全，对关键信息基础设施运营者采购网络产品和服务提出审查要求
17	部门规章	《国家网络安全事件应急预案》	国家网信办	建立健全国家网络安全事件应急工作机制，提高应对网络安全事件能力，明确网络安全事件应急相关组织机构职责，以及监测预警、应急处置、调查评估、预防、保障等内容
18	部门规章	《信息安全等级保护管理办法》	公安部等四部门	规范信息安全等级保护管理，提高信息安全保障能力和水平，明确信息安全等级保护实施规则，以及信息安全等级保护密码管理相关内容
19	部门规章	《计算机信息网络国际联网安全保护管理办法》	公安部	加强对计算机信息网络国际联网的安全保护，明确相关单位使用计算机信息网络国际联网的安全保护责任，以及管理部门的安全监督管理要求
20	部门规章	《云计算服务安全评估办法》	国家网信办等四部门	提高党政机关、关键信息基础设施运营者采购使用云计算服务的安全可控水平，依据云服务商申请，对面向党政机关、关键信息基础设施提供云计算服务的云平台进行安全评估

（1）终端安全环节

随着汽车产业和互联网产业的不断进步，车载终端正朝着智能化、网络化的方向发展，不仅承担了越来越多的电子电气系统控制和车身控制功能，还为包括驾驶人和乘客在内的车辆用户提供广泛的信息娱乐服务。随着汽车功能的不断扩展，越来越多的用户在使用时更加注重安全。与原来封闭的车载电子和车载网络相比，可以连接到互联网的智能车载终端，其自身的功能，无论是 T-Box 还是信息娱乐，或者两者的融合升级，都将显著增加终端处理的信息量和车辆面临的安全风险。

在终端安全领域，我国正在对关键网络设备和网络安全产品实施安全认证/测试制度。保障信息安全的基础是符合安全标准的产品设备，因此，我国在《中华人民共和国网络安全法》第二十三条中提出网络关键设备和网络安全产品必须满足国家相关标准的强制性要求，经有资质的机构认证或检测符合要求后，方可向消费者销售或提供。另外，由国家网信办联合工信部、认监委、公安部制定和发布了《网络关键设备和网络安全专用产品目录》，推动网络关键设备和网络安全产品的安全管理进一步加强，促进安全认证和安全测试结果互认，避免重复测试和认证。2020 年 2 月，国家发展改革委、工信部、科技部等 11 个部门联合发布了《智能汽车创新发展战略》，对车联网的发展引入了"安全可控"的要求。从全局上要求考虑国内外人才资源和市场需要，形成智能网联汽车协同合作的新态势。加强产业安全和风险防控，完善智能汽车安全管理体系，提高网络信息系统安全防护能力。

智能网联汽车面临的安全风险主要来自车载终端、数据服务平台、V2X 通信和外部生态等方面，根本上是在智能网联汽车业务场景的应用层面，对信息安全的考量不足，缺乏针对信息安全的系统性安全保障体系。车载终端的信息安全问题不同于传统网络安全问题，如果车载终端安全受到威胁，严重情况会危及使用车辆用户的生命安全。因此需要按照系统的方法展开调研，生成报告，并采取相应安全防范措施。国家层面上也需要建立车载终端安全的法律法规体系，以确保科学有效地实施安全措施。

（2）网络安全环节

随着汽车制造商启用高级通信和安全功能，互联汽车数据的安全性变得至关重要。随着连接性的提高，汽车网络安全风险不断增加。实际上，汽车网络攻击数量急剧上升。如今，平均每辆汽车包含多达 150 个电子控制单元和大约 1 亿行软件代码，到 2030 年预计将达到 3 亿行代码。近几年，监管机构积极采取行动，以解决智能联网汽车数据安全方面日益严重的漏洞问题。

2016 年 11 月，我国颁布《中华人民共和国网络安全法》，其中第二十一条规定，国家实行网络安全等级保护制度，网络运营者应当按照网络安全等级保护制度的要求，履行下列安全保护义务，保障网络免受干扰、破坏或者未经授权的访问，防止网络数据泄露或者被窃取、篡改：

（一）制定内部安全管理制度和操作规程，确定网络安全负责人，落实网络安全保护责任；

（二）采取防范计算机病毒和网络攻击、网络侵入等危害网络安全行为的技术措施；

（三）采取监测、记录网络运行状态、网络安全事件的技术措施，并按照规定留存相关的网络日志不少于六个月；

（四）采取数据分类、重要数据备份和加密等措施；

（五）法律、行政法规规定的其他义务。

GB/T 25058—2019《信息安全技术　网络安全等级保护实施指南》则清晰地阐释了对等级保护对象实施网络安全等级保护的过程。同时，由于网络运营商在实际网络运行过程中可以掌握大量重要的信息数据，在数据传输和安全保障方面发挥着关键作用。为此，我国提出了严格要求，包括消除缺陷、及时告知和安全维护等，以有效保障网络安全。随着智能网联汽车作为一种新型移动机器人的发展和普及，智能网联汽车的网络安全不仅存在传统网络安全的共性问题，也面临新的挑战。

2017 年，《国家车联网产业标准体系建设指南》（以下简称《指南》）提出，网络安全和功能安全对智能网联汽车发展尤为重要，并明确了智能网联汽车信息安全 20 项标准。《指南》强调，智能网联汽车网络安全标准与自动驾驶汽车技术安全标准同等重要，两者都为了保证智能汽车的安全运行，避免车辆和网络被外界因素干扰和攻击。

（3）云平台安全环节

云平台指的是为汽车驾驶人提供远程服务的 TSP（Telematics Service Provider）平台，是智能网联汽车系统的重要组成部分，其实现的功能日益丰富。TSP 平台主要提供各种远程信息服务和车辆管理服务，以及智能交通管理、远程监控和道路救援等服务。云平台的安全主要涉及物理环境、接口、设备主机、数据库、应用程序等安全。

在云平台安全环节方面，政府部门不仅要依靠技术手段，还要着力推进监管政策和法律法规的制定和实施，实现对云平台安全的管理。《中华人民共和国计算机信息系统安全保护条例》规定我国对计算机信息系统实行安全等级保护，《信息安全等级保护管理办法》则将信息系统的安全保护分为五个等级。云平台服务器损坏，将对国家安全、社会秩序和公共利益造成严重损害。因此，它应该属于第三级或更高等级。其运营和使用单位应当按照国家行政法规和相关标准的规定予以保护。国家网信办对其信息安全等级保护工作进行监督、检查。

（4）信息数据安全环节

进入数据经济时代，通过大数据对个人数据的提取和使用，虽然为企业带来巨大的经济利益，但会对公民的个人隐私造成巨大的威胁。作为大数据和人工智能发展的产物，智能汽车需要通过其携带的传感器收集大量数据以保障其安全运行，这些数据按照功能和用途大致可分为两大类：一类是与汽车终端和交通路况密切相关的数据，如汽车的位置、速度、所处环境状况、交通信号和标志以及汽车功能相关的技术数据；另一类是与用户的私人信息相关的个人数据，如个人行程、办公地点、娱乐和购物偏好，甚至包括但不限于其他可以识别个人身份的数据。上述信息如果被不法公司或他人获取并被不当使用，将对人身和财产安全造成不利后果。

现阶段，我国已颁布的《民法典》《网络安全法》《数据安全法》《个人信息保护法》《消费者权益保护法》《护照法》《刑法修正案》《身份证法》《征信业管理条例》等法律、行政法规、规章及其相关司法解释中均有对个人信息保护的规定。《民法典》第一百一十一条明确规定自然人的个人信息受法律保护。任何组织或者个人需要获取他人个人信息的，应当依法取得并确保信息安全，不得非法收集、加工、使用、传输他人个人信息，不得非法买卖、提供或公开他人个人信息。《个人信息保护法》更是对于个人信息保护相关事项做出了专门的详细规定，涵盖个人信息处理的全生命周期，对公民个人信息权益提供了强有力的保护。国务院出台的《中华人民共和国计算机信息系统安全保护条例》明确要求，公安部负责针对计算机病毒及危害社会公共安全的其他有害数据开展防治研究工作。在某种程度上，现有法律法规可以保护智能网联车辆的个人数据和隐私泄露风险。但是，我国对于用户信息匿名化的规定比较笼统和模糊。为进一步强化智能网联汽车的数据保护，我国需要引入数据匿名化技术，并在此基础上加快制定数据匿名化处理和使用的法律法规，包括明确数据匿名化的认定标准和法律概念，鼓励智能网联汽车厂商制定数据保护风险评估策略，建立数据隐私保障机制。

2021年8月16日，国家网信办等五部委联合发布了《汽车数据安全管理若干规定（试行）》，对智能联网汽车数据及个人信息安全保护方面做出了专门要求。其中，第三条对于其发生安全事件可能危害国家安全、公共利益等的重要数据进行了界定，第五条明确规定利用互联网等信息网络开展汽车数据处理活动，应当落实网络安全等级保护等制度，加强汽车数据保护，依法履行数据安全义务。此外，该规定还指出，汽车数据处理者开展重要数据处理活动，应当按照规定开展风险评估，并向省、自治区、直辖市网信部门和有关部门报送风险评估报告，且应当在每年12月15日前向省、自治区、直辖市网信部门和有关部门报送相关年度汽车数据安全管理情况。该规定进一步明确了相关汽车厂商和平台运营者在汽车数据安全保障方面的义务和职责，有助于相关企业具体落实《网络安全法》《数据安全法》《个人信息保护法》等相关法律中的概括性和一般性规定。

2. 管理体系

最近几年，由于世界各地先后曝出信息安全事件，我国政府对信息安全防护的重视度逐渐提升，政策支持力度也不断加大。信息安全成为"十二五"规划重点建设方向之一，我国《网络安全法》《数据安全法》《个人信息保护法》对数据安全、个人信息保护等问题做出了规定，行业数据安全相关法规和指导性文件也逐步落地，《国家网络空间安全战略》《战略性新兴产业重点产品和服务指导目录》等多项政策密集出台。负责制定国内智能网联汽车信息安全相关的标准体系、跟进国际标准化工作的汽车信息安全工作组于2016年4月成立，隶属于全国汽车标准化技术委员会下设的智能网联汽车分技术委员会。2017年4月，工信部发布《汽车产业中长期发展规划》，提出加快网络信息安全和车辆行驶安全保障体系建设，其中重要目标和任务之一是保证智能网联汽车的信息安全，防止智能网联汽车安全威胁。

我国汽车产业信息安全意识处于起步阶段，汽车制造商和用户不了解如何确保信息安全，自身安全防护能力薄弱。随着《汽车数据安全管理若干规定（试行）》的出台，现有的智能网联汽车数据保护立法体系逐步完善。

6.2.5　智能网联汽车信息安全测试设备

1. 系统安全测试系统

（1）App 安全检测工具

该工具用于对车载 App 或者车联网 App 进行安全检测并输出报告。

App 安全检测工具通过对代码反编译的方法还原为源代码，将移动应用安装到定制化的虚拟运行环境中，从而模拟真实环境。App 安全检测工具软件界面如图 6-6 所示。对移动应用常见的脆弱点进行检测；对模拟器发送触摸、移动等指令从而模拟用户行为，进而产生移动应用内的业务逻辑，包括数据流量、函数调用、文件读写等。通过对这些业务逻辑、数据以及系统方法的监控，能够分辨恶意程序、发现攻击方法；对主机进行常规的网络安全漏洞检测，对服务器操作系统、开发框架、数据库等组件进行安全扫描，以确保及时发现移动应用所存在的安全隐患。可支持移动应用批量检测，批量下载和批量统计，并针对批量检测分析结果提供图形化展示，用户可以根据自己需求自定义检测项；通过对上传的应用进行自动化安全检测，能够覆盖针对 Android 和 iOS 平台客户端的移动应用，快速发现和定位存在的安全漏洞和可能带来的安全隐患，并且输出《移动应用安全检测报告》，根据应用的不同版本进行分类归档，提供给相关开发运维等工作人员进行对比分析，并提供漏洞修复等的技术支持。

图 6-6　App 安全检测工具软件界面

（2）漏洞利用检测套件

该工具多用于车机系统与车联网服务器网络服务端漏洞验证测试。

本工具用于系统漏洞扫描工具与 Web 漏洞扫描工具扫描得到具体结果之后，系统漏洞扫描工具与 Web 漏洞扫描工具会产生一组报告，阐述说明目标主机存在哪些漏洞以及 CVE 漏洞编号。此时可以通过漏洞利用工具进行验证。一般远程服务存在两大类：一类是以缓冲区溢出为主；一类以 Web 漏洞为主。该工具提供了对这两大类漏洞的支持。

1）针对溢出漏洞的功能：

① 可以自行编写 shellcode。

② 可以自行添加漏洞。

③ 对已存在漏洞可以进行查询。

④ 同一漏洞可以拥有不同功能的 shellcode。

⑤ 同一漏洞可以拥有不同的触发方式。

⑥ 支持利用 CVE 漏洞库漏洞。

⑦ 支持人机交互界面。

⑧ 可用于 Windows、Linux 操作系统。

2）针对 Web 漏洞的功能：

① 可以检测页面中 get、post 参数，cookie、http 前缀。

② 可以实现数据榨取。

③ 可以实现文件系统的访问。

④ 可以实现操作命令的执行。

⑤ 可以对 xss 漏洞进行检测。

⑥ 支持布尔的盲注检测。

⑦ 支持时间的盲注检测。

⑧ 支持错误的检测。

⑨ 支持 union 联合查询的检测。

⑩ 堆叠查询的检测。

⑪ 支持 mysql、sql server、oracle、sqlite 等数据库。

⑫ 支持人机交互界面。

⑬ 可用于 Windows、Linux 操作系统。

（3）车机系统漏洞扫描

该工具主要用于对车机系统漏洞的扫描。车机系统多数情况下为 Android 或者 Linux 系统，或多或少都会存在一些与传统网络主机一样的问题。对于传统主机而言，全球最为权威的是 CVE 漏洞库，所以这里的某些工作可以使用系统漏洞扫描工具或者 Web 漏洞扫描工具来完成，但是还有一些漏洞属于车机专有的漏洞。在我国，由中国汽车技术研究中心有限公司牵头收集并制定了对于车机系统专有的漏洞库，建设了中国汽车行业漏洞共享平台（China Automobile Vulnerability Database，CAVD）。车机系统漏洞扫描工具就是通过查询 CAVD 的漏洞信息随后对车机系统进行扫描。

与传统主机不同的是，车机安全在一般合规测试时不仅要在车机外部进行扫描测试，还需要在车机内部（在车机系统上运行扫描程序）进行扫描测试，用于判断一些关键应用程序的组件包是否存在漏洞。其工作原理如图 6-7 所示。

（4）通用逆向安全测试工具

该工具用于对车机系统的原始应用程序（ELF 格式文件）以及提取后的 ECU 固件在逆向过程中提供分析辅助功能。该工具还具备了对 Windows 系统的应用程序格式（PE 格式）以及一些文档格式（如 DOC、PDF 等）的解析与篡改的功能。

逆向工程主要分为四个阶段，第一个阶段就是解析文件格式，在操作系统上每种程序或者文档都是按照某种数据结构来保存数据的。所以首先要可以解析这种格式，例如在 Windows 上可执行程序采用了 PE 格式，而 Linux 上可执行程序采用了 ELF 格式。这些格式规划了哪些数据在加载到内存后属于数据，哪些属于代码。而第二个阶段是反汇编将代码段进行反汇编成人类易于理解的汇编语言。第三个阶段就是调试，单独靠阅读反汇编代码可能不能完全理解程序，这时就需要进行调试来动态地分析程序。最后一个阶段就是当理解程序后篡改程序来达到某种目的。

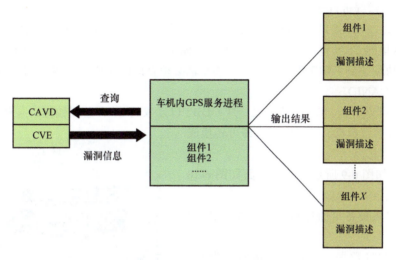

图 6-7　车机系统扫描工作原理图

该工具的用途在第一、三、四阶段，需要说明的是有一些不属于可执行程序的文档，例如DOC、PDF 文档，它们没有代码段，而且其文档内容记录比较复杂，需要一些特定的文件结构保存文档内容，当然这种格式对于使用者来说是可不见的，而这些文件结构中可能存在对应加载程序的漏洞点。所以本工具还需提供对于这种复合型文档数据结构的解析功能。虽然这类功能在本项目中可能用处有限，但也是该工具的特点之一。

该工具也支持具备了一定的反汇编能力，虽然没有二进制反汇编分析工具功能强大。该工具还具备了交叉调试功能，例如在 X86 体系下调试 ARM 代码。其工作原理示意图，如图 6-8所示。

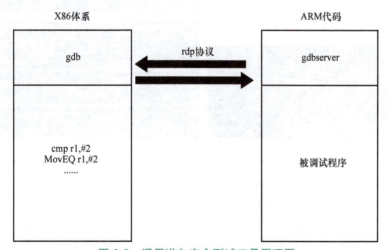

图 6-8　通用逆向安全测试工具原理图

2. 车载网络安全测试工具

（1）车载 CAN 总线协议测试系统

该工具是对车辆 CAN 总线数据进行读取、发送、保存、回放四个功能。该工具带有一个 ODB2 接口的设备用于与车辆进行链接。此设备提供了三路 CANBUG，在直接接入 CAN 网络时，可以通过双绞线进行连入。

一般而言，ODB2 接口也是可以接收 CAN 协议的，但是在车辆设计中 ODB2 口是诊断接口，所以多数来这里的 CAN 包都是上行 CANID，仅做报告车辆状态而已。一些车辆可以通过此接口发送 CAN 协议达到影响车辆的目的，一些车辆必须直接接入到 CAN 网络中找到真正可以影响车辆的下行 CANID。

该工具还可以解析 UDS 诊断协议，从 ODB2 口读取的 CAN 总线数据，某些 CANID 负载的数据是 UDS 协议数据，经过解析后即可转换成人可读的诊断信息。

设备外形如图 6-9 所示，软件界面如图 6-10 所示，功能如下：

① 外部接入设备可通过 OBD2 口或 CAN 线接入车辆。

② 可对 CAN 数据进行接收，浏览、保存、回访、分析。

③ 对基于 CAN 实现的 UDS 协议的进行解析。

④ 支持 Linux 系统。

图 6-9　车载 CAN 总线协议测试系统接入设备

图 6-10　车载 CAN 总线协议测试系统软件界面

（2）车载 CAN 总线安全测试工具

该工具主要用在车载 CAN 总线协议测试系统之后，用于构造 CAN 协议数据包、指定 CANID 并且以指定的频率发送回某个 BUS。如果车辆 ECU 在设计或开发过程中存在漏洞，则可能在处理这些数据包时就会出现异常，工程师可以通过这些异常的反馈来进一步分析 ECU。

该工具是车载 CAN 总线协议测试系统的扩展功能，以功能插件的形式嵌入车载 CAN 总线协议测试系统中。功能如下：

①在车载 CAN 总线协议测试系统之上，可自行定义 CANID 号并构造数据内容。

②可指定 CAN 总线在指定频率下发送自行构造的 CAN 数据包。

（3）车载 CAN 总线加解密分析工具

该工具主要用于辅助测试工程师分析 CAN 协议。当 CAN 协议进行了加密时，该工具尝试进行解密。

它的工作原理主要是通过信息来判断某个 CANID 上的数据是否加密，在操作时指定一个 CANID 以及收集时间。因为每个 CAN 包所能携带数据长度是 64 位，也就是 8 个字节。如果发送数据量过大则需要对数据进行切分然后分包发送。采样一组数据的原因是过小的数据计算的信息熵是没有说服力的。利用信息熵来评估收集 CAN 数据是否被进行加密或者压缩。

按照 CAN 协议的设计标准，CAN 是一种轻型协议，在车辆行驶中需要实时地处理 CAN 数据，如果需要加密，则不能使用过高强度的非对称加密或者是分组加密的方式，最大可能是流加密的方式。所以就造成两种可能，一种是启动时交换密钥，ECU 之间通过此密钥来同步生成随机序列；另一种是密钥写死在固件中。该工具作用于前者，在车辆启动时，会捕获指定 CANID 上的数据并通过此来尝试对之后的数据进行异或操作借此来查看是否可以解密。

该工具是车载 CAN 总线协议测试系统的扩展功能，以功能插件的形式嵌入车载 CAN 总线协议测试系统中。功能如下：

①在车载 CAN 总线协议测试系统之上，可指定在一个时间周期内统计并计算指定 CANID 数据包的熵值。

②可统计每个 CANID 数据包各比特位的变化情况。

③可对 CAN 数据包进行差异对比。

（4）车载以太网协议测试系统

该工具主要用于对车载以太网协议的分析。车载以太网是基于传统以太网进行定制封装，其结构如图 6-11 所示。

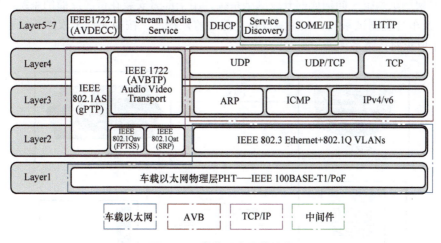

图 6-11　车载以太网的结构

数据包的结构与传统以太网的结构有所不同，传统以太数据包与车载以太数据包的对比如图 6-12 所示。

该工具的解析器需要重新按照上述封装进行解析，解析完毕后的应用协议与传统的协议一致。该工具具备一个硬件设备，通过T1标准的双绞线连入车载以太网中。该工具的协议解析引擎对以太网包进行拆包，随后对应用协议进行分析。功能如下：

① 外部接入设备可通过T1标准（IEEE-100BASE-T1、IEEE1000BASE-T1）的双绞线接入车辆。

② 可与车载以太网进行通信并实现对各种协议数据包的接收，浏览、保存、回访、分析等功能。

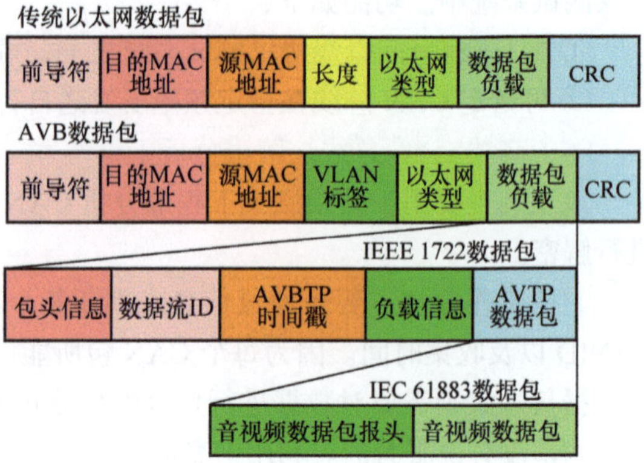

图 6-12 传统以太网数据包与车载以太数据包的对比

（5）车载以太网安全测试工具

该工具主要用于车载以太网协议测试系统之后，用于自己构造车载以太网协议以及应用协议为模糊测试提供接口，并且指定服务端口以某个数据或者无限制进行发送。工程师可以以此观察车辆或者车机是否有异常反应来判断所测试的服务是否存在漏洞。

该工具是车载以太网协议测试系统的扩展功能，以功能插件的形式嵌入车载以太网协议测试系统中。功能如下：

① 基于车载以太网协议测试系统，可以自定义封装各种传输层协议头，例如 TCP/IP 协议头、针对车辆的 AVB 协议组（如：gPTP、AVBTP 等）、各种应用（如：HTTP、FTP）以及针对车辆的 SOME/IP 协议等。

② 可以对指定协议按照指定频率或者个数进行数据包发送。

3. 软件升级测试系统

该系统是由两个部分组成的（图 6-13），一个部分是由 OTA 软件升级部件测试系统与 OTA 软件升级台架测试系统一同构成的升级测试系统，用于部署安装在待测厂商的系统。另一个部分是 OTA 整车合规测试系统，在待测设备上部署监控程序，按照《汽车软件升级通用技术要求》的技术要求对待测系统进行测试。

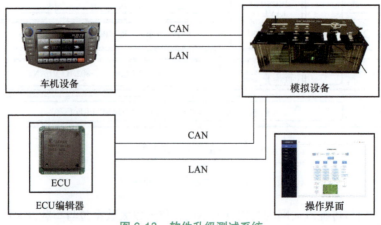

图 6-13 软件升级测试系统

（1）OTA 软件升级部件测试系统

该系统在本项目中承担测试 OTA 系统接入的车机更新以及 ECU 固件更新，是整个软件升级测试系统中重要的一个子系统。此系统部署在 OTA 软件升级台架系统与外设对接的 ECU 固件上。待测厂商需要将自己的车机系统或者固件系统一同连入 OTA 软件升级台架测试系统。在更新完毕后，本系统会计算更新后固件的摘要值，测试人员可以此来与待测厂商提供的更新固件后的摘要值作比较来确定是否更新成功。功能如下：

① 支持 FlexRay、LIN、CAN、CANFD 以及车载以太的接口。

② 可接收链接设备发送的刷写数据。

③ 可计算刷写完后摘要值以验证刷写的完整性。

④ 具备人机界面来控制与观察刷写过程并且可以模拟待测设备刷写 ECU 的操作。

（2）OTA 软件升级台架测试系统

该系统是升级测试的主要测试场所，相当于一台真实的汽车。待测厂商需要将要测试的车机系统或 ECU 固件共同连入本系统中。本系统充当整个测试过程中的承载与验算中心。

设备外形如图 6-14 所示，功能如下：

图 6-14　OTA 软件升级台架测试设备外形

① 一套完整的可用于仿真或真实的 OTA 升级系统，是一套最简完备的 OTA 系统、OTA 服务器、车载主机、ECU 仿真。

② OTA 服务器可以是自定义的仿真系统，也可以作为真实的车厂 OTA 服务器与车载主机链接的代理服务器。

③ 车载主机可以是自定义仿真设备，也可以真实连接待测车载主机。

④ ECU 仿真可以自定义仿真，也可以连入 OTA 软件升级部件测试系统。

⑤ 可观察待测车机设备与 OTA 服务器协议交互过程。

（3）OTA 整车合规测试系统

OTA 系统应当符合以下四个准则：①升级前车辆状态检测；②升级包下载校验；③升级包安装校验；④升级系统安全校验。

本系统分为两个部分：一个部分是按照《汽车软件升级通用技术要求》将指导性手册在一台笔记本电脑上提供给测试工程师，工程师按照流程一一进行验证测试；另外一个部分是软件部分，因为要监控被测设备在升级前是否检测了车辆状态、是否对升级包进行了校验，是否在安装时进行了校验，尤其是是否做了安全校验，这些仅凭看是否升级成功是很难确定的。

在待测设备的车机系统上部署监控软件。监控软件会劫持网络调用、文件读写、进程访问、内存访问、CAN 接口驱动等多个系统区域。

在更新时，当车机系统访问 CAN 总线读取数据、升级包下载后、打开与关系文件句柄以及安装时，都会触发监控程序，监控程序记录这些行为以确定是否符合规则。对车机系统的安全校验是个比较复杂的过程，需要车机系统的安全扫描程序对车机进行自身扫描，监控程序会在更新前部署拥有 ptrace 功能的程序（一般调试器与一些内存注入的恶意程序都拥有此能力，所以一般安全防护程序都会视此类程序为非法应用），查看在更新时车机扫描是否把此程序关闭或者发出警告。

OTA 整车合规测试系统外形如图 6-15 所示，功能如下：

① 可以截获车机与 OTA 服务器的通信。

② 可以截获车机与 ECU 的通信。

③ 可以自动核算 ECU 的摘要值，用于检查升级后是否与升级后一致。

④ 可以监控车机的系统变动，用于检查车机是否做安全检查。

⑤ 可以监控仿真 CAN 总线数据的变动，用于检查升级前是否检查车辆状态。

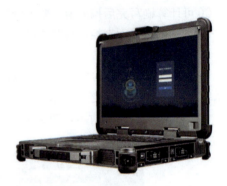

图 6-15　OTA 整车合规测试系统外形

 案例

"在过去 5 年时间里，汽车被攻击的次数增长了 20 倍；黑客对智能汽车的攻击快速增加，其中 27.6% 的攻击涉及车辆控制。"Upstream Security 发布的《2019 年全球汽车网络安全报告》预测称，在 2018—2023 年，网络黑客攻击或将导致汽车业折损近 240 亿美元。这一切都显示出，当汽车与 PC 一样成为移动互联网的载体时，当车联网和智能驾驶功能成为车辆标配时，汽车网络安全的底线也将成为最大的安全隐患。

 知识链接

智能汽车的攻击面

6.3　智能网联汽车功能安全技术

假如苏大强在高速行驶过程中，电子助力转向系统的转角传感器突然失灵，转向盘左右晃动。当功能安全分析到这预期危害后，可以生成哪些安全措施？

6.3.1　智能网联汽车功能安全

1. 功能安全技术概述

安全是道路车辆开发的关键问题之一，功能安全不能完全排除风险，旨在避免无法忍受的风险。功能安全标准是汽车三大安全标准中发布时间最早（2011 年）的标准，它来源于 IEC 61508，主要内容包括危害识别与评估、功能安全概念、系统安全概念、软硬件安全概念、验证与确认、生产、运行与维护报废。在 2018 年新增了半导体、特种车和 SOTIF 相关内容。

汽车功能的开发和集成强化了对功能安全的需求，以及对提供证据证明满足功能安全目标的需求。在驾驶辅助和动力驱动领域、车辆动态控制和主被动安全系统领域，新的功能越来越多地触及系统安全工程领域。这些功能的开发和集成将强化对相关系统开发流程的需求，并且要求提供满足所有合理的系统安全目标的证明。随着汽车智能化程度越来越高，智能网联汽车越来越普及，汽车上应用的技术日益复杂，软件和机电一体化应用不断增加，来自系统性失效和随机硬件失效的风险逐渐增加，这些都在功能安全的考虑范畴之内。基于 ISO 26262 制定的 GB/T 34590 针对的是电气 / 电子系统的功能安全，通过安全措施（包括安全机制）来实现。它也提供了一个框架，在该框架内可考虑基于其他技术（例如，机械、液压、气压）的安全相关系统。

功能安全的定义是指不存在电子电气系统的功能异常表现引起的危害而导致不合理的风险。智能网联汽车拥有大量的辅助驾驶甚至自动驾驶功能，非机械结构在车辆运行中所占的比重越来越大，功能安全是智能网联汽车量产的最基本保障。

功能安全受开发过程（例如，包括需求规范、设计、实现、集成、验证、确认和配置）、生产过程、服务过程和管理过程的影响。安全问题与常规的以功能为导向和以质量为导向的开发活动及工作成果相互关联。GB/T 34590 基于 V 模型为产品开发的不同阶段提供参考过程模型，其整体架构如图 6-16 所示。本节主要从功能安全概念阶段和产品开发阶段进行介绍。

2. 功能安全概念阶段

（1）相关项定义

功能安全中需首先确定研究对象——相关项定义。定义并描述相关项的功能，及其与驾驶人、环境、其他相关项在整车层面的相关性和相互影响；并为充分理解相关项提供支持，以便执行后续阶段的活动。相关项定义的要求包括：

① 法规要求、国家标准和国际标准。
② 整车层面的功能行为，包括运行模式或运行状态。
③ 所要求的质量、性能和功能的可用性（如果适用）。
④ 相关项的约束，例如：功能依赖性、与其他相关项的依赖性、运行环境。
⑤ 行为不足的潜在后果（如有）包括已知的失效模式和危害。
⑥ 执行器的能力，或其假定的能力。

（2）危害分析和风险评估

危害分析和风险评估（Hazard Analysis and Risk Assessment，HARA）指的是为了避免不合理的风险，对相关项的危害事件进行识别和归类的方法以及定义防止和减轻相关危害的安全目标和 ASIL 等级的方法。其目的是识别并分类由相关项中的功能异常表现引起的危害事件。定义接受准则，包括危害行为的安全度量，以及由接受准则导出安全确认目标，用于评估残余风险，制定防止危害事件发生或减轻危害程度的安全目标及其相应的 ASIL 等级，以避免不合理的风险。

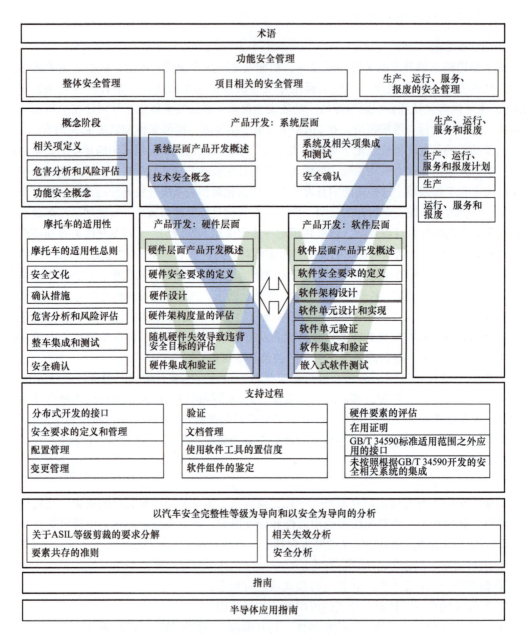

图 6-16　功能安全开发概览

　　根据相关项的潜在危害事件，对相关项进行评估。通过对危害事件进行系统性的评估确定安全目标及分配给他们的 ASIL 等级。基于相关项可能的功能异常表现系统性地确定危害，通过头脑风暴、检查表、质量历史记录和现场研究等。采用 FMEA 和 HAZOP 等方法识别危害，并在整车层面定义由相关项的功能异常表现导致的危害。

　　汽车安全完整性等级（Automotive Safety Integrity Level，ASIL）用于定义相关项或要素需要，以避免不合理的风险。对于一个给定的危害可通过严重度（S）、暴露概率（E）或可控性（C）等方面进行的分级定义，见表 6-8 ~ 表 6-11。

表 6-8　严重度等级

等级	S0	S1	S2	S3
描述	无伤害	轻度或中度伤害	严重的和危及生命的伤害（有存活的可能）	危及生命的伤害（存活不确定），致命的伤害

表 6-9　暴露概率等级

等级	E0	E1	E2	E3	E4
描述	不可能	非常低的概率	低概率	中等概率	高概率

表 6-10　可控性等级

等级	C0	C1	C2	C3
描述	可控	简单可控	一般可控	难以控制或不可控

表 6-11　ASIL 等级的确定

严重度等级	暴露度等级	可控性等级		
		C1	C2	C3
S1	E1	QM	QM	QM
	E2	QM	QM	QM
	E3	QM	QM	A
	E4	QM	A	B
S2	E1	QM	QM	QM
	E2	QM	QM	A
	E3	QM	A	B
	E4	A	B	C
S3	E1	QM	QM	A
	E2	QM	A	B
	E3	A	B	C
	E4	B	C	D

注：A 是最低的安全完整性等级，D 是最高的，QM 则属于质量管理的范畴，而非功能安全。

　　为了满足安全目标，功能安全概念包括安全措施（含安全机制）。这些安全措施将在相关项的架构要素中实现，并在功能安全要求中规定。

　　如图 6-17 所示，通过分层的方法，从危害分析和风险评估中得出安全目标，再由安全目标得出功能安全要求，并将安全要求分配到系统架构设计。使用初步架构设想为在早期开发阶段处理不成熟的架构信息提供了一种方法。

　　安全措施主要有以下类型：

　　1）利用部分系统维持工作。如在发生特定失效时选择维持部分性能的运行模式，应说明条件并界定其效果。

　　2）切换到独立的备用系统。如选择备用系统方式来实现安全目标，应对切换机制的原理、冗余的逻辑和层级、备份系统检查特征进行说明并界定备用系统的效果。

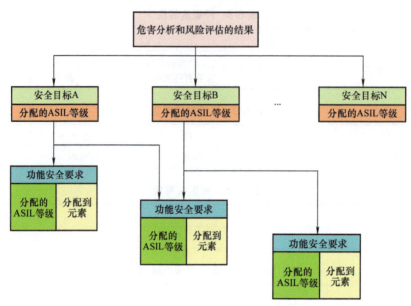

图 6-17　安全目标和功能安全要求层级

3）通过关闭上层功能而进入安全状态。如选择关闭上层功能，应禁止与该功能有关的所有相应的输出控制信号，以此来限制干扰的传播。

4）通过警告驾驶人，将风险暴露时间降低到一个可接受的时间区间内。

（3）功能安全概念

为了实现安全目标，定义功能安全要求及相关信息，并将要求分配到架构中的要素上，以及定义要素之间的必要交互。功能安全概念包括安全措施（含安全机制），这些安全措施将在相关项的架构要素中实现，需要明确功能安全状态和功能安全需求。

3. 产品开发阶段

（1）系统层面

系统层面产品开发活动包括启动系统层面产品开发、技术安全要求的定义、技术安全概念、系统架构设计、相关项集成和测试、安全确认等。

技术安全概念在迭代过程中被开发出来，其包括技术安全要求和系统架构设计。系统架构建立后，将技术安全要求分配给系统的各要素，如果适用，也可分配给其他技术。此外，技术安全要求需要被细化，增加来自系统架构的包括软硬件接口（HSI）在内的要求。同时，基于架构的复杂程度，子系统的要求可通过迭代得到。

完成相关开发后，集成硬件和软件要素并测试以形成一个相关项，然后，将该相关项集成在整车上。一旦在整车层面完成了集成，就可以进行安全确认以提供与安全目标和接受准则相关的功能安全证据。图 6-18 所示为具有多层集成的系统示例，阐明如何利用系统层面、硬件层面以及软件层面进行开发。

技术安全概念是技术安全要求及其对应的系统架构设计的集合，提供了系统架构设计适合功能安全概念阶段活动产生的安全要求和设计约束的依据。

技术安全要求按照功能安全概念、相关项的系统架构设计来定义；同时考虑相关项定义和系统架构设计，并描述潜伏失效的探测、故障避免、安全完整性以及运行和服务方面的问题。

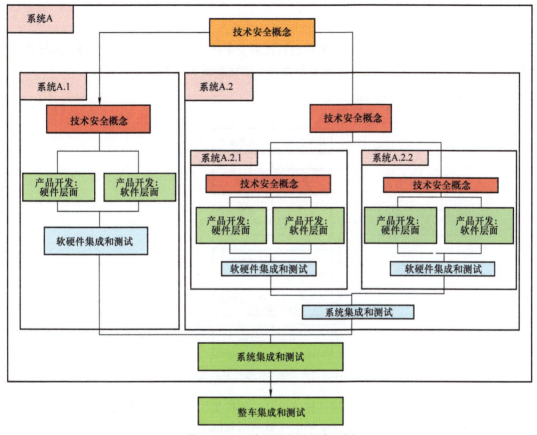

图 6-18 系统层面产品开发示例

　　系统架构设计需要考虑验证系统架构设计的能力，与实现功能安全相关的预期软硬件要素的技术能力，在系统集成过程中执行测试的能力。系统架构设计的安全分析见表 6-12。对于每种方法，应用相关方法的推荐等级取决于 ASIL 等级，分类如下：

　　1）"++" 表示对于指定的 ASIL 等级，高度推荐该方法。

　　2）"+" 表示对于指定的 ASIL 等级，推荐该方法。

　　3）"○" 表示对于指定的 ASIL 等级，不推荐也不反对该方法。

表 6-12　系统架构设计安全分析

方法		ASIL 等级			
		A	B	C	D
1	演绎分析	○	+	++	++
2	归纳分析	++	++	++	++

　　集成和测试阶段包括三个子阶段：第一个子阶段是各要素硬件和软件的集成；第二个子阶段是组成一个系统的要素的集成，以形成一个完整的相关项；第三个子阶段是相关项与车辆内其他系统的集成。

　　对典型车辆上所集成的相关项进行安全确认，目的是为预期使用的恰当性提供证据并确认安全措施对一类或一组车辆的充分性。安全确认基于检查和测试，为安全目标的实现提供了保证。

（2）硬件层面

硬件层面产品开发的必要活动和流程包括技术安全概念的硬件实现，分析潜在的硬件故障及其影响，以及与软件开发的协调。硬件层面开发流程如图 6-19 所示。

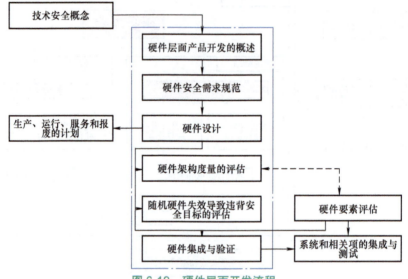

图 6-19　硬件层面开发流程

硬件设计包括硬件架构设计和硬件详细设计。硬件架构设计表示所有的硬件组件以及它们彼此的相互关系。硬件详细设计是在电子电气原理图基础上，表示构成硬件组件的元器件间的相互连接。为开发同时符合硬件安全要求及所有的非安全要求的唯一硬件设计，在此子阶段，应在同一开发过程中处理安全性和非安全性要求。

为了保证相关项硬件架构设计在安全相关的随机硬件失效探测和控制方面的适用性，需要进行硬件架构度量的评估。硬件架构度量的评估方法有两种：单点故障度量（SPFM），对硬件元器件残余故障的诊断覆盖率应等于或高于相关项 SPFM 目标值；潜伏故障度量（LFM），对硬件元器件潜伏故障的诊断覆盖率应等于或高于相关项 LFM 目标值。

随机硬件失效导致违背安全目标的评估，用于确定相关项随机硬件失效导致违背安全目标的残余风险足够低。可选用两种方法：一种是随机硬件失效概率度量（PMHF）法，代表一种评估硬件要素随机失效是否违背所考虑的安全目标的定量分析方法，这种定量分析结果会与目标值作对比；另一种是对违背安全目标的每个原因进行评估（EEC）法，是基于对每个硬件元器件及其在单点失效、残余失效和合理的双点失效方面对违背所考虑安全目标的影响的独立评估。

硬件集成和验证是指集成硬件要素，以验证硬件设计符合适当 ASIL 的硬件安全要求。为确保验证硬件安全要求实施的完整性和正确性，以及硬件在环境和运行应力因素影响下的耐用性和鲁棒性，可考虑表 6-13 和表 6-14 所列方法。

（3）软件层面

车辆在软件层面产品开发的要求，包括软件安全要求、软件架构设计、软件单元设计和实现、软件单元验证、软件集成和验证、嵌入式软件测试等。软件层面开发流程如图 6-20 所示。

表 6-13　验证硬件安全要求实施的完整性和正确性的硬件集成测试

方法		ASIL 等级			
		A	B	C	D
1	功能测试	++	++	++	++
2	故障注入测试	+	+	++	++
3	电气测试	++	++	++	++

表 6-14　验证在应力因素影响下的耐用性、鲁棒性和运行的硬件集成测试

方法		ASIL 等级			
		A	B	C	D
1	带基本功能验证的环境测试	++	++	++	++
2	扩展功能测试	○	+	+	++
3	统计测试	○	○	+	++
4	最恶劣情况测试	○	○	○	+
5	超限测试	+	+	+	+
6	机械测试	++	++	++	++
7	加速寿命测试	+	+	++	++
8	机械耐久测试	++	++	++	++
9	EMC 和 ESD 测试	++	++	++	++
10	化学测试	++	++	++	++

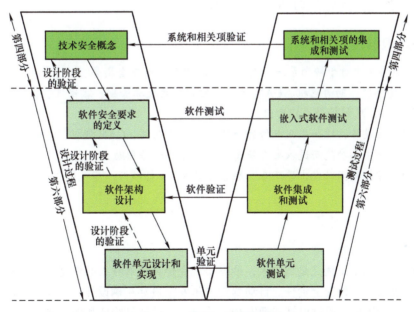

图 6-20　软件层面开发流程

　　软件安全要求的定义由技术安全要求、技术安全概念和系统架构设计得出：细化技术安全概念和系统架构设计规范导出的软件安全要求，实现所需的安全相关功能和特性，验证软件安全要求和软硬件接口要求是否适用于软件开发，及验证它们与技术安全概念和系统架构设计规

范的一致性。

软件架构设计以层次结构的形式表示软件架构要素以及他们的交互方式，既能满足软件安全要求，实现软件要求和 ASIL 所需的软件安全要求的方法；又能满足其他软件要求，提供了管理软件详细设计和实现复杂度的方法。软件架构设计原则见表 6-15。

表 6-15 软件架构设计原则

	方法	ASIL			
		A	B	C	D
1	软件组件的适当分层结构	++	++	++	++
2	限制软件组件的规模和复杂度	++	++	++	++
3	限制接口规模	+	+	+	++
4	每个组件内强内聚	+	++	++	++
5	软件组件间松耦合	+	++	++	++
6	恰当调度的特性	++	++	++	++
7	限制中断的使用	+	+	+	++
8	软件组件的适当空间隔离	+	+	+	++
9	共享资源的适当管理	++	++	++	++

软件单元设计和实现按照软件架构设计、设计准则和所分配的支持软件单元实施和验证的软件要求，开发软件单元设计，实现所定义的软件单元。

软件集成和验证阶段按照软件架构设计，对软件要素之间特有的集成层次和接口进行验证。软件要素的集成和验证步骤直接对应着软件的分层架构。

 **知识链接**

> 汽车功能安全中对于转向系统的失效一般有以下几种安全措施：
> ① 建立传感器、助力电机、CAN 通信、控制器的故障检测、容错机制，比如对转向助力功能进行降级，限制转向力矩输出。
> ② 采用冗余设计，比如采用双份的传感器、助力电机、CAN 通信、控制器。
> ③ 通过关闭上层功能而进入安全状态，如选择关闭转向助力功能。
> ④ 转向故障灯亮同时发出警示音，警告驾驶人。

6.3.2 预期功能安全技术

1. 预期功能安全标准介绍

自动驾驶汽车既是车辆又是驾驶人，最终实现完全替代驾驶人的机器自主驾驶，必须同时担负车辆和驾驶人的各种安全责任。自动驾驶汽车安全贯穿车辆设计、研发、测试、生产、使用、维护等全生命周期，通过设计实现安全，并通过交通场景验证和确认从而改善安全。自动驾驶汽车预期功能安全主要体现在汽车行驶过程中，可避免自动驾驶系统及部件因功能不足或误操作引起的交通安全问题，包括自动驾驶能力，以及适用性和可靠性。

自动驾驶系统功能架构趋于完善，ISO 26262 覆盖的故障性风险造成的功能安全问题分析已无法满足高度复杂系统的安全性分析要求。在系统不发生故障的情况下引起的安全风险愈发受到重视。2018 年，预期功能安全的概念被提出，主要针对的是智能 ADAS 系统，据此形成标准 ISO/PAS 21448，标准中将此类问题归结为预期功能安全（Safety Of The Intended Functionality，SOTIF）并给出了其详细定义。预期功能安全的主要内容与功能安全比较相似，包括危害识别与评估、触发条件识别与评估、预期危害风险降低、验证与确认、预期功能安全发布、运行阶段管理。预期功能安全需要识别的危害如图 6-21 所示。

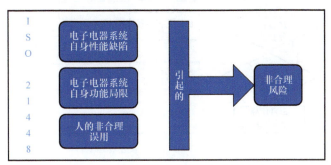

图 6-21　预期功能安全需要识别的危害

预期功能安全重点关注"预期功能"的安全性，即满足预期设计要求的功能所具有的安全水平。因自动驾驶车辆运行场景条件的复杂性和未知性，自动驾驶功能即使满足设计要求，仍可能存在大量的安全运行风险。功能不足、触发条件、整车行为危害的关联如图 6-22 所示。避免"预期的功能"所引发的安全风险，就是预期功能安全。

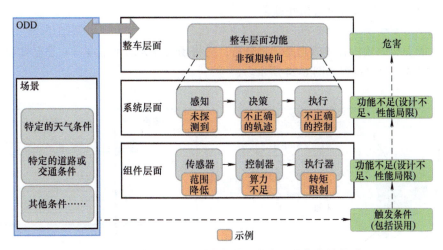

图 6-22　功能不足、触发条件、整车行为危害的关联

与传统车辆重点关注系统失效预防、探测与减轻不同，自动驾驶车辆因替代了人类驾驶人的部分或全部驾驶操作行为，更需要关注运行过程中自身功能和性能的行为安全，由于使用场景的复杂性和随机性，自动驾驶系统安全相关的很多问题在设计阶段无法预见。

现有关于智能网联汽车预期功能安全的国际标准草案 ISO/PAS 21448 规范和描述了一个基于迭代的系统分析流程，用于系统识别、分析、减少功能不足造成的危害。与此同时，国内外科研机构和汽车厂商对涉及智能网联汽车关键系统的预期功能安全问题开展了研究，开发流程如图 6-23 所示。

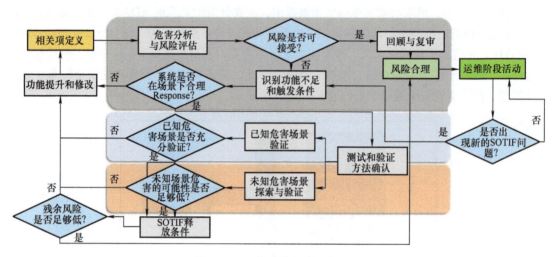

图 6-23 预期功能安全开发流程

ISO/PAS 21448 旨在为避免因自动驾驶汽车整车及系统的非失效、预期功能局限、合理可预见的误用所引起的安全风险，从整车层面、系统层面、软硬件层面及不同系统组件层面如感知、决策、执行提供了针对预期功能的风险识别、分析和设计方法，通过基于对已知不安全场景和未知不安全场景的预期功能安全验证和确认，探测和发现不同层面及系统组件中的功能不足并进行改进，使自动驾驶汽车在预期使用工况下达到合理安全水平。该标准对于不同自动驾驶等级车辆的设计开发具有重要指导意义。

2. 预期功能安全系统分析方法

预期功能安全中较核心的概念是场景分析，它将场景分为两个维度：一是已知和未知；二是安全和不安全。简要过程如图 6-24 所示。

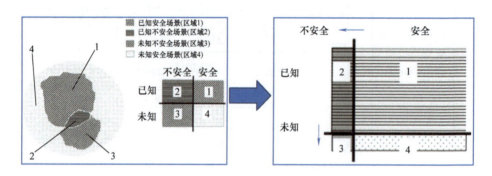

图 6-24 场景分析过程

区域 1 是已知安全场景，对应的是功能安全分析；区域 2 针对的已知危害场景，对应预期功能安全的验证。区域 3 针对未知的危害场景，对应预期功能安全的确认，确认是否还有一些残余风险在里面。区域 4 是未知安全场景。

区域 1 是最终要最大化的一个场景，将已知的危险情景中的安全事件和未知危险中的安全事件，变成已知安全的事件，这就是预期功能安全分析最主要的目标。

而这个过程中的危害识别主要依赖合理的分析方法。面向不同领域的安全相关系统，研究人员已提出多种安全分析方法，现有车辆功能安全标准以及预期功能安全标准中即列举了故障树分析（Fault Tree Analysis，FTA）、失效模式与影响分析（Failure Mode and Effect Analysis，FMEA）、危险与可操作性（Hazard and Operability，HAZOP）分析、系统理论过程分析（Systems Theoretic Process Analysis，STPA）等方法。在预期功能安全的开发初期，结合一种或多种安全分析方法全面识别所定义的预期功能的相关危害，作为危害评估的输入。上述方法在原理和分析思路上均存在差异性，因而在面对不同分析对象时表现出不同的适用性和有效性。

1）故障树分析（FTA）是一种基于多米诺骨牌理论的安全分析方法，其将事故描述为以特定时间顺序发生的离散事件的结果。FTA 的特点是直观且逻辑性强，可以用于定性分析，也可在已知各部件故障率的情况下进行定量分析。

2）失效模式与影响分析（FMEA）是一种由下而上的归纳式分析方法。该方法同样基于多米诺骨牌理论，通过对产品的子系统、零件以及其构成过程的各个工序逐一进行分析，找出所有潜在的失效模式，并分析其可能的后果。其分析过程与 FTA 相反，从部件具体故障出发，通过层层分析故障的影响和后果，从而确定部件故障导致的系统事故。FMEA 的特点是全面且系统的对所有部件逐一分析。该方法主要应用于设计及生产过程的工序安全性分析，以及设备可能存在的故障及其影响分析。

3）危险与可操作性分析（HAZOP）是一种基于经验的结构化分析方法，通过由设计人员和操作人员在内的专家小组系统地辨识各种潜在的偏离设计目的的偏差，分析各偏差发生的原因并评估相应的后果。该方法的核心在于采用经过挑选的关键词表，例如"大于""小于""部分"等，来描述每一个潜在的偏离，以识别出所有的故障原因。引导词是 HAZOP 的基础，通过其与系统过程的匹配得到系统偏差，并作为后续原因和影响分析的输入。

4）系统理论过程分析（STPA）将安全视为控制问题，当控制系统没有充分处理外部干扰、部件故障或系统部件之间不正常交互时，就会发生危险。STPA 的目标是识别出那些可能导致危险发生的不充分的控制，并且确定相关安全性约束使风险降低到可接受的程度。随着自动驾驶技术的推进，STPA 方法也逐步应用到自动驾驶汽车 ADAS 功能以及自动驾驶整车的安全分析中。

不同安全分析方法对比见表 6-16。

表 6-16　不同安全分析方法对比

方法	分析过程	适用系统	自动驾驶系统上的应用局限
FTA	基于事故数据从上而下的演绎分析	封闭系统	不适用于开放系统，缺乏事故数据
FMEA	基于故障数据从下而上的归纳分析	封闭系统	不适用于开放系统，缺乏故障数据
HAZOP	基于引导词 系统偏差分析	开放系统	缺乏适用的引导词，依赖专家经验
STPA	基于系统结构不安全控制行为分析	开放系统	缺乏面向高等级自动驾驶汽车的应用实践

3. 预测相关的预期功能安全技术

在复杂动态交通场景下，利用环境预测技术对自动驾驶车辆周围环境信息进行精准预测是自动驾驶决策的基础。环境预测模型的不确定性也是产生自动驾驶决策预期功能安全问题的根源之一。

现阶段，针对轨迹预测的技术主要包括基于动力学特征的预测方法、基于交互感知的预测方法、基于道路结构特征的预测方法以及基于数据驱动的预测方法。由于驾驶人驾驶策略与行人意图的不确定性，且交通参与者之间的交互作用难以建模，交通参与者的轨迹往往呈现高度非线性。

驾驶人的驾驶行为具有多模态性，即在相同交通场景下，驾驶人可以采取不同的驾驶策略。例如，当驾驶人以较快的速度接近前车时，驾驶人可能会采取减速，或者换道加速超车等策略，因此，轨迹预测结果应与所驾驶人采取的策略相关联。同时，表征预测结果的不确定性对于车辆后续进行决策规划也至关重要，故必须考虑车辆可能采取的不同轨迹，或者在一定的空间范围内评估预期的碰撞风险，以保障车辆行驶安全性。

4. 决策相关的预期功能安全技术

基于丰富的车辆状态、环境感知与预测信息，设计安全、高效的决策规划算法是自动驾驶系统开发和安全行驶的关键，国内外学者对自动驾驶决策算法展开了大量的研究。目前，自动驾驶决策主要分为两类：基于规则的决策方法与基于人工智能的决策方法。基于规则的决策方法主要包含基于碰撞检测的离散输入空间规划、随机规划和约束优化与后视距控制等。基于人工智能的决策方法能够从历史数据中自主学习并建立高维决策算法以适应高维、高不确定性的交通场景，有潜力进一步提升自动驾驶决策算法的安全性。

5. 控制相关的预期功能安全技术

当自动驾驶上层决策系统选择期望轨迹后，该轨迹将被转化为下层命令用于控制车辆执行系统，包括驱动、制动和转向系统。控制执行功能的预期实施依赖控制算法的正确实现和执行器件的精确执行。然而，现有自动驾驶执行控制功能在特定场景下仍然存在预期功能安全问题。针对自动驾驶控制执行性能缺陷问题，有一种基于电子节气门（Electronic Gas, EGAS）的自动驾驶安全三层控制架构：第一层为基础功能层，包括完备功能和降级功能；第二层为功能监控层，指示当前控制功能的执行情况，输出功能切换信号；第三层为应答机制层，通过应答机制监控系统运行情况。

6. 人机交互技术现有局限与分析方法

基于现有的自动驾驶技术可以预见，在将来的一段时期内，由自动驾驶系统和人类驾驶人共同驾驶的"半自动"驾驶车辆将占绝大多数。半自动驾驶车辆需要人的干预，哪一方在何时负责车辆驾驶将是一个很难界定的问题。自动驾驶系统如何有效地通知可能正在休息的驾驶人、如何确认驾驶人已经准备好接管驾驶都是亟待解决的问题。

7. 预期功能安全的验证

自动驾驶汽车预期功能安全的验证主要包括虚拟测试和道路测试。

（1）虚拟测试

虚拟测试主要有三种：第一种是模型在环测试。模型在环测试的关键在于建模的精度与计算效率。在车辆动力学建模方面，Dieter 等对车辆动力学建模与仿真进行了系统的总结，除了基于理论的车辆动力学建模方法之外，还有许多其他建模方法，例如：基于系统辨识的建模方法、基于数据驱动的建模方法、面向对象的建模方法等。Sundaravadivelu 等在 AVL-CRUISE 中搭建虚拟测试环境，并与 CarMaker 进行联合仿真，对车辆动力学模型进行测试验证。Hossain 等基于 Unity3D 跨平台游戏引擎搭建了自动驾驶虚拟测试环境，测试了传感器感知状态与车辆的动力学特性。

软件 Carcraft 采用可视化的方式回放路侧车辆在道路上的情况，验证算法的改进，发现新的问题，还可以构建全新的虚拟场景进行测试，如图 6-25 所示。

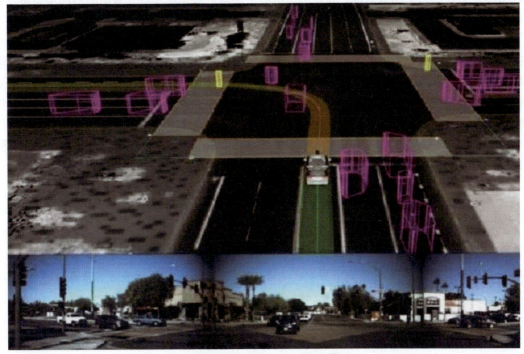

图 6-25　Carcraft 开发软件

第二种是硬件在环测试。硬件在环测试主要包括环境感知系统在环测试、决策规划系统在环测试与控制执行系统在环测试等，其测试要求包括：持续测试、组合测试、扩展性测试。

第三种是车辆在环测试。车辆在环测试是将整车嵌入到虚拟测试环境中进行测试，通过模拟场景来测试整车性能，主要包括封闭场地车辆在环和转毂平台车辆在环。此类测试的关键在于将车辆信息传递给模拟环境以及将模拟环境中产生的传感器信息传递给车辆控制器。

（2）道路测试

道路测试是开展智能网联汽车技术研发和应用不可或缺的重要环节之一。确保车辆在各种道路交通状况和使用场景下都能够安全、可靠、高效地运行，需要对其功能进行大量的测试验证，这需要经历复杂的演化过程。因此，智能网联汽车在正式进入市场之前，必须要在真实交通环境中进行充分的测试，全面验证自动驾驶功能。在自动驾驶测试评价体系中，依托封闭测试开展自动驾驶功能、安全性验证工作愈发重要。因此，模拟尽可能多的交通场景，不断积累测试数据，将为自动驾驶汽车技术迭代提供有力支撑。

8. 智能网联汽车预期功能安全测试评价的挑战

智能网联汽车是一种极其复杂的系统，所处的实际驾驶环境要素繁多、复杂多变，其测试和评价体系研发还面临着许多不确定性与困难。

1）多种新型传感器的组成，包括视频传感器、雷达传感器、激光雷达传感器、超声波传感器、车对车（V2V）通信、车对道路设施（V2I）通信、GPS 传感器、高精度地图等，不少传感器还带有数据分析处理智能子系统，测试和评价必须充分考虑到这些特点，并有效开展针对性的测试和评价。

2）考虑到这些新型传感器本身还存在一些弱点，传感器数据融合对于构建车辆外部的整体环境非常必要。对于测试来说，需要考虑所有传感器的数据同步性，数据的不同步会造成数据融合算法的错误。

3）智能网联汽车所处的驾驶环境复杂，除了道路设施外，交通参与要素如车辆、行人也是需要重点考虑的内容，此外，有人驾驶的车辆还面临更多的不确定性，他们会根据智能驾驶车辆做出自己的判断，从而改变行车的控制方式，如经过十字路口时，有的驾驶人可能会快速地制动，而有的可能会缓慢制动。因此，对于驾驶人不同的驾驶行为，也需要在测试和评价时进行充分考虑。

4）天气等因素会严重影响智能网联车辆的传感器性能，如雨、雪、雾、光照、温度等，因此，车辆的测试需要在不同的天气环境下进行。

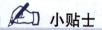 **知识链接**

预期功能安全中危害的几个来源：①电子电器系统自身性能缺陷，比如 AI 算法的不确定性等。②电子电器系统自身功能局限，比如摄像头、激光雷达、毫米波雷达在距离、角度及精度上的功能局限等。③人的非合理误用，比如将车道保持系统当作自动驾驶使用等。

小贴士

车轮上的科技战"疫"

思考题

1. 汽车信息安全的定义是什么？
2. 国外智能网联汽车信息安全的现状如何？
3. 我国在智能网联汽车信息安全方面采取什么措施？
4. 网络安全与智能网联信息安全有什么关系？
5. 智能网联汽车信息安全测试平台方法有哪些？
6. 请列举智能网联汽车信息安全政策法规？
7. 为什么汽车工业要引入功能安全开发？
8. 功能安全的内容主要包括哪些？
9. 软硬件集成测试的方法有哪些？
10. 为什么汽车工业要引入预期功能安全开发？
11. 预期功能安全主要针对哪些问题？
12. 预期功能安全验证测试方法有哪些？

参 考 文 献

[1] 吴冬升 . 5G 与车联网技术［M］. 北京：化学工业出版社，2020.

[2] 吴冬升 . 从云端到边缘：边缘计算的产业链与行业应用［M］. 北京：人民邮电出版社，2021.

[3] 崔胜民 . 智能网联汽车技术［M］. 北京：机械工业出版社，2021.

[4] 李晶华 . 弋国鹏 . 智能网联汽车技术与应用［M］. 北京：机械工业出版社，2021.

[5] 王兆 . 杜志彬 . 智能网联汽车信息安全测试与评价技术［M］. 北京：机械工业出版社，2021.

[6] 杨世春 . 曹耀光 . 自动驾驶汽车决策与控制 [M]. 北京：清华大学出版社，2020.

[7] 中国智能网联汽车产业创新联盟，自动驾驶地图与定位工作组 . 智能网联汽车高精度卫星定位白皮书
（2020 版）［R/OL］.（2022-03-31）[2022-07-15].http://www.china-icv.cn/upload/2022/03/31/164871739
96253e2vv6.pdf.

[8] 中国智能网联汽车产业创新联盟，自动驾驶地图与定位工作组 . 智能网联汽车高精地图白皮书（2020
版）［R/OL］.（2021-06-22）[2022-07-15].https://max.book118.com/html/2021/0622/5222313002003300.
shtm.

[9] 中国通信学会 . 蜂窝车联网（C-V2X）技术与产业发展态势前沿报告（2020 年）［R/OL］.（2021-12-
07）[2022-07-15]. https://max.book118.com/html/2020/1207/7136163062003026.shtm.

[10] 陈山枝，葛雨明，时岩 . 蜂窝车联网（C-V2X）技术发展、应用及展望 [J]. 电信科学，2022, 38(1): 1-12.

[11] 中国汽车工程学会 . 节能与新能源汽车技术路线图 2.0［M］. 北京：机械工业出版社，2020.

[12] 崔胜民，卞合善 . 智能网联汽车环境感知技术［M］. 北京：人民邮电出版社，2020.

[13] 申中鸿，付梦印，杨毅，等 . 基于背景像素突变检测的交通标志图像分割 [J]. 计算机应用研究 .2012,
29（9）：3531-3535.

[14] 何友，修建娟，张晶炜，等 . 雷达数据处理及应用 [M]. 北京：电子工业出版社，2006.

机械工业出版社 | 汽车分社
CHINA MACHINE PRESS

读者服务

机械工业出版社立足工程科技主业，坚持传播工业技术、工匠技能和工业文化，是集专业出版、教育出版和大众出版于一体的大型综合性科技出版机构。旗下汽车分社面向汽车全产业链提供知识服务，出版服务覆盖包括工程技术人员、研究人员、管理人员等在内的汽车产业从业者，高等院校、职业院校汽车专业师生和广大汽车爱好者、消费者。

一、意见反馈

感谢您购买机械工业出版社出版的图书。我们一直致力于"以专业铸就品质，让阅读更有价值"，这离不开您的支持！如果您对本书有任何建议或意见，请您反馈给我。我社长期接收汽车技术、交通技术、汽车维修、汽车科普、汽车管理及汽车类、交通类教材方面的稿件，欢迎来电来函咨询。

咨询电话：010-88379353　编辑信箱：cmpzhq@163.com

二、课件下载

选用本书作为教材，免费赠送电子课件等教学资源供授课教师使用，请添加客服人员微信手机号"13683016884"咨询详情；亦可在机械工业出版社教育服务网（www.cmpedu.com）注册后免费下载。

三、教师服务

机工汽车教师群为您提供教学样书申领、最新教材信息、教材特色介绍、专业教材推荐、出版合作咨询等服务，还可免费收看大咖直播课，参加有奖赠书活动，更有机会获得签名版图书、购书优惠券。

加入方式：搜索 QQ 群号码 317137009，加入机工汽车教师群 2 群。请您加入时备注院校 + 专业 + 姓名。

四、购书渠道

机工汽车小编
13683016884

我社出版的图书在京东、当当、淘宝、天猫及全国各大新华书店均有销售。

团购热线：010-88379735

零售热线：010-68326294　88379203

新工科·智能网联汽车卓越工程师培养系列教材

智能网联汽车技术

实验指导＋项目工单

吴冬升　马海英　主　编

姓　名＿＿＿＿＿＿＿＿＿＿

班　级＿＿＿＿＿＿＿＿＿＿

机械工业出版社

目　　录

项目一 视觉传感器认知与应用
实验指导

一、实验目的

1）通过实验加深对视觉传感器概念、组成、原理的理解以及认识摄像头并学会使用。

2）掌握摄像头的安装方法。

3）掌握摄像头的使用步骤。

4）理解摄像头的参数及影响。

5）掌握摄像头数据采集方法。

二、实验仪器设备

序号	测试设备	主要技术参数
1	摄像头	900万，采用1in GS-CMOS图像传感器，最大输出4096 × 2160@25帧/s高清图像。 支持双码流，且满足H.265&H.264编码，超低延时，超低码率，压缩比高，处理灵活。 支持网络接口、USB接口、RS-485接口、RS-232接口、I/O接口、报警输入输出、音频输入输出、外置灯接口、支持电源返送
2	计算机	WINDOWS计算机，CPU性能不低于I5

三、实验内容与注意事项

（一）内容

掌握摄像头组成、原理与应用，以及配套WEB工具界面的使用方法。

（二）注意事项

1）遵守实验室规章制度。

2）注意人身安全和教具完好。

3）严格按照本书相关操作规程进行操作，注意轻拿轻放，爱护仪器。

四、操作规程

（一）操作前准备

按实验要求，赶到实验场地，做好设备安装准备工作（安置摄像头、电脑连接、电源连接）；检查摄像头、计算机及其他设备是否能够正常上电使用，有无受潮、破损等现象。

（二）操作过程

1）设备连接：摄像头接上电源，计算机通过网线与摄像头相连，并将 IP 地址配置为同一网络。

2）初始化设备：设置设备 admin 用户的密码、选择升级方式等（打开 IE 浏览器，在地址栏中输入设备默认 IP 地址——192.168.1.108，设置 admin 的登录密码和预留手机信息并配置设备的业务类型、使用道路类型、光圈类型和镜头类型）。

3）登录设备：通过浏览器登录设备，在地址栏中输入设备 IP 地址，输入用户名和密码。

4）预览设备界面：成功登录 WEB 界面后，系统显示预览界面，可实现预览视频、预览图片、实时抓拍和录像等功能。

5）配置参数：选择视频画面的码流、流媒体协议和流畅度。

6）调节视频画面的显示模式、图像调节等功能，获取最佳的视频观看界面。

7）设置管理：熟悉相关设置，并在"设置＞存储管理＞存储＞存储路径"修改录像存储地址。

8）视频录像：单击界面中的"视频"按钮，开始录像并保存。

9）视频导出与回放：在存储路径中找到录像文件，并在 WEB 界面上回放该视频。

五、维护、保养、故障诊断及排除方法

操作要求：请在设备运行前检查供电电源是否正确。请勿在适配器上电时拔下设备侧电源线。仅可在额定输入输出范围内使用设备。在允许的湿度和温度范围内使用产品。请勿将液体滴到或溅到设备上，并确保设备上没有放置装满液体的物品，防止液体流入设备。请勿拆卸设备。请勿将设备对准强光（如灯光照明、阳光等）聚焦。请勿重压、剧烈震动或浸泡设备。请在设备登录后及时修改用户的默认密码，以免被人盗用。

维护方法：定期清理仪器设备上的灰尘、污痕，检查仪器是否受潮。

故障诊断及排除方法：如果测试中仪器出现故障，应立即停止测试。检查测试设备连接情况。若未能查明原因的故障或者其他可能发生的异常现象，应及时汇报，并做好现场记录。

项目工单

姓名		班级		学号	
专业		学时		日期	

实验目的	1）通过实验加深对视觉传感器概念、组成、原理的理解以及认识摄像头并学会使用 2）掌握摄像头的安装方法 3）掌握摄像头的使用步骤 4）理解摄像头的参数及影响 5）掌握摄像头数据采集方法
工作任务	在进行融合标定前，需对学生进行相关操作与安全的培训。教师组织学生分组，每组人数 5 ~ 8 人，并配套对应的设备；然后组织学生在指定路段进行数据录制和标定，并理解摄像头安装及使用的过程与数据采集
任务准备	
制订计划	
计划实施	
实验总结	

（续）

	评分项目	知识能力	实验能力	素养	总评
质量评价	自我评分				
	小组评分				
	教师评分				
	合计				

教师反馈	

思考与练习	思考题目	1. 如何保证摄像头获得最好的视频采集效果？ 2. 摄像头初始配置主要包括哪些参数？ 3. 摄像头视频主要有哪些格式？
	答案记录	

项目二　毫米波雷达认知与应用实验
实验指导

一、实验目的

通过实验加深毫米波雷达概念、组成、原理的理解，能通过毫米波雷达获取基本交通数据。

二、实验仪器设备

序号	测试设备	主要技术参数
1	毫米波雷达	探测范围：250m，目标跟踪：不少于 280 个目标批次处理
2	计算机	—
3	毫米波雷达上位机软件	—

三、实验内容与注意事项

（一）内容
掌握毫米波雷达获取交通数据以及毫米波雷达上位机软件使用。

（二）注意事项
1）遵守实验室规章制度。
2）注意人身安全和教具完好。
3）严格按照本书相关操作规程进行操作，注意轻拿轻放，爱护仪器。

四、操作规程

（一）操作前准备
检查毫米波雷达设备是否能够正常使用以及了解毫米波雷达的使用流程，同时注意设备安装前方不得有金属物遮挡以及不可将雷达探测面偏离马路正面。

（二）操作过程
1）连接设备：打开毫米波上位机软件，输入毫米波 IP 地址和端口号进行联机操作。右侧车道会显示出检测目标，即设备当前连接成功。

2）配置车道：根据现场车辆实际移动目标黄色小方块的运动轨迹以及现场的实际车道目标的所在车道情况配置车道，划好车道后先单击"预览"按钮再保存。

3）实时车辆：打开实时车辆数据查看页面，实时核对实时车辆的 ID、速度、车长等数据。

4）过车事件：打开过车事件数据查看页面，将自动刷新勾选即可查看实时过车事件，记录过车事件、车道、速度、车头间距等结果。

5）过车统计：打开过车统计信息界面，记录车道过车数量、排队长度、排队远端、排队车辆数、实时车辆数等数据结果。

6）实时周期统计信息：打开实时周期统计界面，记录车道号、占用率、平均数据、车身间距、空间占有率等指标。

7）交通事件上报：在区域信息设置好交通事件（如拥堵、逆行、超速等）的告警阈值，测试当道路上发生对应事件时，软件是否发出预警。

五、维护、保养、故障诊断及排除方法

保养方法：避免仪器设备受潮，设备上的灰尘、污痕可使用软毛刷或软纸轻轻擦去。

维护方法：定期清理设备上的灰尘、污痕，检查仪器是否受潮。

故障诊断及排除方法：如果测试中仪器出现故障，应立即停止测试。检查测试设备连接情况。若发现未能查明原因的故障或者其他可能发生的异常现象，应及时汇报，并做好现场记录。

项目工单

姓名		班级		学号	
专业		学时		日期	

实验目的	通过实验加深毫米波雷达概念、组成、原理的理解，能通过毫米波雷达获取基本交通数据
工作任务	老师指定毫米波雷达实验场地，组织学生分组，每组人数4～8人，并配套一套实验设备（毫米波雷达和带有上位机的电脑），然后组织学生进行测试，并将数据记录下来
任务准备	
制订计划	
计划实施	
实验总结	

（续）

	评分项目	知识能力	实验能力	素养	总　评
质量评价	自我评分				
	小组评分				
	教师评分				
	合计				
教师反馈					
思考与练习	思考题目	1. 简述毫米波雷达的组成、测速原理、主要应用场景。 2. 通过毫米波雷达获取不同的交通数据指标，这些指标有什么典型应用？ 3. 毫米波雷达不同安装高度，对测量最大距离有什么影响？			
	答案记录				

项目三　激光雷达认知与应用实验
实验指导

一、实验目的

通过实验加深激光雷达概念、组成、原理的理解，获取点云数据。

二、实验仪器设备

序号	测试设备	主要技术参数
1	激光雷达	传感器：线数 32，测量距离 0.2～150m（70m@10% NIST）
2	计算机	—
3	RSView 软件	点云数据可视化查看、雷达配置

三、实验内容与注意事项

（一）内容
掌握激光雷达点云数据查看方法和软件的操作方法。

（二）注意事项
1）遵守实验室规章制度。

2）注意人身安全和教具完好。

3）严格按照本书相关操作规程进行操作，注意轻拿轻放，爱护仪器。

四、操作规程

（一）操作前准备
学生实验前需进行相关操作规程与安全的培训，检查激光雷达设备是否能够正常使用以及了解激光雷达的使用流程。

（二）操作过程
1）按实验要求，在实验场地熟悉激光雷达的操作原理与方法，做好点云数据采集准备工作。

2）连接设备：通过 RSView 软件输入激光雷达 IP 地址和端口号进入实时点云查看，观察物理世界通过激光成像的形态。

3）点云数据录制和回放：单击"Record"按钮，选择需要保存的路径和保存的文件名后，数据包文件写入目标 pcap 文件中。可以通过打开已保存 pcap 文件进行回放。

4）点云帧数据分析：选择一帧您感兴趣的数据并且单击"展示"按钮。在表中包含了这一帧所有的数据。

5）测量距离：在点云选中需要测试距离的点，单击"图表展示"按钮，即可获取到测试距离，可以与实际距离进行对比，多次测量计算误差。

五、维护、保养、故障诊断及排除方法

保养方法：如果雷达的表面只是粘附了一些灰尘／粉尘，可直接用洁净的纤维布蘸少量的异丙醇溶液，轻轻地对雷达表面拭擦清洁，再用一块干燥洁净的纤维布将其擦干。如果雷达表面沾上了泥浆等块状异物，首先应使用洁净水喷洒在雷达脏污部位表面让泥浆等异物脱离（**注意：不能直接用纤维布将泥浆擦掉，这样做可能会划伤表面特别是防护罩表面**）。其次用温的肥皂水喷洒在脏污部位，因肥皂水的润滑作用可加速异物的脱离。再次用纤维布轻轻试擦雷达表面，但注意不要擦伤表面。最后用洁净的水清洗雷达表面肥皂的残留（**如果表面仍有残留，可用异丙醇溶液对其再次清洁**），同时用一块干燥的纤维布擦干。

维护方法：定期清理设备上的灰尘、污痕，检查仪器是否受潮。

故障诊断及排除方法：如果测试过程中仪器出现故障，应立即停止测试。检查测试设备连接情况。若发现未能查明原因的故障或者其他可能发生的异常现象，应及时汇报，并做好现场记录。

项目工单

姓名		班级		学号	
专业		学时		日期	

实验目的	通过实验加深激光雷达概念、组成、原理的理解，获取点云数据
工作任务	老师指定激光雷达实验场地，组织学生分组，每组人数 4 ~ 8 人，并配套一套实验设备，然后组织学生进行测试，并将数据记录和点云数据保存
任务准备	
制订计划	
计划实施	
实验总结	

（续）

	评分项目	知识能力	实验能力	素养	总评
质量评价	自我评分				
	小组评分				
	教师评分				
	合计				
教师反馈					
思考与练习	思考题目	1.简述激光雷达的组成、原理、主要应用场景。 2.针对不同反射率的物体，激光雷达测试最远距离有什么不同？ 3.获取到激光雷达的点云数据，如何通过算法转换成结构化数据？			
	答案记录				

项目四　多传感器融合标定实验
实验指导

一、实验目的

1）掌握摄像头内参标定方法。

2）掌握激光雷达标定方法。

3）掌握毫米波雷达标定方法。

4）掌握摄像头和激光雷达融合标定方法。

5）掌握毫米波雷达和激光雷达融合标定方法。

二、实验仪器设备

序号	测试设备	主要技术参数
1	RTK	高精度定位 GNSS 接收机集接收电台、GPRS、蓝牙、存储等模块于一体
2	标定板	高精度，漫反射，不反光，为校准镜头畸变、确定换算坐标关系，建立相机成像几何模型
3	角反	—
4	MEC	32Tops 算力，ARM 架构，运行内存：32G，存储：32G
5	摄像头	900 万，采用 1in GS-CMOS 图像传感器
6	毫米波雷达	探测范围：250m；目标跟踪：不少于 280 个目标批次处理
7	激光雷达	传感器：线数 32，测量距离：0.2～150m（70m@10% NIST）
8	千兆交换机	千兆交换机（接口不少于 5 口建议选择 8 口千兆交换机）
9	电脑	ROS 系统电脑（Ubuntu），CPU 性能不低于 I5
10	Andriod 手机	用于 RTK 获取经纬度
11	标定软件工具包	—

三、实验内容与注意事项

（一）内容

掌握摄像头内参标定、激光雷达标定、毫米波雷达标定、摄像头和激光雷达融合标定、毫米波雷达和激光雷达融合标定方法。

（二）注意事项

1）遵守实验室规章制度。

2）注意人身安全和教具完好。

3）严格按照本书相关操作规程进行操作，注意轻拿轻放，爱护仪器。

四、操作规程

（一）操作前准备

检查激光雷雷达、摄像头、毫米波雷达设备是否能够正常使用，了解整体标定流程，掌握 RTK 的使用。

（二）操作过程

（1）相机内参标定

1）连接摄像头，调整调节码流分辨率（如 1080P、720P）。

2）通过录制工程录像带标定板图片的 rosbag，注意采集标定板图像数据需要尽量覆盖整个摄像头的覆盖范围、旋转和前后距离。

3）将标定板图片的 rosbag 导入相机内参工具输出标定结果，生成相机内参文件 yaml。

4）将生成的相机内参文件 yaml 导入 MEC 融合程序。

（2）激光雷达标定

1）在电脑打开点云录制软件，进行录制激光雷达点云 rosbag，进行 RTK 数据的录制，录制的时候需要记住走过的点位，以便进行之后的数据对应。

2）将录制激光雷达点云 rosbag 和 RTK 的点位经纬度导入激光雷达工具标定软件进行处理，输出激光雷达的经纬度、旋转角数值。

3）将输出的激光雷达的经纬度、旋转角数值在激光雷达软件进行配置即完成标定。

（3）毫米波雷达标定

1）采用 RTK 获取雷达安装位置的 GPS 坐标，使用测量正北偏向角的工具（如手机）获取雷达朝向的正北偏向角，填入毫米波雷达上位机软件。

2）开始标定时，行人手持角反射器在雷达检测区域行走后停止，此时雷达上报数据有且仅有一个目标数据，通过网络调试助手雷达上报数据，解析雷达数据可得行人所在位置 GPS 坐标。行人停止后在停止位置使用高精度 RTK 获取当前位置 GPS 坐标，分别记录角反射器的实际经纬度和雷达上报的经纬度信息。

3）在地图软件上打三个点，分别输入雷达坐标、雷达获取角反射器坐标、角反射器 RTK 坐标标记在地图上。测量雷达到目标输出点和雷达到 RTK 测量点两者的夹角，根据两点到雷达坐标之间的夹角修改上位机软件的正北偏向角。

4）正北偏向角无误后继续采用以上方法获取坐标，根据雷达获取角反射器坐标、角反射器 RTK 坐标之间的差值来修改雷达坐标直至两点重合，即雷达标定完成。

（4）相机和激光雷达融合标定

1）在线连接激光雷达和相机，录制 rosbag 文件（包括激光雷达和相机消息，录制时一般采用压缩消息的录制）。

2）将相机内参文件 yaml、录制的视频和激光雷达 rosbag 导入视频和激光雷达标定工程进行数据处理。

3）通过核验的数据之后，即可输出相机 - 激光雷达外参文件 yaml。

4）将生成的相机 - 激光雷达外参文件 yaml 导入 MEC 融合程序。

（5）毫米波雷达和激光雷达融合标定

1）在线连接激光雷达和毫米波雷达，录制 rosbag 文件（包括激光雷达和毫米波雷达，录制时一般采用压缩消息的录制）。

2）将毫米波雷达安装位置的经纬度、录制的激光雷达和毫米波雷达 rosbag 导入，以及激光雷达标定工程进行数据处理。

3）通过核验数据后，即可输出激光雷达 - 毫米波雷达外参文件 yaml。

4）将生成的激光雷达 - 毫米波雷达导入 MEC 融合程序。

五、维护、保养、故障诊断及排除方法

保养方法：避免仪器设备受潮，设备上的灰尘、污痕可使用软毛刷或软纸轻轻擦去。

维护方法：定期清理设备上的灰尘、污痕，检查仪器是否受潮。

故障诊断及排除方法：如果测试中仪器出现故障，应立即停止测试。检查测试设备连接情况。若发现未能查明原因的故障或者其他可能发生的异常现象，应及时汇报，并做好现场记录。

项目工单

姓名		班级		学号	
专业		学时		日期	

实验目的	1）掌握相机内参标定方法 2）掌握激光雷达标定方法 3）掌握毫米波雷达标定方法 4）掌握相机和激光雷达融合标定方法 5）掌握毫米波雷达和激光雷达融合标定方法
工作任务	在进行融合标定前，需对学生进行相关操作与安全的培训。老师指定多传感器融合标定的实验场地，组织学生分组，每组人数 5～8 人，并配套对应的设备（RTK、角反射器和标定板等），然后组织学生在指定路段进行数据录制和标定，并理解标定的过程与原理
任务准备	
制订计划	
计划实施	
实验总结	

（续）

质量评价	评分项目	知识能力	实验能力	素养	总评
	自我评分				
	小组评分				
	教师评分				
	合计				

教师反馈		

思考与练习	思考题目	1. 相机内参标定原理是什么？怎么处理相机的畸变？ 2. 激光雷达和相机融合标定原理是什么？怎么进行融合标定？ 3. 激光雷达和毫米波雷达融合标定的原理是什么？怎么进行融合标定？
	答案记录	

项目五　多传感器融合感知目标识别实验
实验指导

一、实验目的

掌握使用多传感器融合感知区域 ROI 的绘制、目标识别的原理以及雷视融合客户端使用。

二、实验仪器设备

序号	测试设备	主要技术参数
1	MEC	32Tops 算力，ARM 架构，运行内存：32G，存储：32G
2	摄像头	900 万，采用 1in GS-CMOS 图像传感器
3	毫米波雷达	探测范围：250m；目标跟踪：不少于 280 个目标批次处理
4	激光雷达	传感器：线数 32，测量距离 0.2～150m（70m@10% NIST）
5	千兆交换机	千兆交换机（接口不少于 5 口千兆网口，建议选择 8 口千兆交换机）
6	电脑	ROS 系统计算机（Ubuntu），CPU 性能不低于 I5
7	雷视融合客户端软件	—
8	ROI 绘制软件	—

三、实验内容与注意事项

（一）内容

掌握使用多传感器融合感知区域 ROI 的绘制以及通过掌握雷视融合客户端实现对目标识别结果可视化呈现。

（二）注意事项

1）遵守实验室规章制度。

2）注意人身安全和教具完好。

3）严格按照本书相关操作规程进行操作，注意轻拿轻放，爱护仪器。

四、操作规程

（一）操作前准备

检查激光雷雷达、摄像头、毫米波雷达设备是否能够正常使用以及多传感器融合标定是否完成，了解整体测试流程。

（二）操作过程

1）在确保多传感器标定效果情况下，进行算法融合感知 ROI 绘制。

2）连接激光雷达，打开录制程序进行激光雷达的点云建图，生产 pcb 文件。

3）将录制 pcb 文件导入 ROI 绘制工程，进行 ROI 绘制、修改和校准，完成之后保存为融合 ROI.yaml。

4）将融合 ROI.yaml 导入 MEC 融合程序，运行多传感器融合感知目标识别程序即可完成。

5）打开雷视融合客户端，查看多传感器融合在 ROI 区域的目标识别效果。

五、维护、保养、故障诊断及排除方法

保养方法：避免仪器设备受潮，设备上的灰尘、污痕可使用软毛刷或软纸轻轻擦去。

维护方法：定期清理设备上的灰尘、污痕，检查仪器是否受潮。

故障诊断及排除方法：如果测试中仪器出现故障，应立即停止测试。检查测试设备连接情况。若发现未能查明原因的故障或者其他可能发生的异常现象，应及时汇报，并做好现场记录。

项目工单

姓名		班级		学号	
专业		学时		日期	

实验 目的	1）掌握使用多传感器融合感知区域 ROI 的绘制 2）掌握目标识别的原理 3）掌握雷视融合客户端使用
工作 任务	在进行多传感器融合感知目标识别前，需对学生进行相关操作与安全的培训。老师指定多传感器融合感知目标识别的实验场地，组织学生分组，每组人数 5～8 人，并配套对应的软硬件，然后组织学生在指定路段通过多传感器融合进行实时目标识别，并理解多传感器融合感知目标识别的原理
任务 准备	
制订 计划	
计划 实施	
实验 总结	

（续）

	评分项目	知识能力	实验能力	素 养	总 评
质量评价	自我评分				
	小组评分				
	教师评分				
	合计				
教师反馈					
思考与练习	思考题目	1. ROI 绘制有什么作用？ 2. 多传感器融合感知原理是什么？有什么典型应用场景？ 3. 通过多传感器融合感知，能够提高多少目标识别准确率？			
	答案记录				

项目六 C-V2X 技术在智能网联汽车中的应用

实验指导

一、实验目的

1）掌握 C-V2X 无线通信系统连接与配置方法。
2）了解 V2X 场景的实现原理。
3）开展 V2V、V2I 场景应用验证。

二、实验仪器设备

序号	测试设备	主要技术参数
1	车载单元 OBU（2 台）	通信：支持 5G + C-V2X 通信，支持 WiFi；支持 GNSS 定位，工作温度：−40 ~ 85℃
2	路侧单元 RSU	通信：支持 5G+C-V2X 通信 发射功率：23dBm 通信距离：视距 600m 工作温度：−40 ~ 70℃
3	平板（2 台，安装 V2X 预警 App）	安卓 5.0 以上，运行内存：4G
4	V2X 预警 App	支持不少于 10 种 V2X 场景展示
5	MEC	32Tops 算力，ARM 架构，运行内存：32G，存储：32G SSD
6	千兆交换机	不少于 3 口千兆交换机

三、实验内容与注意事项

（一）内容

根据 C-V2X 无线通信技术原理进行 V2V、V2I 模拟通信，实现多种 V2X 场景，验证 C-V2X 技术在智能网联汽车中的应用。

（二）注意事项

1）遵守实验室规章制度。
2）注意人身安全和教具完好。
3）严格按照本书相关操作规程进行操作，注意轻拿轻放，爱护仪器。

四、操作规程

（一）操作前准备

检查 RSU、OBU、MEC 及平板电脑等设备及软件是否能够正常使用，了解整体的测试流程。

（二）操作过程

1. C-V2X 无线通信系统连接

1）将 RSU 与 MEC 通过有线方式进行连接；登录 MEC 主机进入设备配置目录，进行接入设备配置。

2）进行 RSU 配置，包括修改 IP 地址、修改 RSU 坐标、配置 MEC 的 IP。

3）设置 OBU 连接热点及共享热点，平板电脑之间通过 WiFi 与 OBU 进行连接。

4）登录 MEC 管理界面，添加地图和 RSI 交通标志。

2. V2V 应用场景演示

1）根据产品手册方法检查 OBU 和平板设备服务状态和联网状态，确认各项服务正常。

2）根据 V2X 场景说明书操作平板电脑 1 上的 V2X 预警 App，模拟发出 BSM 消息。

3）检查平板电脑 2 上的 V2X 预警 App 是否展示对应的预警内容。

3. V2I 应用场景演示

1）根据产品手册方法检查 MEC、RSU、OBU 以及平板设备服务状态和联网状态，确认各项服务正常。

2）MEC 模拟触发 RSM/RSI/MAP/SPAT 消息，通过 RSU 将消息广播给 OBU，通过平板电脑上 V2X 预警 App 查看是否展示对应的预警内容。

五、维护、保养、故障诊断及排除方法

保养方法：避免仪器设备受潮，设备上的灰尘、污痕可使用软毛刷或软纸轻轻擦去。

维护方法：定期清理设备上的灰尘、污痕，检查仪器是否受潮。

故障诊断及排除方法：如果测试中仪器出现故障，应立即停止测试。检查测试设备连接情况。若发现未能查明原因的故障或者其他可能发生的异常现象，应及时汇报，并做好现场记录。

项目工单

姓名		班级		学号	
专业		学时		日期	
实验目的	1）掌握 C-V2X 无线通信系统连接方法 2）了解 V2X 场景的实现原理和效果 3）掌握 V2X 互联互通测试方法				
工作任务	在进行试验前，需对学生进行 V2X 技术、RSU、OBU、V2X 场景等知识教学，进行相关操作与安全的培训。老师指定实验场地，组织学生分组，每组人数 5～8 人，并配套对应的设备（OBU、RSU、平板电脑等），然后组织学生进行 V2X 通信模拟试验，并理解 V2X 通信的过程以及场景实现原理				
任务准备					
制订计划					
计划实施					
实验总结					

（续）

评分项目	知识能力	实验能力	素养	总评
自我评分				
小组评分				
教师评分				
合计				

质量评价

教师反馈

思考与练习

思考题目	1. OBU 与 RSU 是如何进行通信的？ 2. V2X 场景是如何实现的，请举例说明。 3. 在实际场景中，V2X 通信会受哪些因素影响？
答案记录	

项目七　高精度地图采集与生产认知
实验指导

一、实验目的

1）通过实验理解高精度地图采集车设备的组成、采集原理，并学会使用。

2）通过实验加深对高精度地图采集过程所用 GPS、IMU、轮速计、激光雷达和视觉传感器组成、原理的认知，并学会使用。

3）掌握高精度地图的采集与生产过程。

4）理解 GPS 可以提供车辆的绝对坐标，IMU 和轮速计可以提供车辆的相对坐标，激光雷达和摄像头图像可以提供车辆周围的三维环境信息。

5）理解高精度地图生产过程中所采用的原理，如数据预处理和融合、语义信息提取、位姿优化、点云叠加、高精度拓扑地图自动生成、人工验证、地图质量验证等。

二、实验仪器设备

序号	测试设备	主要技术参数
1	百度采集车（包含激光雷达、GPS、IMU、轮速计、视觉传感器）	360° 摄像头；Velodyne 32 或 64 线束激光雷达；GPS 使用 RTK+ 双天线的组合形式
2	数据服务平台	最新版

三、实验内容与注意事项

（一）内容
掌握高精度地图的采集原理、数据处理与生产过程。

（二）注意事项
1）遵守实验室规章制度。

2）注意人身安全和教具完好。

3）严格按照本书相关操作规程进行操作，注意爱护仪器。

四、操作规程

（一）操作前准备
学生实验前需进行相关操作规程与安全的培训，并检查高精度采集设备是否能够正常使用，以及提前确认好采集路段。

（二）操作过程
1）按实验要求，熟悉实验场地，熟悉高精度地图采集车的操作原理与方法，做好数据采集准备工作。

2）按照操作步骤在指定路段进行高精度地图的采集，观察高精地图采集与生产的过程。

3）数据处理：包括数据预处理和融合、语义信息提取、位姿优化、点云叠加等。

4）人工验证：人工纠错排查，从而确保地图自动创建过程的正确并及时发现问题。

5）地图发布：经过了上述过程的处理，地图质量验证合格，就可以对高精度地图进行发布。

五、维护、保养、故障诊断及排除方法

保养方法：环境相对湿度在 75%RH 以上时需要开启除湿设备。

维护方法：设备定期开机预热，检查功能状态。

故障诊断及排除方法：如果测试中仪器出现故障，应立即停止测试。检查测试设备连接情况。若发现未能查明原因的故障或者其他可能发生的异常现象，应及时汇报，并做好现场记录。

项目工单

姓名		班级		学号	
专业		学时		日期	

实验目的	1）通过实验理解高精度地图采集车设备的组成、采集原理，并学会使用 2）通过实验加深对高精度地图采集过程所用 GPS、IMU、轮速计、激光雷达和视觉传感器组成、原理的认知，并学会使用 3）掌握高精度地图的采集与生产过程 4）理解 GPS 可以提供车辆的绝对坐标、IMU 和轮速计可以提供车辆的相对坐标，激光雷达和摄像头图像可以提供车辆周围的三维环境信息 5）理解高精度地图生产过程中所采用的原理，如数据预处理和融合、语义信息提取、位姿优化、点云叠加、高精度拓扑地图自动生成、人工验证、地图质量验证等
工作任务	在进行高精度地图数据采集与生产实验前，需要对学生进行相关操作与安全的培训。老师指定高精度地图数据采集车的实验场地，组织学生分组，每组人数 4 人；并配套高精度地图数据采集车，组织学生在指定路段进行数据采集，并分析高精度地图数据采集与生产的原理与过程
任务准备	
制订计划	
计划实施	
实验总结	

（续）

质量评价	评分项目	知识能力	实验能力	素养	总评
	自我评分				
	小组评分				
	教师评分				
	合计				

教师反馈	

思考与练习	思考题目	1. 高精度地图有哪些作用？与导航电子地图有哪些区别？ 　2. 高精度地图采集原理是什么？ 　3. 高精度地图生产过程采用的原理是什么？
	答案记录	

项目八　GPS 定位技术与应用
实验指导

一、实验目的

1）通过实验加深对 GPS 概念、组成、原理的理解，认识 GPS 接收机并学会使用。

2）掌握 GPS 接收机数据采集测量方法。

3）理解 GPS 控制网的同步环、异步环的构网思想。

4）掌握 GPS 数据下载方法和步骤。

5）掌握 GPS 基线解算方法与技巧。

6）领会 GPS 网平差概念，掌握 GPS 网平差方法。

二、实验仪器设备

序号	测试设备	主要技术参数
1	GPS 接收机	定位精度（95%）：水平 <0.3m，高程 <0.6m
2	Compass 软件	—
3	Tgo 软件及软件狗	—
4	计算机	—

三、实验内容与注意事项

（一）内容

掌握 GPS 组成、原理与应用，以及 Compass、Tgo 软件等的使用方法。

（二）注意事项

1）遵守实验室规章制度。

2）注意人身安全和教具完好。

3）严格按照本书相关操作规程进行操作，注意轻拿轻放，爱护仪器。

四、操作规程

（一）操作前准备

按实验要求，熟悉实验场地，做好数据采集准备工作（安置 GPS 接收机天线、天线连接、电源连接）；检查 GPS 接收机及其他设备是否能够正常使用，有无受潮、破损等现象。

（二）操作过程

1）开机搜索天空 GPS 卫星信号，直到 GPS 接收机解算出测站点大地坐标（B，L，H），PDOP 值小于 5。

2）进行数据采集前的 GPS 接收机参数设置（如采样间隔 15s，高度截止角 15°，最小卫星数 4 颗），三个 GPS 接收机参数设置要一致。

3）数据采集条件满足后三个小组用手机约定同步采集起、止时间，数据采集开始。

4）做好观测期间的 GPS 数据记录工作。

5）采集时间到，数据采集工作结束，收拾仪器进行下一个测量点的数据采集工作。

6）在测量实验室完成数据的下载，并将数据上传至 GPS 网络教室网站 GPS 数据下载区（数据上传工作由管理 GPS 网络教室网站的实验教师完成）。

7）从 GPS 网络教室"GPS 数据下载区"下载相关数据；从"软件下载区"下载 GPS 基线解算、网平差软件。

8）在本地计算机上安装 GPS 基线解算、网平差软件。

9）利用 GPS 网络教室中"GPS 数据处理"栏提供的方法进行 GPS 基线解算，GPS 基线处理完成后，进行 GPS 三维网、二维网平差。

10）三维网、二维网平差完成后，将平差结果及平差总结报告以文本文件形式输出。

11）打印平差结果及平差总结报告。

五、维护、保养、故障诊断及排除方法

保养方法：阳光直射或者雨雪天气禁止使用仪器，或者采取保护措施，避免仪器设备受潮，仪器镜头上的灰尘、污痕可使用软毛刷或软纸轻轻擦去。

维护方法：定期清理仪器设备上的灰尘、污痕，检查仪器是否受潮。

故障诊断及排除方法：如果测试中仪器出现故障，应立即停止测试。检查测试设备连接情况。若发现未能查明原因的故障或者其他可能发生的异常现象，应及时汇报，并做好现场记录。

项目工单

姓名		班级		学号	
专业		学时		日期	

实验目的	1）通过实验加深对 GPS 概念、组成、原理的理解，认识 GPS 接收机并学会使用 2）掌握 GPS 接收机数据采集测量方法 3）理解 GPS 控制网的同步环、异步环的构网思想 4）掌握 GPS 数据下载方法和步骤 5）掌握 GPS 基线解算方法与技巧 6）领会 GPS 网平差概念，掌握 GPS 网平差方法
工作任务	老师指定 GPS 实验场地，组织学生分组，每组人数 5～8 人，并配套一套 GPS 接收机；组织学生采集完整的地物，并在计算机机房对 GPS 数据进行处理
任务准备	
制订计划	
计划实施	
实验总结	

（续）

评分项目	知识能力	实验能力	素　养	总　评
自我评分				
小组评分				
教师评分				
合计				

质量评价

教师反馈

思考与练习

思考题目

1. 简述 GPS 的组成、原理、特点及主要应用。
2. 利用不同的数据处理软件进行 GPS 数据处理，分析其异同。
3. 简述 GPS 基线解算方法与网平差方法。

答案记录

项目九　车载网络安全测试
实验指导

一、实验目的

为了使实验人员在检测工作中正确、准确地使用车载网络安全测试系统进行实验，特制定本操作规程。

二、实验仪器设备

序号	测试设备	主要技术参数
1	车载 CAN 总线安全测试台架	外部接入设备可通过 OBD2 口或 CAN 线接入车辆； 可对 CAN 数据进行接收、浏览、保存、回放、分析； 对基于 CAN 实现的 UDS 协议进行解析； 支持 Linux 系统

三、实验内容与注意事项

（一）内容

掌握车载 CAN 总线安全测试的流程及测试内容。

（二）注意事项

1）遵守实验室规章制度。

2）注意人身安全和教具完好。

3）严格按照本书相关要求进行操作。

四、操作规程

（一）操作前准备

检查整车试验台架和车载 CAN 总线安全测试台架周围无杂物，严禁周围有杂物时操作整车试验台架和车载 CAN 总线安全测试台架。

（二）操作过程

1. 车载 CAN 总线安全测试软件与整车试验台架 OBD 连接

将 OBD 接入设备（图 1）与整车测试台架 OBD 接口相连接，此时 OBD 接入设备指示灯亮起，OBD 接入设备与整车测试台架处于开启状态。

图 1　OBD 接入设备

2. 登录

通过测试主机 / 程控主机的浏览器登录程控主机的车载总线安全检测工具 WEB 界面（图 2），在浏览器地址栏输入 https:// https://192.168.1. 110 :80。

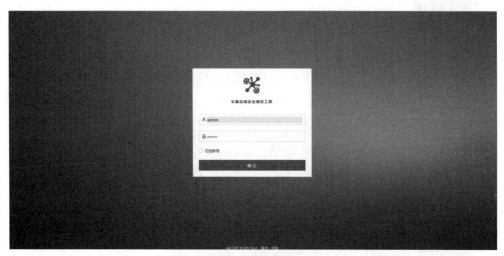

图 2　登录界面

输入用户名和密码（出厂默认输入用户名和密码为：admin /123456），单击"确定"按钮即可进入。车载总线安全测工具的管理平台，如图 3 所示。

图 3　系统界面

3. CAN 总线安全检测

（1）测试对象

单击测试对象，可对测试对象进行新增、删除或者已有对象的搜索操作，如图 4 所示。

图 4　测试对象

新增一个测试对象，输入测试对象名称，被测对象类型等信息，单击"确定"，如图 5 所示。

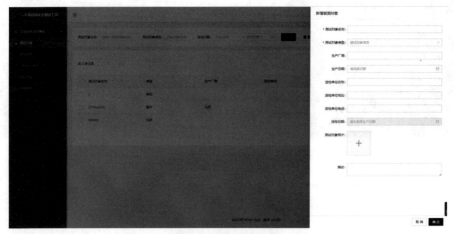

图 5　新增测试对象

（2）任务管理

测试对象创建成功后，在导航栏选择任务管理，然后新增任务，如图 6 所示。

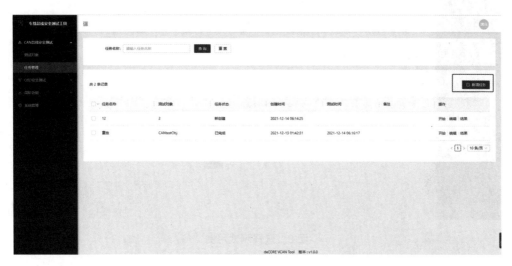

图 6　新增任务

单击"新增"按钮后，选择刚刚创建的测试对象，根据提示单击"下一步"按钮，如图 7 所示。

图 7　创建测试对象

按照提示选择测试用例，单击"下一步"按钮，如图 8 所示。

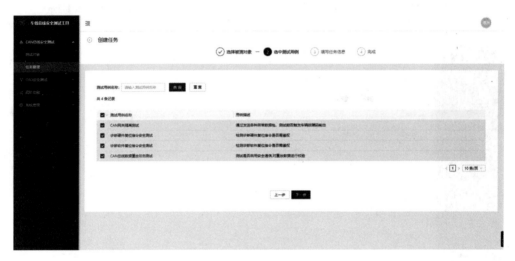

图 8　选择测试用例

按照提示输入任务名称，单击"创建"任务按钮，如图 9 所示。

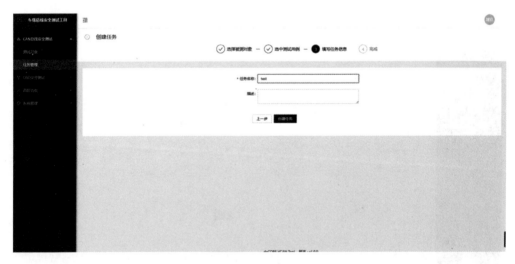

图 9　创建任务

任务添加完成后，可以在列表中看到新增的任务，如图 10 所示。

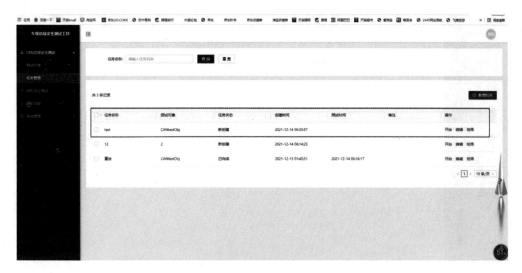

图 10　新增任务

单击"开始"按钮，进入勾选的测试用例引导页，如图 11 所示。

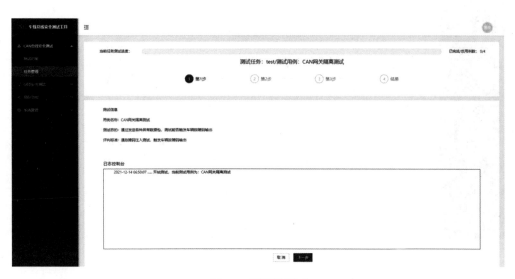

图 11　用例引导页

待按照步骤测试完成后，单击"结果"按钮，选择报告，查看详情，即可查看结果，如图 12 和图 13 所示。

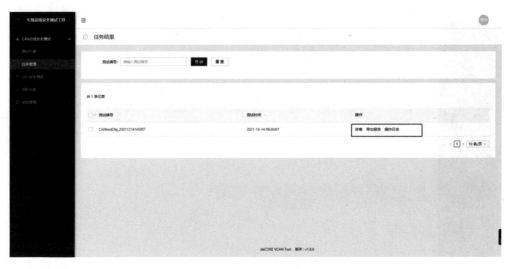

图 12　查看结果

图 13　查看结果详情

五、管理功能

（一）用户信息管理

单击右上角头像，在"个人中心"界面单击"修改密码"按钮，可以对当前用户密码进行修改，如图 14 所示。

图 14　修改密码

（二）系统升级管理

单击"选择文件"按钮，选择供应商提供的升级包，如图 15 所示。

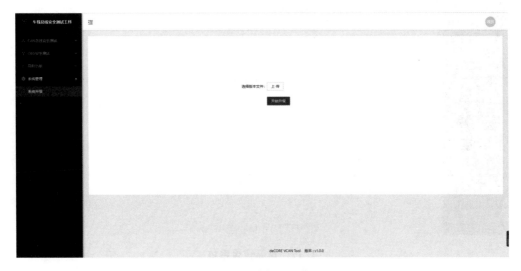

图 15　选择升级包

单击"上传文件"按钮，如图 16 所示。

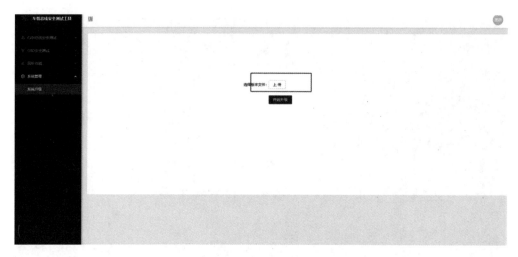

图 16　上传文件

　　停止当前所有测试用例，单击"升级"按钮，等待一段时间后，重新登录系统即可，如图 17 所示。

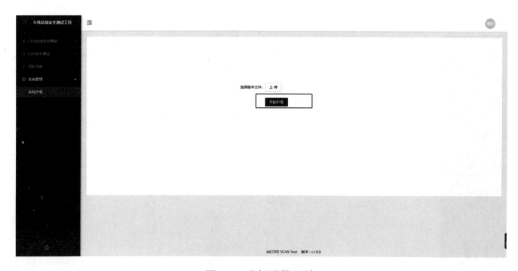

图 17　重新登录系统

项目工单

姓名		班级		学号	
专业		学时		日期	
实验目的	1）了解车载总线 OBD 接口结构及位置 2）了解车辆 CAN 总线数据读取、发送、保存、回放的操作过程 3）了解每个 CANID 数据包各比特位的变化情况 4）掌握 CAN 数据包的差异对比方法				
工作任务	1）ODB2 接口的设备用于与车辆进行链接对 2）对车辆 CAN 总线数据进行读取、发送、保存、回放 3）读取 CAN 总线数据中 CANID 负载的数据 4）指定 CAN 总线在指定频率下发送自行构造的 CAN 数据包 5）利用信息熵来评估收集 CAN 数据是否被进行加密或者压缩 6）统计每个 CANID 数据包比特位的变化情况 7）对 CAN 数据包进行差异对比				
任务准备					
制订计划					
计划实施					
实验总结					

（续）

	评分项目	知识能力	实验能力	素 养	总 评
质量评价	自我评分				
	小组评分				
	教师评分				
	合 计				
教师反馈					
思考与练习	思考题目	1. 车载 OBD 接口都安装在车辆哪些位置？ 2. 常见 CANID 数据比特位的长度是多少？			
	答案记录